HOLT McDOUGAL

1a ¡Avancemos!

AUTHORS

Estella Gahala | Patricia Hamilton Carlin

Audrey L. Heining-Boynton | Ricardo Otheguy | Barbara Rupert Mondloch

HOLT McDOUGAL

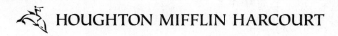

HOUGHTON MIFFLIN HARCOURT

Cover Photography

Front cover
View toward La Fortaleza, San Juan, Puerto Rico, Steve Dunwell/The Image Bank/
Getty Images
Inset: Windsurfing in Puerto Rico, © Mark Bacon/Latin Focus.com

Back cover
Level 1a: View toward La Fortaleza, San Juan, Puerto Rico, Steve Dunwell/The Image Bank/
Getty Images
Level 1b: View of Buenos Aires through the Puente de la Mujer, Joseph Rodriguez/Gallery
Stock Limited
Level 1:   Palacio Nacional at night, Mexico City, Mexico ©2010 Nino H. Photography/Getty
Images
Level 2:   Cibeles Fountain and Palacio de Comunicaciones at night, Madrid, Spain, Doug
Armand/Getty Images
Level 3:   Plaza de la Constitución at night, Santiago, Chile, David Noton Photography
Level 4:   Antigua, Guatemala ©Michel Renaudeau/age fotostock/Robert Harding Photo
Library

Printed in the U.S.A.

ISBN   978-0-547-87195-0

3 4 5 6 7 8 9 10   0914   21 20 19 18 17 16 15 14 13

4500421748   A B C D E F G

1a

HOLT McDOUGAL

¡Avancemos!

Celebraciones

CULTURA Interactiva **Explora las celebraciones del mundo hispano**

El Día de los Muertos,
Santiago Sacatepéquez, Guatemala

New Year's Eve, Madrid, Spain

🌐 **DIGITAL SPANISH** my.hrw.com

CULTURA Interactiva *pp. C2–C3, C4–C5, C6–C7, C8–C9, C10–C11, C12–C13, C14–C15, C16–C17, C18–C19, C20–C21, C22–C23, C24–C25*

Nueva York

¡Hola!

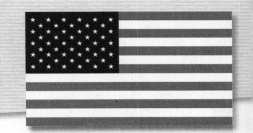

Cultura
- **Un mural en Nueva York** *p. 9*

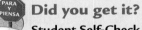

Did you get it?
Student Self-Check
pp. 5, 9, 11, 15, 17, 19, 21, 24

A performer wearing the colors of the Puerto Rican Flag

Dominican dancers in colorful costumes

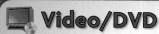

Una playa de Miami Beach, Miami Beach, Florida

Paseo del Río, San Antonio, Texas

Cultura

 ¿Recuerdas?

 Did you get it?

¡AvanzaRap!
DVD
Sing and Learn

México
¡Vamos a la escuela!

Cultura
- **Explora México** *p. 90*
- **Uniformes escolares** *p. 102*
- **Los murales en México** *p. 109*
- **Una escuela internacional en México** *p. 114*

¿Recuerdas?
- after-school activities *p. 103*
- days of the week *p. 105*

Did you get it?
Student Self-Check
pp. 97, 99, 103, 105, 109, 112

DIGITAL SPANISH my.hrw.com

CULTURA Interactiva	**ANIMATED GRAMMAR**	**@HOMETUTOR VideoPlus**
pp. 90–91 148–149	*pp. 100, 106, 117 128, 134, 145*	*pp. 98, 104, 110 126, 132, 138*

Video/DVD
Vocabulario
pp. 94–96, 122–124
Telehistoria
pp. 98, 104, 110 126, 132, 138

La fuente de San Miguel en el Zócalo,
Puebla, México

El patio de una escuela secundaria,
México

Cultura
- **El Museo de Antropología** *p. 130*
- **El autorretrato** *p. 137*
- **Mi clase favorita** *p. 142*
- **Arte de México y la República Dominicana** *p. 144*
- **Horarios y clases** *p. 148*

♻ **¿Recuerdas?**
- class subjects *p. 127*
- adjective agreement *p. 128*
- telling time *p. 139*

PARA Y PIENSA **Did you get it?**
Student Self-Check
pp. 125, 127, 131, 133, 137, 140

¡AvanzaRap!
DVD
Sing and Learn

UNIDAD 3

Puerto Rico
Comer en familia

DIGITAL SPANISH my.hrw.com

CULTURA Interactiva	**ANiMaTeD GRaMMaR**	**@HOMETUTOR VideoPlus**
pp. 152–153 210–211	*pp. 162, 168, 179 190, 196, 207*	*pp. 160, 166, 172 188, 194, 200*

Video/DVD
Vocabulario
pp. 156–158, 184–186
Telehistoria
pp. 160, 166, 172 188, 194, 200

La Plaza de Colón en el Viejo San Juan,
San Juan, Puerto Rico

Una familia come en casa,
San Juan, Puerto Rico

¡AvanzaRap!
DVD
Sing and Learn

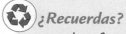

Una tienda de ropa, Madrid, España

El Teatro de la Comedia en la calle
Príncipe, Madrid, España

¡AvanzaRap!
DVD
Sing and Learn

Recursos

¡Avancemos!

About the Authors

Estella Gahala

Estella Gahala received degrees in Spanish from Wichita State University, French from Middlebury College, and a Ph.D. in Educational Administration and Curriculum from Northwestern University. A career teacher of Spanish and French, she has worked with a wide variety of students at the secondary level. She has also served as foreign language department chair and district director of curriculum and instruction. Her workshops and publications focus on research and practice in a wide range of topics, including culture and language learning, learning strategies, assessment, and the impact of current brain research on curriculum and instruction. She has coauthored twelve basal textbooks. Honors include the Chevalier dans l'Ordre des Palmes Académiques and listings in *Who's Who of American Women, Who's Who in America,* and *Who's Who in the World.*

Patricia Hamilton Carlin

Patricia Hamilton Carlin completed her M.A. in Spanish at the University of California, Davis, where she also taught as a lecturer. Previously she earned a Master of Secondary Education with specialization in foreign languages from the University of Arkansas and taught Spanish and French at the K–12 level. Patricia currently teaches Spanish and foreign language/ESL methodology at the University of Central Arkansas, where she coordinates the second language teacher education program. In addition, Patricia is a frequent presenter at local, regional, and national foreign language conferences. In 2005, she was awarded the Southern Conference on Language Teaching's Outstanding Teaching Award: Post-Secondary. Her professional service has included the presidency of the Arkansas Foreign Language Teachers Association and the presidency of Arkansas's DeSoto Chapter of the AATSP.

Audrey L. Heining-Boynton

Audrey L. Heining-Boynton received her Ph.D. in Curriculum and Instruction from Michigan State University. She is a professor of Education and Romance Languages at The University of North Carolina at Chapel Hill, where she teaches educational methodology classes and Spanish. She has also taught Spanish, French, and ESL at the K–12 level. Dr. Heining-Boynton served as the president of ACTFL and the National Network for Early Language Learning. She has been involved with AATSP, Phi Delta Kappa, and state foreign language associations. In addition, she has presented both nationally and internationally and has published over forty books, articles, and curricula.

Ricardo Otheguy

Ricardo Otheguy received his Ph.D. in Linguistics from the City University of New York, where he is currently professor of Linguistics at the Graduate Center. He is also director of the Research Institute for the Study of Language in Urban Society (RISLUS) and coeditor of the research journal *Spanish in Context.* He has extensive experience with school-based research and has written on topics related to Spanish grammar, bilingual education, and Spanish in the United States. His work has been supported by private and government foundations, including the Rockefeller Brothers Fund and the National Science Foundation. He is coauthor of *Tu mundo: Curso para hispanohablantes,* and *Prueba de ubicación para hispanohablantes.*

Barbara Rupert Mondloch

Barbara Rupert Mondloch completed her M.A. at Pacific Lutheran University. She has taught Level 1 through A.P. Spanish and has implemented a FLES program in her district. Barbara is the author of CD-ROM activities for the *¡Bravo!* series. She has presented at many local, regional, and national foreign language conferences. She has served as president of both the Pacific Northwest Council for Languages (PNCFL) and the Washington Association for Language Teaching, and was the PNCFL representative to ACTFL. In 1996, Barbara received the Christa McAuliffe Award for Excellence in Education, and in 1999, she was selected Washington's "Spanish Teacher of the Year" by the Juan de Fuca Chapter of the AATSP.

John DeMado, Creative Consultant

John DeMado has been a vocal advocate for second-language acquisition in the United States for many years. He started his career as a middle/high school French and Spanish teacher, before entering the educational publishing profession. Since 1993, Mr. DeMado has directed his own business, John DeMado Language Seminars. Inc., a company devoted exclusively to language acquisition issues. He has authored numerous books in both French and Spanish that span the K–12 curriculum. Mr. DeMado wrote and performed the *¡AvanzaRap!* songs for Levels 1 and 2.

Carl Johnson, Senior Program Advisor

Carl Johnson received degrees from Marietta College (OH), the University of Illinois, Université Laval, and a Ph.D. in Foreign Language Education from The Ohio State University, during which time he studied French, German, Spanish, and Russian. He has been a lifelong foreign language educator, retiring in 2003 after 27 years as a language teacher (secondary and university level), consultant, and Director of Languages Other Than English for the Texas Department of Education. He has completed many publications relating to student and teacher language proficiency development, language textbooks, and nationwide textbook adoption practices. He also served as president of the Texas Foreign Language Association, Chair of the Board of the Southwest Conference on Language Teaching, and president of the National Council of State Supervisors of Foreign Languages. In addition, he was named Chevalier dans l'Ordre des Palmes Académiques by the French government.

Rebecca L. Oxford, Learning Strategy Specialist

Rebecca L. Oxford received her Ph.D. in educational psychology from The University of North Carolina. She also holds two degrees in foreign language from Vanderbilt University and Yale University, and a degree in educational psychology from Boston University. She leads the Second Language Education and Culture Program and is a professor at the University of Maryland. She has directed programs at Teachers College, Columbia University; the University of Alabama; and the Pennsylvania State University. In addition, she initiated and edited *Tapestry*, a series of student textbooks used around the world. Dr. Oxford specializes in language learning strategies and styles.

Contributing Writers

Louis G. Baskinger
New Hartford High School
New Hartford, NY

Jacquelyn Cinotti-Dirmann
Duval County Public Schools
Jacksonville, FL

Teacher Reviewers

Middle School Reviewers

Mary Jo Aronica
Lincoln Hall Middle School
Lincolnwood, IL

Suzanne M. Auffray
The Overlake School
Redmond, WA

Elizabeth M. Bossong
Vestal High School
Vestal, NY

Zahava Frymerman
G. W. Carver Middle School
Miami, FL

Ana Johnson
Rising Star Middle School
Fayetteville, GA

Sharon Larracoechea
North Junior High
Boise, ID

Deborah Tomkinson
James Madison Middle School
Titusville, FL

Elizabeth L. Torosian
Lowell Community Charter Public
   School
Lowell, MA

Heather T. Walker
Chester Middle School
Chester, VA

Mari Zimmerman
James C. Wright Middle School
Madison, WI

High School Reviewers

Sue Arandjelovic
Dobson High School
Mesa, AZ

Susan K. Arbuckle
Mahomet-Seymour High School
Mahomet, IL

Kristi Ashe
Amador Valley High School
Pleasanton, CA

Shaun A. Bauer
Olympia High School, *retired*
Orlando, FL

Sheila Bayles
Rogers High School
Rogers, AR

Robert L. Bowbeer
Detroit Country Day Upper School
Beverly Hills, MI

Hercilia Bretón
Highlands High School
San Antonio, TX

Adrienne Chamberlain-Parris
Mariner High School
Everett, WA

Mike Cooperider
Truman High School
Independence, MO

Susan B. Cress
Sheridan High School
Sheridan, IN

Michèle S. de Cruz-Sáenz, Ph.D.
Strath Haven High School
Wallingford, PA

Lizveth Dague
Park Vista Community High School
Lake Worth, FL

Parthena Draggett
Jackson High School
Massillon, OH

Rubén D. Elías
Roosevelt High School
Fresno, CA

Phillip Elkins
Lane Tech College Prep High School
Chicago, IL

Maria Fleming Alvarez
The Park School
Brookline, MA

Michael Garber
Boston Latin Academy
Boston, MA

Marco García
Derry University Advantage Academy
Chicago, IL

David Gonzalez
Hollywood Hills High School
Hollywood, FL

Raquel R. González
Odessa Senior High School
Odessa, TX

Neyda Gonzalez-Droz
Ridge Community High School
Davenport, FL

Becky Hay de García
James Madison Memorial
   High School
Madison, WI

Fatima Hicks
Suncoast High School, *retired*
Riviera Beach, FL

Gladys V. Horford
William T. Dwyer High School
Palm Beach Gardens, FL

Pam Johnson
Stevensville High School
Stevensville, MT

Richard Ladd
Ipswich High School
Ipswich, MA

Patsy Lanigan
Hume Fogg Academic Magnet
   High School
Nashville, TN

Kris Laws
Palm Bay High School
Melbourne, FL

Kristen M. Lombardi
Shenendehowa High School
Clifton Park, NY

Elizabeth Lupafya
North High School
Worcester, MA

David Malatesta
Niles West High School
Skokie, IL

Patrick Malloy
James B. Conant High School
Hoffman Estates, IL

Brandi Meeks
Starr's Mill High School
Fayetteville, GA

Kathleen L. Michaels
Palm Harbor University High School
Palm Harbor, FL

Linda Nanos
Brook Farm Business Academy
West Roxbury, MA

Nadine F. Olson
School of Teaching and Curriculum
  Leadership
Stillwater, OK

Pam Osthoff
Lakeland Senior High School
Lakeland, FL

Nicholas Patterson
Davenport Central High School
Davenport, IA

Carolyn A. Peck
Genesee Community College
Lakeville, NY

Daniel N. Richardson
Concord High School, *retired*
Concord, NH

Rita E. Risco
Palm Harbor University High School
Palm Harbor, FL

Miguel Roma
Boston Latin Academy
West Roxbury, MA

Lauren Schultz
Dover High School
Dover, NH

Nona M. Seaver
New Berlin West Middle/High
  School
New Berlin, WI

Susan Seraphine-Kimel
Astronaut High School
Titusville, FL

Mary Severo
Thomas Hart Middle School
Pleasanton, CA

Clarette Shelton
WT Woodson High School, *retired*
Fairfax, VA

Maureen Shiland
Saratoga Springs High School
Saratoga Springs, NY

Irma Sprague
Countryside High School
Clearwater, FL

Mary A. Stimmel
Lincoln High School
Des Moines, IA

Karen Tharrington
Wakefield High School
Raleigh, NC

Alicia Turnier
Countryside High School
Clearwater, FL

Roberto E. del Valle
The Overlake School
Redmond, WA

Todd Wagner
Upper Darby High School, *retired*
Drexel Hill, PA

Ronie R. Webster
Monson Junior/Senior High School
Monson, MA

Cheryl Wellman
Bloomingdale High School
Valrico, FL

Thomasina White
School District of Philadelphia
Philadelphia, PA

Jena Williams
Jonesboro High School
Jonesboro, AR

Program Advisory Council

Louis G. Baskinger
New Hartford High School
New Hartford, NY

Linda M. Bigler
James Madison University
Harrisonburg, VA

Flora Maria Ciccone-Quintanilla
Holly Senior High School
Holly, MI

Jacquelyn Cinotti-Dirmann
Duval County Public Schools
Jacksonville, FL

Desa Dawson
Del City High School
Del City, OK

Robin C. Hill
Warrensville Heights High School
Warrensville Heights, OH

Barbara M. Johnson
Gordon Tech High School, *retired*
Chicago, IL

Ray Maldonado
Houston Independent School
  District
Houston, TX

Karen S. Miller
Friends School of Baltimore
Baltimore, MD

Dr. Robert A. Miller
Woodcreek High School
  Roseville Joint Union High School
  District
Roseville, CA

Debra M. Morris
Wellington Landings Middle School
Wellington, FL

Maria Nieto Zezas
West Morris Central High School
Chester, NJ

Rita Oleksak
Glastonbury Public Schools
Glastonbury, CT

Sandra Rosenstiel
University of Dallas, *retired*
Grapevine, TX

Emily Serafa Manschot
Northville High School
Northville, MI

La Telehistoria

Hi! My name is Alicia. My family and I live in Miami, Florida. My favorite thing to do is play soccer. At the Pan-American Youth Games, my team took second place. I made a lot of great friends from all over the world. I also met Trini Salgado, the best soccer player ever!

I got a T-shirt like hers, but I never got her to autograph it. She is always traveling to different countries, so maybe I can send my shirt to some of my soccer friends to try to get it signed.

Follow along in the ¡Avancemos! Telehistoria to find out what happens to Alicia's T-shirt as it travels from country to country.

Trini Salgado

En Parque de l

Próximo Sábado, 15 de Jun

Sandra - San Antonio ✓
Pablo - México
Rodrigo - Puerto Rico ✓
Maribel - España ✓
Manuel - Ecuador ✓
Mario - República
          Dominicana ✓
Florencia - Argentina
Jorge - Costa Rica ✓

Level 1a

1 San Antonio
Sandra

2 Mexico
Pablo

3 Puerto Rico
Rodrigo

4 Spain
Maribel

Level 1b

5 Ecuador
Manuel

6 Dominican Republic
Mario

7 Argentina
Florencia

8 Costa Rica
Jorge

Key Words to Know

el autógrafo	autograph	*el jugador (la jugadora) de fútbol*	soccer player
la camiseta	T-shirt		

Why Study Spanish?

Discover the world

Deciding to learn Spanish is one of the best decisions you can make if you want to travel and see the world.

More than 400 million people around the globe speak Spanish. After Chinese, English and Spanish are tied as the two most frequently spoken languages worldwide. Spanish is now the third most-used language on the Internet. In Europe, Spanish is the most popular foreign language after English. People who speak both Spanish and English can communicate with people from all around the globe, no matter where they find themselves.

Explore your community

Inside the United States, Spanish is by far the most widely spoken language after English.

There are currently about 30 million Spanish speakers in the U.S. When you start to look and listen for it, you will quickly realize that Spanish is all around you—on the television, on the radio, and in magazines and newspapers. You may even hear your neighbors speaking it. Learning Spanish will help you communicate and interact with the rapidly growing communities of Spanish speakers around you.

 # Experience a new perspective

Learning a language is more than just memorizing words and structures.

When you study Spanish, you learn how the people who speak it think, feel, work, and live. Learning a language can open your eyes to a whole new world of ideas and insights. And as you learn about other cultures, you gain a better perspective on your own.

 # Create career possibilities

Knowing Spanish opens many doors.

If you speak Spanish fluently, you can work for international and multinational companies anywhere in the Spanish-speaking world. You can create a career working as a translator, an interpreter, or a teacher of Spanish. And because the number of Spanish speakers in the U.S. is growing so rapidly, being able to communicate in Spanish is becoming important in almost every career.

What is Vocabulary?

Building Your Spanish Vocabulary

Vocabulary is a basic building block for learning a foreign language. By learning just a few words, you can start to communicate in Spanish right away! You will probably find that it is easier to understand words you hear or read than it is to use them yourself. But with a little practice, you will start to produce the right words in the right context. Soon you will be able to carry on conversations with other Spanish speakers.

How Do I Study Vocabulary?

First Steps

- Read all of the new words in **blue** on the Vocabulary presentation page in your textbook.
- Point to each word as you say it out loud.

Be Creative

- Make flashcards with your new vocabulary words. You could also draw pictures of the words on the back of the flashcards.
- Group vocabulary words by theme. Add other words that fit the categories you've learned.
- Imagine a picture of the word.
- Create a rhyme or song to help you remember the words.

Make It Personal

- Use vocabulary words to write original sentences. Make them funny so you'll be sure to remember!
- Label everyday items in Spanish.
- Create reminders for difficult words. Put note cards inside your locker door, or on your mirror at home.
- See it, and say it to yourself! For example, if you are learning colors and clothing words, think of the Spanish word to describe what your friends are wearing.

el cuaderno

Practice Makes Perfect

- Say your vocabulary words out loud and repeat each word several times.
- Write each word five times, keeping its meaning in mind.
- Use Spanish words with your classmates outside of class—if you're having lunch in the cafeteria, use the words you know for food. Greet your classmates in the hallway in Spanish!

Create Your Own System

- Practice a little bit every day. Many short sessions are better than one long one.
- Focus on the words that are the hardest for you.
- Find a buddy. Quiz one another on the vocabulary words.
- Keep a vocabulary notebook and update it regularly.
- Use the study sheets in the back of your workbook to review vocabulary.

What is Grammar?

Some people think of grammar as the rules of a language, rules that tell you the "correct" way to speak a language. For instance, why do you say *big red house,* not *red big house*? Why do you say *how much money do you have* instead of *how many money*? If English is your first language, you probably don't think about the rule. You make the correct choice instinctively because it *sounds right.* Non-native speakers of English have to learn the rules. As you begin your study of Spanish, you will need to learn the grammar rules of Spanish.

Why Should I Study Grammar?

Grammar helps you to communicate.

For instance, using the past tense or future tense makes it clear when something happens. (*I did my homework* versus *I will do my homework*.) Using subject pronouns lets you know who is performing the action. (*I gave the book to her* versus *She gave the book to me*.) Using correct grammar when speaking Spanish will help you communicate successfully with native speakers of Spanish.

How Do I Study Grammar?

Read the English Grammar Connection before each grammar explanation.

Think about how you use the same type of grammar in English. Understanding your own language will help you to better understand Spanish.

> **English Grammar Connection:** A **verb tense** is the form of the verb that shows *when* an action is happening. The **present tense** shows that an action is happening *now*. The Spanish present-tense verb form **estudiamos** can be expressed in English in three different ways: *we study, we are studying*, or *we do study*.
>
> We **study** Spanish.   **Estudiamos** español.
>
> **present-tense verb**   **present-tense verb**

Practice the new forms that you are learning.

Completing the practice activities in your student book and workbook will help you to learn the correct way to say things.

Use the Spanish you know as often as you can.

After all, that's how you learned to speak English, by hearing and speaking it every day.

What Is Culture?

To communicate with people from Spanish-speaking countries in a meaningful way, you need to know something about their culture. Vocabulary and grammar will help you learn what words to say and how to put them together, but culture will give you a better understanding of "how, when, and why to say what to whom."

What exactly is culture?

Culture includes . . .

Art

History

Traditions

Relationships

Music

Holidays

Food

Architecture

Pastimes

and more!

How can I learn about another culture?

- Read the **Comparación cultural** information to find out more about the cultures that you are studying.
- Think about the answers to the questions in the **Comparación cultural**.
- Think about the perspectives and practices that shape and influence the culture.
- Compare your own culture with the cultures you are studying.

El mundo

OCÉANO ÁRTICO

Mar de Siberia Oriental

Mar de Beaufort

Bahía de Baffin

GROENLANDIA (DINAMARCA)

RUSIA

Alaska (EE.UU.)

Mar de Bering

Bahía de Hudson

Mar del Labrador

CANADÁ

ESTADOS UNIDOS

OCÉANO ATLÁNTICO

Golfo de México

REP. DOMINICANA

ISLAS BAHAMAS

PUERTO RICO (EE.UU.)

SAN CRISTÓBAL Y NEVIS

HAITÍ

Islas Hawai (EE.UU.)

CUBA

ANTIGUA Y BARBUDA

GUADALUPE (FRANCIA)

MÉXICO

JAMAICA

DOMINICA

MARTINICA (FRANCIA)

Mar Caribe

BELICE

SANTA LUCÍA

SAN VICENTE Y GRANADINAS

ISLAS MARSHALL

OCÉANO PACÍFICO

GRANADA

BARBADOS

GUATEMALA

PANAMÁ

TRINIDAD Y TOBAGO

EL SALVADOR

VENEZUELA

HONDURAS

GUAYANA FRANCESA (FRANCIA)

NICARAGUA

COSTA RICA

COLOMBIA

NAURU

KIRIBATI

Islas Galápagos (Ecuador)

ECUADOR

GUYANA

SURINAM

ISLAS SALOMÓN

ISLAS TUVALU

SAMOA

PERÚ

BRASIL

VANUATÚ

Samoa Americana (EE.UU.)

BOLIVIA

FIDJI

TONGA

NUEVA CALEDONIA (FRANCIA)

PARAGUAY

NUEVA ZELANDA

CHILE

URUGUAY

ARGENTINA

Islas Malvinas (R.U.)

OCÉANO ÁRTICO

Mar de Laptev

Mar de Kara

Mar de Barents

Mar de Noruega

ANDIA

SUECIA   FINLANDIA

NORUEGA

RUSIA

60°N

Mar de Ojotsk

REINO UNIDO

Mar del Norte

ESTONIA
LETONIA
LITUANIA
BIELORRUSIA

Lago Baikal

IRLANDA

1
2
ALEMANIA   POLONIA
3
4
6
AUSTRIA
5
7
8
9
10 11 12
13   14

UCRANIA
MOLDAVIA

KAZAKSTÁN

MONGOLIA

COREA DEL NORTE

Mar de Japón

ANDORRA

FRANCIA

RUMANIA

Mar Negro

GEORGIA

UZBEKISTÁN

KIRGUISTÁN

COREA DEL SUR

JAPÓN

PORTUGAL

ESPAÑA

ITALIA

15

Mar Caspio

TURKMENISTÁN

TADJIKISTÁN

CHINA

ALTAR (R.U.)

GRECIA

TURQUÍA

ARMENIA

AZERBAIYÁN

30°N

MARRUECOS

MALTA

Mar Mediterráneo

TÚNEZ

CHIPRE
LÍBANO

SIRIA

IRAQ

IRÁN

AFGANISTÁN

Canarias (Esp.)

MAURITANIA

ARGELIA

LIBIA

ISRAEL

EGIPTO

JORDANIA

KUWAIT
QATAR

BAHREIN

E.Á.U

PAQUISTÁN

NEPAL

BHUTÁN

BANGLADESH

Trópico de Cáncer

SAHARA DENTAL

MALÍ

NÍGER

CHAD

SUDÁN

ERITREA

ARABIA SAUDITA

OMÁN

INDIA

MYANMAR

TAIWÁN

OCÉANO PACÍFICO

SENEGAL

GUINEA

BURKINA FASO

BENIN

NIGERIA

YEMEN

JIBUTI

Mar Arábigo

Golfo de Bengala

LAOS

TAILANDIA

VIETNAM

FILIPINAS

GUAM (EE.UU.)

EA SAU

COSTA DE MARFIL

TOGO

GHANA

CAMERÚN

REP. CENTRO-AFRICANA

ETIOPÍA

CAMBOYA

Mar de China

MICRONESIA

NEA GAU

LIBERIA

GUINEA ECUATORIAL

CONGO

GABÓN

UGANDA

KENIA

SOMALIA

ISLAS MALDIVAS

SRI LANKA

BRUNEI

MALASIA

PALAU

SIERRA LEONA

SANTO TOMÉ Y PRÍNCIPE

CABINDA (ANGOLA)

REP. DEM. DEL CONGO

BURUNDI

RUANDA

TANZANÍA

SEYCHELLES

SINGAPUR

Ecuador 0°

PAPUASIA NUEVA GUINEA

INDONESIA

ANGOLA

ZAMBIA

MALAWI

COMORES

TIMOR ORIENTAL

NAMIBIA

ZIMBABWE

MOZAMBIQUE

MADAGASCAR

MAURICIO

OCÉANO ÍNDICO

Trópico de Capricornio

BOTSWANA

AUSTRALIA

SUAZILANDIA

30°S

SUDÁFRICA

LESOTHO

1 DINAMARCA
2 HOLANDA
3 BÉLGICA
4 LUXEMBURGO
5 SUIZA
6 REPÚBLICA CHECA
7 ESLOVAQUIA
8 HUNGRÍA
9 ESLOVENIA
10 CROACIA
11 BOSNIA Y HERZEGOVINA
12 SERBIA Y MONTENEGRO
13 ALBANIA
14 MACEDONIA
15 BULGARIA

0   1,000   2,000 millas
0   1,000   2,000 kilómetros

N
O   E
S

60°S

ANTÁRTIDA

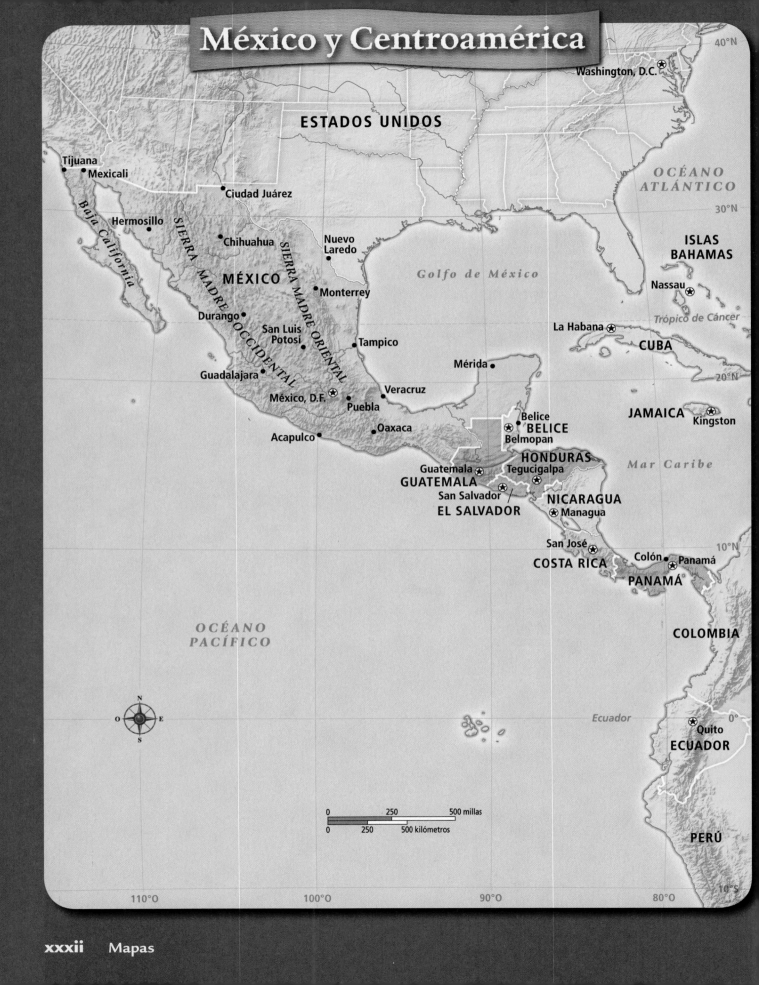

México y Centroamérica

Washington, D.C.

ESTADOS UNIDOS

OCÉANO
ATLÁNTICO

40°N

30°N

Tijuana
Mexicali

Ciudad Juárez

Baja California

Hermosillo

SIERRA MADRE OCCIDENTAL

Chihuahua

MÉXICO

SIERRA MADRE ORIENTAL

Nuevo
Laredo

Golfo de México

**ISLAS
BAHAMAS**

Monterrey

Durango

San Luis
Potosí

Tampico

Nassau

Trópico de Cáncer

La Habana

CUBA

Guadalajara

Mérida

México, D.F.

Veracruz

Puebla

Belice

BELICE

Belmopan

Acapulco

Oaxaca

Guatemala

HONDURAS

Tegucigalpa

Mar Caribe

JAMAICA

Kingston

20°N

GUATEMALA

San Salvador

EL SALVADOR

NICARAGUA

Managua

COSTA RICA

San José

Colón

Panamá

PANAMÁ

COLOMBIA

10°N

OCÉANO
PACÍFICO

Ecuador

Quito

ECUADOR

0°

PERÚ

| 0 | 250 | 500 millas |
| 0 | 250 | 500 kilómetros |

110°O

100°O

90°O

80°O

10°S

N
O   E
S

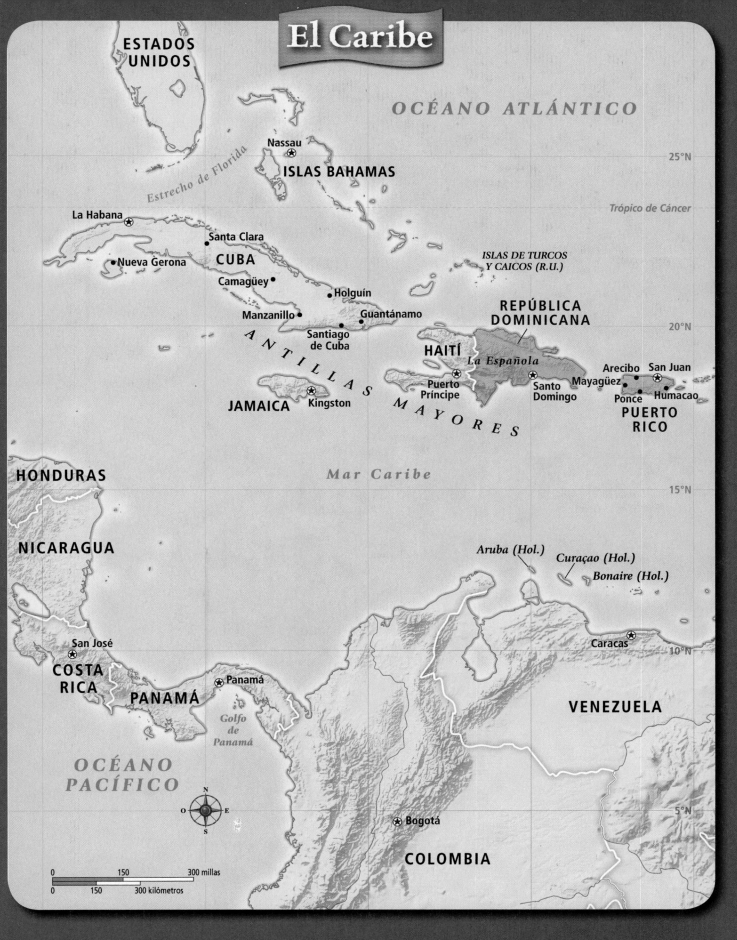

El Caribe

ESTADOS
UNIDOS

OCÉANO ATLÁNTICO

Nassau

ISLAS BAHAMAS

25°N

Trópico de Cáncer

Estrecho de Florida

La Habana

Santa Clara

Nueva Gerona

CUBA

Camagüey

Holguín

Manzanillo

Santiago
de Cuba

Guantánamo

ISLAS DE TURCOS
Y CAICOS (R.U.)

REPÚBLICA
DOMINICANA

20°N

HAITÍ

La Española

Arecibo

San Juan

Mayagüez

Puerto
Príncipe

Santo
Domingo

Ponce

Humacao

A
N
T
I
L
L
A
S

PUERTO
RICO

JAMAICA

Kingston

M
A
Y
O
R
E
S

HONDURAS

Mar Caribe

15°N

NICARAGUA

Aruba (Hol.)

Curaçao (Hol.)

Bonaire (Hol.)

San José

Caracas

10°N

COSTA
RICA

PANAMÁ

Panamá

OCÉANO
PACÍFICO

Golfo
de
Panamá

VENEZUELA

O   E

N

S

5°N

Bogotá

COLOMBIA

0   150   300 millas

0   150   300 kilómetros

Sudamérica

Mar Caribe

OCÉANO ATLÁNTICO

Barranquilla
Cartagena
Maracaibo
Lago Maracaibo
Caracas
TRINIDAD Y TOBAGO
Puerto España

VENEZUELA

Medellín
Manizales
Bogotá
Cali
COLOMBIA

Río Orinoco

Georgetown
Paramaribo
GUYANA
SURINAM
Cayena
GUAYANA FRANCESA (FRANCIA)

Otavalo
Quito
ECUADOR
Guayaquil
Cuenca

Ecuador 0°

Río Negro

Río Amazonas

PERÚ

Trujillo

C O R D I L L E R A

Río Madeira
Río Tapajóz
Río Xingú
Río Tocantins
Río São Francisco

BRASIL

10°S

Callao
Lima

Lago Titicaca

BOLIVIA
La Paz
Cochabamba
Sucre
Santa Cruz

Brasilia

OCÉANO PACÍFICO

Islas Galápagos
(Ecuador)

Bogotá
COLOMBIA
Quito
ECUADOR
PERÚ

0   200   400 millas
0   200   400 kilómetros

20°S

GRAN CHACO

PARAGUAY

Trópico de Capricornio

CHILE

Salta
San Miguel
de Tucumán
Resistencia

Asunción

A N D E S

Córdoba

URUGUAY

30°S

Valparaíso
Santiago
Mendoza
Rosario
Buenos Aires
La Plata
Montevideo

OCÉANO ATLÁNTICO

Concepción

ARGENTINA

OCÉANO PACÍFICO

Temuco

PAMPAS

Mar del Plata
Bahía Blanca

D E   L O S

40°S

PATAGONIA

N
O   E
S

0   250   500 millas
0   250   500 kilómetros

Estrecho de
Magallanes
Islas Malvinas (R.U.)

50°S

Tierra del Fuego

Cabo de Hornos

100°O   90°O   80°O   70°O   60°O   50°O   40°O   30°O   20°O

10°N

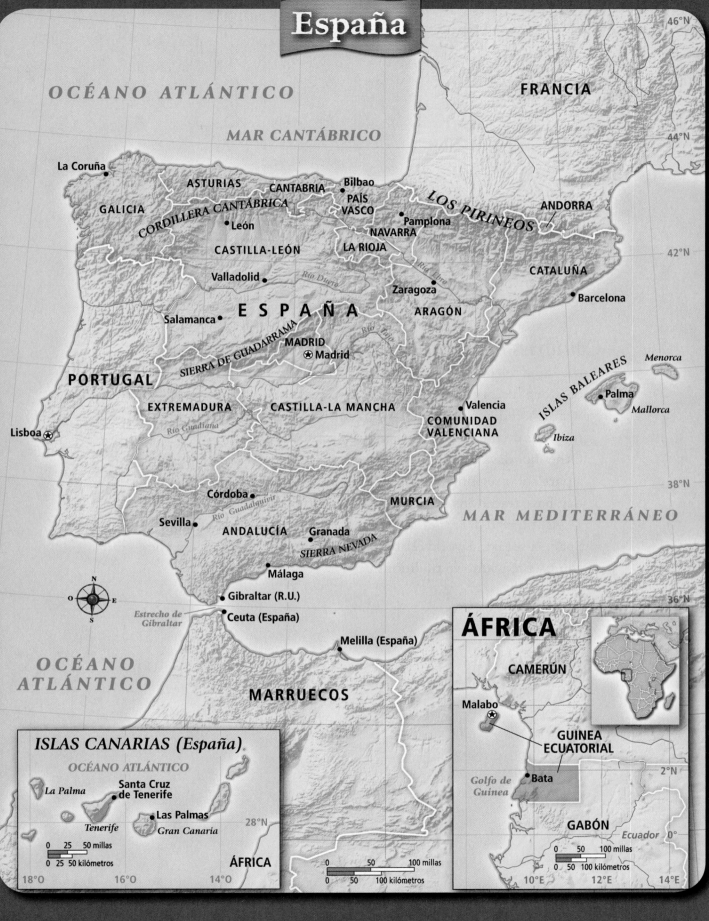

España

OCÉANO ATLÁNTICO

FRANCIA

46°N

44°N

MAR CANTÁBRICO

La Coruña

ASTURIAS

CANTABRIA

Bilbao

PAÍS VASCO

LOS PIRINEOS

ANDORRA

GALICIA

CORDILLERA CANTÁBRICA

León

Pamplona

NAVARRA

LA RIOJA

Río Ebro

42°N

CASTILLA-LEÓN

CATALUÑA

Valladolid

Río Duero

Zaragoza

ARAGÓN

Barcelona

Salamanca

E S P A Ñ A

Río Tajo

MADRID

Madrid

ISLAS BALEARES

Menorca

Palma

SIERRA DE GUADARRAMA

Mallorca

PORTUGAL

EXTREMADURA

CASTILLA-LA MANCHA

Valencia

COMUNIDAD VALENCIANA

Ibiza

Río Guadiana

Lisboa

MAR MEDITERRÁNEO

38°N

Córdoba

Río Guadalquivir

MURCIA

Sevilla

ANDALUCÍA

Granada

SIERRA NEVADA

Málaga

N

O   E

S

36°N

Gibraltar (R.U.)

Ceuta (España)

Estrecho de Gibraltar

Melilla (España)

ÁFRICA

OCÉANO ATLÁNTICO

MARRUECOS

CAMERÚN

Malabo

GUINEA ECUATORIAL

ISLAS CANARIAS (España)

OCÉANO ATLÁNTICO

La Palma

Santa Cruz de Tenerife

Las Palmas

Tenerife

Gran Canaria

28°N

0   25   50 millas

0   25   50 kilómetros

ÁFRICA

18°O   16°O   14°O

0   50   100 millas

0   50   100 kilómetros

Golfo de Guinea

Bata

GABÓN

Ecuador   0°

2°N

0   50   100 millas

0   50   100 kilómetros

10°E   12°E   14°E

Las celebraciones

The following lessons about holidays are provided for your personal enjoyment. You may choose to read them on your own, or your teacher may present them throughout the year.

Countries in the Spanish-speaking world often share the same celebrations and holidays. The celebrations are a result of a long history of traditions that reflect the mix of primarily Spanish, indigenous, and African cultures. Holidays celebrating religious events and beliefs are often similar between countries. Other holidays commemorate events or people that are important to a particular region. Many holidays, though celebrated on the same day, have traditions and customs that differ between countries.

As you read the pages of Celebraciones, you will discover how the Spanish-speaking world celebrates important holidays and how they compare to your own traditions.

Contenido

agosto

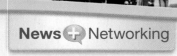

FERIA DE MÁLAGA

La Feria de Málaga celebrates King Ferdinand and Queen Isabella's triumphant entrance into the coastal city of Málaga on August 19, 1487. The pair claimed the city for the crown of Castile, an event this Spanish city has been celebrating for over 500 years. The *Feria de Málaga* now lasts for nine days and takes place in two parts of the city. Each day at noon the downtown fills with fairgoers. In the *Real*, a separate fairground, participants in *flamenco* dress or riding clothes ride on horseback or in horse-drawn carriages, or stroll, in a tradition known as *el paseo*. This daytime *feria* unfolds against a backdrop of music, singing, and dancing and ends at 6:00 p.m., when everyone goes home to rest. The celebration starts again at night in the *Real* and continues into the early morning hours. For this nightly *feria,* people gather in public and private *casetas,* to enjoy concerts, theatrical presentations, music, dance, and food. The last night of the *feria* ends with a city-sponsored concert followed by a spectacular fireworks display.

Feria de caballos More than a thousand riders and over a hundred horse-drawn carriages and carts participate in *el paseo*.

Música callejera Musicians play in the streets during the *feria.* Here a *panda,* or group, plays *verdiales,* traditional music that features guitars, tambourines, and tiny cymbals.

Una caseta offers free samples of *paella,* a rice and seafood dish that is a regional specialty from the coastal cities of Spain.

Bailando flamenco Fairgoers perform folkloric dances such as *flamenco* and *sevillanas* in the streets, plazas, and *casetas,* wherever there is music.

Una entrada a la feria Riders pass in front of one of the decorative entrances to a street in the historic downtown of Málaga.

Vocabulario para celebrar

los caballos	horses
las carretas	horse-drawn carriages
las casetas	small houses or tents
la feria	fair
el paseo	a walk, stroll, or ride

Comparación cultural

1. Does your town or city celebrate its beginnings or inauguration as a community, or is there a special "town day"? What events take place during the celebration?

2. What events in your community or region are similar to those of the *Feria de Málaga*? Describe them and then compare them to the *Feria de Málaga.*

Celebraciones **C3**

DÍA DE LA INDEPENDENCIA

El Día de la Independencia falls in September for many of the Spanish-speaking countries in the Americas. Mexico celebrates on September 15 and 16, with the *Grito de la Independencia,* music, fireworks, and parades. The first *Grito* occurred at dawn on September 16, 1810, when Padre Miguel Hidalgo y Costilla called to the people of Dolores to rise up against the Spanish crown. That rebellion led to the Mexican War of Independence.

Just two days later, on September 18, 1810, Chile declared its independence from Spain. Today Chile celebrates the date during a week of *fiestas patrias* that include parades, rodeos, dance competitions, and special foods.

Eleven years later, on September 15, 1821, a large part of Central America also proclaimed its independence from Spain, becoming El Salvador, Nicaragua, Guatemala, Costa Rica, and Honduras. These countries celebrate their independence on the 14 and 15 with a focus on students: parades, assemblies, and sports competitions.

México

El Grito de la Independencia On the night of September 15, the president of Mexico commemorates *el Grito* by ringing a bell, proclaiming *¡Que viva México!*, and waving the Mexican flag from a balcony above the Zócalo. Crowds gather below to participate in the *Grito*.

Fiestas patrias Costa Rican schoolchildren, dressed in colors of their country, dance in a parade.

Costa Rica

Guatemala

El recorrido de la antorcha Runners carrying a flaming torch start in Guatemala and end in Costa Rica. All along the route, uniformed schoolchildren wait expectantly for the torch to pass.

Vocabulario para celebrar

la antorcha	torch
la banda	band
las fiestas patrias	patriotic holidays
el grito	shout
el recorrido	run, journey
proclamar	to declare

Comparación cultural

1. Compare the way your town or city celebrates Independence Day with the celebrations in Mexico and Central America. How are they similar? Are there any differences?

2. How do you celebrate Independence Day? Do you participate in community events or have a special tradition?

Celebraciones **C5**

El 12 de Octubre

El 12 de Octubre has many different meanings in the Spanish-speaking world. For some people it is *el Día de Colón,* the day Christopher Columbus arrived in the Americas. For some, it is *el Día de la Hispanidad,* a day to celebrate one's connection with all other Spanish-speaking people, regardless of their country. And for others, it is *el Día de la Raza,* a day when indigenous people come together as a community and celebrate their heritage. Other Spanish speakers celebrate their mixed heritage of indigenous, African, and European cultures. How you celebrate depends very much on you and your family's origin and on the community where you live. For all Spanish-speaking groups, *el 12 de octubre* marks a key turning point in the lives and cultures of the people in Spain and those living in the Americas.

Vocabulario para celebrar

Cristóbal Colón	Christopher Columbus
el Día Nacional	National Day
la hispanidad	the cultural community of Spanish speakers
la raza	race

México

Día de la Raza Indigenous groups gather in Mexico City dressed in their community's traditional outfits, some wearing pre-Columbian clothing and headdresses.

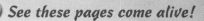

Chile

Día de la Raza A woman from the Pehuenche indigenous community gathers with other indigenous groups in downtown Santiago.

Nueva York

Día de la Hispanidad High school students carry flags representing all the American countries as they march in a parade down Fifth Avenue.

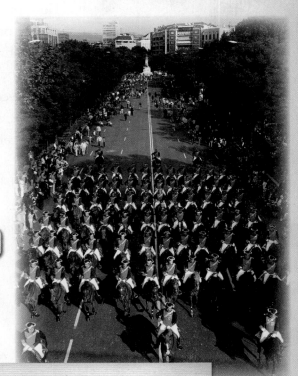

España

Día Nacional de España The Spanish government celebrates with a parade in Madrid.

Comparación cultural

1. How do you celebrate October 12 in your community or school? Is it similar to or different from the celebrations in Spanish-speaking countries? How so?

2. What does October 12 mean to you? Which of the Spanish names for the holiday has the most meaning for you? How would you rename the holiday to celebrate your heritage?

noviembre

¡Día de los Muertos!

Estados Unidos

Las mojigangas People parade through the Pilsen-Little Village neighborhood of Chicago. Some carry *mojigangas*, giant papier-mâché puppets typically carried in Mexican processions.

On Día de los Muertos families visit the cemeteries and gravesites of their loved ones. They clean the sites and leave flowers and candles and, in many countries, they bring entire meals with special drinks and traditional breads to share with the deceased. Displays are set up next to the gravesite that include flowers, hand-crafted skeletons, colorful paper cutouts, candy skulls, personal items, and photos. Family members pass the night sharing food and conversation as they keep vigil for their ancestors.

The celebration of *Día de los Muertos* spans two days, November 1 and 2. Also known as *Día de los Difuntos*, the traditions originate in the centuries-old religious holiday *Día de Todos los Santos*. In the Americas, this holiday coincided with pre-Columbian festivals that celebrated the harvest, the new year, and honored the dead. The mix of cultures and traditions resulted in the celebration *Día de los Muertos*.

México

Las calaveras A display of dressed-up skulls and skeletons on a street in Mexico City

Ecuador

El pan de muertos This bread is made only for *Día de los Muertos*. In Ecuador, these breads are called *guaguas de pan*. *Guagua* is the Quechua word for "baby" and refers to the bread's shape. The *guaguas* are served with *colada morada,* a warm, purple-colored drink made from blueberries and raspberries.

México

El papel picado These tissue paper cutouts are a common holiday decoration. To celebrate *Día de los Muertos*, the cutouts form images of skeletons.

Guatemala

Los barriletes Guatemalans celebrate by flying *barriletes,* or colorful kites, to which they attach messages for the deceased. The town of Santiago Sacatepéquez celebrates with a *barrilete* contest.

Vocabulario para celebrar

las calaveras	skulls
el cementerio	cemetery
los difuntos	deceased
el esqueleto	skeleton
el pan de muertos	special bread made for *Día de los Muertos*
el papel picado	paper cutouts
los santos	saints

Comparación cultural

1. Does your family or community have a special day or specific traditions to remember the deceased? How are they similar to or different from the traditions of *Día de los Muertos*?

2. Centuries ago in Europe, the night of October 31, before All Saint's Day, was known as "All Hallows' Eve." According to ancient beliefs, on this night the dead join the world of the living. Today we call this night Halloween. How would you compare the celebrations of Halloween and *Día de los Muertos*?

diciembre

News + Networking

Las Navidades

Las Navidades are celebrated throughout the Spanish-speaking world with family gatherings and special meals. Celebrations start in mid-December and, in some countries, extend to January 6.

Many families gather the night of December 24, or *la Nochebuena,* to share a special meal of traditional foods and drinks that vary depending on the country. *Tamales, empanadas,* and *buñuelos* are served in many countries. In Spain, there is turkey, or *pavo,* and *turrón.* In Argentina and Chile, where it is summer, people eat cold foods and salads.

The tradition of giving and receiving gifts also forms a part of *las Navidades.* In some countries, families exchange gifts at midnight on *la Nochebuena,* while in others children receive gifts the morning of December 25, and in other countries the gifts appear the morning of January 6. Often gifts are given primarily to children.

Panamá

Un desfile navideño The holiday parade in Panama City takes place in mid-December.

México

La noche de rábanos On the night of December 23, elaborate carvings made from radishes, or *rábanos,* are on display in Oaxaca's central plaza. The figures include people, animals, and even entire scenes. This unique tradition has been celebrated for over 100 years.

Argentina

Las empanadas Dancers dress as *empanadas* in Buenos Aires. These meat-filled pies are especially enjoyed during *las Navidades.*

Perú

El Día de los Reyes Magos In Peru, Argentina, the Dominican Republic, Paraguay, and Spain, children receive presents on January 6 from *los Reyes Magos*. In anticipation, children leave out a snack for the Three Kings, carrots or grass for the camels, and a pair of empty shoes for the gifts.

España

Un desfile navideño Circus elephants take part in Madrid's holiday parade on January 5. In Spain, parades on January 5 or 6 celebrate the arrival of *los Reyes Magos*.

Vocabulario para celebrar

la Nochebuena	Christmas Eve
los Reyes Magos	Three Kings
la rosca de reyes	sweet bread eaten on January 6
el turrón	almond nougat candy
los villancicos	seasonal Christmas songs

Comparación cultural

1. Do you and your family celebrate a holiday in December? If so, compare the traditions of your family to the traditions of *las Navidades*.

2. What special meals and foods do you associate with certain holidays? Describe the foods you traditionally enjoy on a holiday you celebrate.

3. What time of the year do you give or receive gifts and for what reason?

¡Año Nuevo!

El Año Nuevo celebrates the arrival of the New Year and *la Nochevieja* says goodbye to the old. In much of the Spanish-speaking world, traditions include making a toast, exchanging a kiss or hug, or eating twelve grapes—one for each stroke of midnight—to ensure your wishes come true for the New Year. Other good luck traditions include wearing yellow or red, eating a tablespoon of lentils, or carrying a suitcase around the block if you hope to take a trip. To wish someone a happy New Year, say *¡Feliz año nuevo!* or *¡Próspero año nuevo!*

On *Nochevieja,* there are also traditions for saying goodbye to the old year. Some people dress in masks representing *el año viejo.* Others build satirical figures called *los años viejos* that represent famous people or politicians. Adorned with poems or messages that poke fun at *el año viejo,* and filled with shavings and firecrackers, these figures are lit on fire at midnight, to burn and explode on street corners, as a final *despedida,* or farewell, to the old year.

Perú

La buena suerte In Lima, people believe touching a Chinese Lion brings happiness, good luck, and prosperity in the New Year. Ten percent of Peru's population is of Chinese descent.

España

La medianoche In Madrid, people gather in the Puerta del Sol, holding bags of 12 grapes as they wait for the 12 strokes of midnight from the Puerta del Sol clock, the city's official timekeeper.

Colombia

Paseo de los años viejos In Popayán, families and neighbors take their *año viejo* figures out for a final ride before the *Nochevieja* celebration. Later on, at midnight, they will burn the figures.

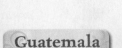

Guatemala

Baile de los Gigantes In Antigua, people celebrate the New Year with the folkloric "Dance of the Giants." These giant heads, or *cabezudos,* are similar to costumes used since the medieval period in Spain.

Vocabulario para celebrar

el Año Nuevo	New Year
el brindis	toast
las doce uvas	twelve grapes
las lentejas	lentils
la medianoche	midnight
la Nochevieja	New Year's Eve

Comparación cultural

1. How do you celebrate the New Year? Does your family or community have any special traditions? Are any of the traditions similar to the ones in Spanish-speaking countries? How are they similar or different?

2. If you were to build an *año viejo* representing the past year, what figure or event would you portray? Explain your choice.

febrero

¡Carnaval!

Carnaval marks a period of festivity prior to the beginning of Lent. Lent was, and for some still is, a 40-day period of solemnity and fasting with the removal of meat from the diet being a key feature. You can see the word *carne* (meat) in *Carnaval*; traditionally, this was the last chance to eat meat before the Lenten fast. Today, *Carnaval* often resembles a lively, multi-day party.

Falling in either February or March, *Carnaval* is typically celebrated during the five days that precede Ash Wednesday, the first day of Lent. In some countries, *Carnaval* lasts longer, overlapping other local celebrations. In many regions, traditions such as throwing water and eggs can start over a month before the actual holiday. The planning for the next year's parades, parties, and dance groups often starts as soon as the current *Carnaval* ends!

España

Disfraces Elaborate costumes are central to the *Carnaval* celebration. This costume, entitled "África soy yo," appeared in Las Palmas, in the Canary Islands.

Carnaval Revelers dance in Encarnación, site of the largest celebration in Paraguay.

Paraguay

México

Cascarones Breaking *cascarones* on the heads of friends and other party-goers is a *Carnaval* tradition. The sprinkling of confetti from these hollowed-out eggs is said to bring good luck, as seen here in Mazatlán.

Bolivia

Máscaras are a *Carnaval* tradition dating back to medieval Spain. This masked dancer is from the parade in Oruro, where some 40,000 folkloric dancers and musicians participate.

Bailarines folklóricos Dancers from the Mestizaje dance group perform in Barranquilla. The Colombian government proclaimed this city's *Carnaval* celebration, which combines indigenous, African, and European traditions, a National Cultural Heritage. UNESCO declared it a "Masterpiece" for its cultural uniqueness.

Colombia

Vocabulario para celebrar

los bailarines	dancers
la banda	musical band
Carnaval	Carnival
los cascarones	confetti-filled eggs
el disfraz	costume
las máscaras	masks

Comparación cultural

1. The ways in which *Carnaval* is celebrated in the Spanish-speaking world differ depending on the region. Why do you think the celebrations have evolved differently?

2. Compare the traditions of *Carnaval* to any holiday that you celebrate. Which one(s) are similar? How are they similar?

Las Fallas

Las Fallas is a weeklong festival in March that engulfs the city of Valencia, Spain. Tens of thousands of visitors from all over the world come to the city to experience *Las Fallas,* a week of pageants, music, flowers, and creative displays. Each day, the deafening explosions of thousands of firecrackers, *la mascletà,* fills the city at 2:00 p.m. and each night's celebration ends in fireworks.

The main characters of the celebration are the *ninots,* gigantic figures built of wood, plaster, and cardboard. The largest are up to several stories tall. Neighborhood organizations build these enormous figures during the preceding year. Then, during the week of *Las Fallas,* they display them in intersections, parks, and plazas throughout the city. The public visits the more than 400 *fallas* and votes for their favorite one. On the last night at midnight, all but the favorite are burned in enormous bonfires. Then one final, brilliant display of fireworks explodes over the city.

Los ninots These gigantic figures poke fun at well-known people or current events from the preceding year.

Las falleras During the festival, women dress in traditional outfits that include lace dresses, veils, jewelry, and colorful sashes.

La Cremà At midnight on the last night, the *fallas* are burned throughout the city. At the same time there are huge displays of colorful fireworks, which include explosions of roman candles and thousands of firecrackers.

Una falla iluminada Thousands of visitors come at night to see the illuminated *fallas*. This display was entered into a special contest, *la Sección Especial,* where a committee judges the *fallas* for creativity, gracefulness and charm, originality, and lighting.

Vocabulario para celebrar

La Cremà	burning of the *fallas*
las fallas	displays of figures
los falleros	celebrants of *Las Fallas*
los fuegos artificiales	fireworks
la mascletà	rhythmic explosion of large and small firecrackers
los ninots	large papier-mâché figures
quemar	to burn

Comparación cultural

1. Fireworks are a major part of *Las Fallas*. Does your community or region have fireworks displays? When and for what reasons?

2. Are there any other traditions in the festival of *Las Fallas* that are similar to traditions you follow in your community? What are they? Are they part of a specific celebration or season?

Semana Santa

La Semana Santa is one holiday during the year where in most Spanish-speaking countries entire towns, businesses, schools, and government close for at least four days, Thursday through Sunday. People that have relocated to other places often go back to their hometowns. Others take advantage of the long break to go to the countryside or beach. Entire communities come together for *Semana Santa* celebrations. In some places, religious processions fill the streets each day of the week from Palm Sunday to Easter; in others, Thursday and Friday are the most important days. Most *Semana Santa* traditions are hundreds of years old and originated in Spain, but many now have a unique twist due to the mix of cultures in each country.

México

Vestidos blancos Girls from San Miguel de Allende dress in white for the procession on *Viernes Santo*. In this town, the celebrations extend for two weeks, ending on *el Domingo de Pascua* with an explosion of papier-mâché figures in the center of town.

El Salvador

Alfombras de aserrín Rugs traditionally made of colored sawdust or sand, flowers, and fruits cover the streets where processions will pass in San Salvador. Artisans also now use modern industrial paints and sprays.

Ecuador

La fanesca Ecuadorians eat *fanesca,* a bean and grain soup with a fish base, only during *Semana Santa.* The soup is traditionally served with *bolitas de harina* (fritters), *plátano verde* (fried green plantain), fresh cheese, and *ají,* a spicy sauce.

Perú

Decoraciones de flores Flowers fill the city of Tarma for the *Semana Santa* celebrations. In preparation for the processions that begin on Thursday, arches and rugs made of flowers decorate the streets and remain on display until Sunday.

Vocabulario para celebrar

las alfombras	rugs
las flores	flowers
las procesiones	processions
Semana Santa	Holy Week

México

Una procesión Young boys carry streamers during the processions in Cadereyta.

Comparación cultural

1. What holidays do you celebrate with special parades or processions? What kinds of decorations do people use?

2. In what kind of event would most of the people in your community participate? Compare the event to *Semana Santa.*

¡Cinco de Mayo!

Cinco de Mayo has become a popular celebration thoughout the United States. However, not everyone who celebrates this uniquely Mexican holiday knows its origin. To find the reason, you must travel back to the year 1862 in Mexico. On May 5, in the town of Puebla de los Ángeles, the Mexican army, joined by farmers and townspeople, fought against the French and forced them to retreat. The Mexicans were led by General Ignacio Zaragoza and the town was later renamed Puebla de Zaragoza in his honor. Although the French went on to occupy Mexico City and assume a short-lived role in Mexico's government, *Cinco de Mayo* became a national holiday symbolizing Mexican unity.

A *Cinco de Mayo* celebration in Mexico includes dancing, music, and reenactments of the battle. In many parts of the U.S. where there is a large Mexican or Mexican-American community, you will often find *Cinco de Mayo* celebrations.

Los Ángeles

Mariachis y bailarines Folkloric dancers and musicians perform throughout the day in the Plaza Olvera during the *Cinco de Mayo* celebrations.

México

Reconstrucción de la batalla
A reenactment of the historic battle in Puebla commemorates Mexico's victory over the French.

Vocabulario para celebrar

los bailarines	dancers
la batalla	battle
el ejército	army
los franceses	French
los músicos	musicians
la reconstrucción	reenactment

Washington, D.C.

Bailarín folklórico A dancer performs in a traditional Mexican costume at the White House.

Comparación cultural

1. Do you know of a *Cinco de Mayo* celebration in your community or region? If so, how or where is it celebrated?

2. What important battles or historic events are celebrated in your community or state? How are they celebrated? Are they local or national holidays? Compare one of these holiday celebrations with the *Cinco de Mayo* celebrations.

Inti Raymi

Inti Raymi, or the "Festival of the Sun," falls on June 21 or 22, the date of the southern hemisphere's winter solstice, the shortest day of the year. Indigenous communities throughout the Andean highland countries of South America celebrate the winter solstice with ceremonies designed to bring the Sun back and shorten the longest night. Incan in origin, *Inti Raymi* honored the sun as the source of light, heat, and life, and celebrated the start of a new planting season. The name *Inti Raymi* comes from the Quechua language: *inti* means "sun" and *raymi* means "festival." The largest festival takes place in Cuzco, Peru, the ancient capital of the Incan civilization and empire. In Cuzco, *Inti Raymi* has grown into a major tourist attraction. Thousands of people visit the city to enjoy the performances by folkloric groups and to watch the theatrical presentation of the Incan ceremony, the focal point of the celebration.

Perú

Presentación cultural de Inti Raymi
In Cuzco, professional actors and actresses interpret the roles of the Incan emperor and others.
Above: A woman carries offerings.
Right: The Incan emperor passes through the streets of Cuzco to the ruins of the Incan fortress, Sacsayhuaman.

CULTURA Interactiva
my.hrw.com
See these pages come alive!

Ecuador

Indígenas ecuatorianas A dance group from the Paktarinmi cultural organization forms a "sacred circle" with grains of corn, a pre-Incan rite. In Ecuador, which lies on the equator, this date is considered the summer solstice, rather than the winter.

Vocabulario para celebrar

el aymara	language of indigenous group from Bolivia and Peru
los incas	Incas, an ancient South American people
el quechua	language common to many South American indigenous groups and adopted and spread by Incas
el sol	sun

Bolivia

Los aymaras In the pre-Columbian ruins of Tihuanaku, an Aymara priest blows on a shell to celebrate the winter solstice, which marks the new year. The Aymara are one of two dominant indigenous groups in Bolivia, comprising 25 percent of the population. The other group, Quechua, makes up 30 percent.

Comparación cultural

1. In North America, June 21 is the summer solstice, or the longest day of the year, and December 21 is the winter solstice, or the shortest day of the year. What important holidays or events occur during this time of year?

2. In ancient civilizations, the appearance of the sun and moon were important events that helped mark the passing of time and the seasons. If you were to celebrate the winter or summer solstice, what would you include in your celebration?

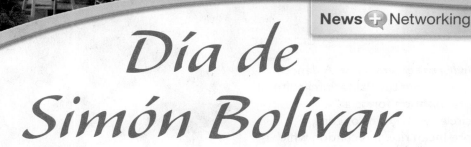

Día de Simón Bolívar

Simón Bolívar, known as *El Libertador,* envisioned a united South America, a union for which he fought, but never attained. Despite this, he was instrumental in bringing about much of South America's independence from Spain and became one of its most revered leaders. His birthday is a national holiday in Venezuela, Ecuador, and Bolivia, and many cities and towns have plazas or monuments in his honor.

Born on July 24, 1783, in Caracas, Venezuela, Simón Bolívar strongly believed in freedom from Spanish rule and worked toward that goal as a political leader, writer, and military commander. With his troops, he liberated present-day Venezuela, then Colombia. He was then named president of Gran Colombia, a federation comprised of what is now Venezuela, Colombia, Panama, and Ecuador. He went on to lead his troops into Peru, aiding in the final defeat of Spain. For two more years, Bolívar maintained his leadership, writing the constitution of Bolivia, a country named in his honor. By 1827, his dream of unification dissolved amidst growing rivalries between the South American military leaders. Three years later Bolívar died, on December 17, 1830.

Colombia

Monumento a Simón Bolívar This monument marks the location of the Battle of Boyacá, where Bolívar's forces defeated the Spanish resulting in the liberation of Gran Colombia. To celebrate the anniversary of the battle, students form the colors of the Colombian flag.

Bolívares Venezuela's currency carries both Bolívar's name and image.

Venezuela

Ecuador

Líder de la Batalla de Pichincha Each year, the city of Quito commemorates the Battle of Pichincha, where Simón Bolívar sent troops under the command of Antonio José de Sucre to defeat the Spanish in one of the crucial battles in the fight for independence.

Simón Bolívar *(1830), José Gil de Castro*
José Gil de Castro, renowned painter of Chilean society and of the independence leaders, painted this portrait of Bolívar in the early 1800s.

Venezuela

Vocabulario para celebrar

la batalla battle
la independencia
          independence
El Libertador
          the liberator

Plaza de Bolívar This statue of Bolívar is located in the Plaza Bolívar, the historic, political, and commercial center of Caracas.

Comparación cultural

1. What famous leader in U.S. history would you compare with Simón Bolívar? Why? What do both leaders have in common?

2. What U.S. holidays are in honor of famous leaders? How are they celebrated? What other ways do we honor our important leaders?

Nueva York

Tema:

¡Hola!

¡AVANZA!

Let's get started

- greet people and say goodbye
- introduce yourself and others
- ask and say how to spell names
- say where you are from
- exchange phone numbers
- say what day of the week it is
- describe the weather
- respond to classroom instructions

A performer wearing the colors of the Puerto Rican flag

Dominican dancers in colorful costumes

Nueva York   New York City has the largest Hispanic population of any city in the nation. During its annual Hispanic Day Parade, colorful floats, bands, costumed dancers, and flags from Spanish-speaking countries fill Fifth Avenue. *What cultural celebrations are there in your area?*

A view of Lower Manhattan
from the East River
New York, New York

Nueva York
uno

1

Hola, ¿qué tal?

¡AVANZA!

Goal: Learn how various Spanish speakers greet each other. Then practice what you have learned to greet and say goodbye to others. *Actividades 1–3*

AUDIO

A

Hola. ¿Cómo estás?

Bien. ¿Y tú?

Mal.

B **Juan:** ¡Hola, Miguel! ¿Qué tal?
      Miguel: Hola, ¿qué pasa?

C **Juan:** ¡Hasta luego, Ana!
      Ana: Hasta luego.

D **Srta. Daza:** Adiós.
      Sr. Ortega: Adiós, **señorita**.

E **Sr. Martínez:** Buenos días, señora Ramos. ¿Cómo está usted?

Sra. Ramos: Regular. ¿Y usted?

Sr. Martínez: Más o menos.

F **Juan:** Buenas tardes. ¿Cómo estás?

Esteban: Muy bien.

G **Sra. Acevedo:** Hola, **buenas noches.**

Diana: Buenas noches, señora.

H **Sr. García:** Buenas noches, Diana.

Diana: **Hasta mañana, señor** García.

¡A responder! Escuchar

Listen to these people greeting and saying goodbye. Wave toward the front of the room if you hear a greeting or toward the back of the room if you hear a goodbye.

1 | Muy bien

Leer Complete each expression.

1. ¿Cómo está...
2. Buenas...
3. ¿Qué...
4. Muy bien...
5. Hasta...

a. tal?
b. mañana.
c. usted?
d. tardes.
e. ¿Y usted?

2 | ¿Cómo estás?

Escribir Create a conversation to complete the speech bubbles of this cartoon strip.

Manuel

Isabel

NOMBRES DE CHICOS

Alejandro	Juan
Andrés	Luis
Carlos	Manuel
Cristóbal	Mateo
Daniel	Miguel
David	Nicolás
Eduardo	Pablo
Esteban	Pedro
Felipe	Ramón
Guillermo	Ricardo
Jaime	Roberto
Jorge	Tomás
José	Vicente

NOMBRES DE CHICAS

Alejandra	Juana
Alicia	Luisa
Ana	María
Bárbara	Marta
Carmen	Natalia
Carolina	Patricia
Cristina	Raquel
Diana	Rosa
Elena	Sofía
Emilia	Susana
Florencia	Teresa
Gabriela	Verónica
Isabel	Yolanda

Nota

¿Cómo estás? and **¿Cómo está usted?** both mean *How are you?*

¿Cómo estás? and **¿Y tú?** are familiar phrases used with:

- a person your own age
- a relative
- a person you call by his or her first name

Other familiar greetings:
¿Qué tal? and **¿Qué pasa?**

¿Cómo está usted? and **¿Y usted?** are formal phrases used with:

- a person you don't know
- someone older
- a person to whom you want to show respect

3 | Buenos días

Hablar

According to the time of day, greet your partner as if he or she were the following people. Use a formal greeting or a familiar greeting depending on whom you address.

modelo: Sr. (Sra.) Vargas / 7 a.m.

A Buenos días, señor (señora) Vargas. ¿Cómo está usted?

B Muy bien.

1. your best friend / 10 p.m.
2. the school principal / 2 p.m.
3. Sr. (Srta.) López / 7 p.m.
4. your mother/father / 9 a.m.
5. Sr. (Sra.) Santos / 4 p.m.
6. your brother/sister / 9 p.m.
7. your coach / 11 a.m.
8. your Spanish teacher / 10 a.m.

AUDIO

Pronunciación | La letra h

In Spanish, the letter **h** is always silent.

Listen and repeat.

ha	**he**	**hi**	**ho**	**hu**
hace	**helado**	**hispano**	**hola**	**humano**

¡**H**ola, **H**ugo!

Hasta mañana, **H**éctor.

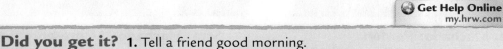

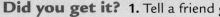

Get Help Online
my.hrw.com

PARA Y PIENSA

Did you get it?
1. Tell a friend good morning.
2. Ask a friend how he or she is.
3. Say goodbye to your teacher.

¡Mucho gusto!

AUDIO

A **Esteban:** Hola. **Me llamo** Esteban. **¿Y tú? ¿Cómo te llamas?**

 Diana: Me llamo Diana.

 Esteban: **Encantado,** Diana.

 Diana: **Igualmente.**

B **Diana:** **Te presento a** Esteban.

 Ana: **Encantada.**

 Esteban: Igualmente.

C **Srta. Machado:** **Perdón.** **¿Cómo se llama?**

 Srta. Daza: Me llamo Raquel Daza.

D **Srta. Machado:** **Le presento a** Ana Vega.

 Sr. Ortega: **Mucho gusto.**

 Ana: **El gusto es mío.**

E

¿Quién es? ¿Es Raúl?

No. Es Juan.

F

¿Cómo se llama?

Se llama Diana.

G **Rosa:** ¿Se llama Miguel?

Esteban: **Sí.** Se llama Miguel Luque.

¡A responder! Escuchar

Listen to four people make introductions. Point to yourself if you hear someone introducing themselves. Point to the person next to you if you hear someone introducing someone else.

4 | ¿Cómo te llamas?

Leer | Choose the correct response to each question or statement.

1. ¿Quién es?
   a. Es Hugo.
   b. Encantado.
   c. Me llamo Carlos.

2. Encantada.
   a. Le presento a Sergio.
   b. ¿Y tú?
   c. Igualmente.

3. Te presento a Joaquín.
   a. ¿Cómo se llama?
   b. Mucho gusto.
   c. Igualmente.

4. ¿Cómo te llamas?
   a. Perdón.
   b. Me llamo Isabel.
   c. Bien.

5. Me llamo Gabriel.
   a. Igualmente.
   b. Encantado.
   c. El gusto es mío.

6. Mucho gusto.
   a. Buenas tardes.
   b. ¿Quién es?
   c. El gusto es mío.

5 | Conversación

Leer Escribir | Complete the conversation with the correct words.

Carlos: Hola. Me **1.** Carlos. ¿ **2.** te llamas?

Beatriz: Me **3.** Beatriz.

Carlos: **4.** , Beatriz.

Beatriz: **5.** .

6 | Mucho gusto

Hablar | Work in a group of four. Introduce yourself to each member of the group.

A · Hola, me llamo...

B · Encantado. Me llamo...

¿Cómo te llamas? and ¿Cómo se llama? both are used to ask *What is your name?*
Te presento a... and Le presento a... both mean *I'd like you to meet . . .*

¿Cómo te llamas? and
Te presento a... are familiar
phrases used with:

- a person your own age
- a relative
- a person you call by
  his or her first name

¿Cómo se llama? and
Le presento a... are formal
phrases used with:

- a person to whom
  you want to show respect
- a person you don't know
- someone older

7 | Te presento a...

Hablar

Work in a group of three. Take turns introducing each other.

A Te presento a Tomás.

B Encantado(a), Tomás.

C Igualmente.

Comparación cultural

Un mural en Nueva York

How can artists give back to their neighborhood through their work? Artist Manuel Vega moved with his family from Puerto Rico to **New York** at a young age. He grew up in East Harlem and his works often depict neighborhood scenes inspired by his childhood. Vega was commissioned to restore this image, originally created by Hank Prussing in 1973, on a multi-story building in East Harlem.

The Spirit of East Harlem,
Manuel Vega

Compara con tu mundo *What childhood memory would you paint if you were creating a neighborhood mural? Compare it with the scene in Vega's mural.*

🌐 **Get Help Online**
my.hrw.com

PARA
Y
PIENSA

Did you get it? Complete each statement.

1. Me llamo...
2. Te presento...
3. Mucho...

a. a Maricela.
b. gusto, señor.
c. Walter.

El abecedario

AUDIO

A (a) alfombra

B (be, be grande) bate

C (ce) cine

D (de) dinero

E (e) entrada

F (efe) fruta

G (ge) gato

H (hache) helado

I (i) iglú

J (jota) jabón

K (ka) karate

L (ele) lápiz

M (eme) mochila

N (ene) nariz

Ñ (eñe) ñu

O (o) oreja

P (pe) patines

Q (cu) queso

R (ere) regalo

S (ese) sofá

T (te) tiza

U (u) uvas

V (uve, ve chica) ventana

W (doble uve, doble ve) wafle

X (equis) xilófono

Y (i griega) yogur

Z (zeta) zapato

Dos letras con un sonido

CH (che) chaqueta

LL (elle) llave

RR (erre) guitarra

¡A responder! Escuchar

Listen to letters of the Spanish alphabet. Write each letter that you hear on a piece of paper and hold it up.

8 | Lista

Escuchar
Escribir

Listen to someone dictate an invitation list for a party. Write down each name as it is spelled.

> **modelo:** You hear: de, a, ene, i, e, ele
>
> You write: Daniel

9 | Me llamo...

Hablar

Work in a group of three. Ask each person his or her name and write down the name as he or she spells it.

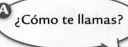

A ¿Cómo te llamas?

B Me llamo Shawna, S - H - A - W - N - A. (ese, hache, a, doble uve, ene, a)

10 | ABC

Hablar

Spell aloud the following things for a partner. He or she will write the word. Then verify that your partner spelled the word correctly.

> **your middle name**   **your favorite singer**   **the name of your town**
>
> **the name of your school**   **your favorite sports team**   **¿?**

Pronunciación   **Las vocales**

AUDIO

In Spanish, the vowels are **a, e, i, o,** and **u.** Each vowel is always pronounced the same way. Spanish vowels are always short and crisp.

Listen to and repeat these words.

a →	as in *father*	enc**a**nt**a**da	m**a**l	m**a**ñ**a**na
e →	as in *hey*	m**e**nos	s**e**ñor	pr**e**s**e**nto
i →	sounds like *meet*	**i**gualmente	ad**i**ós	b**i**en
o →	as in *woke*	h**o**la	n**o**ches	c**ó**m**o**
u →	sounds like *boot*	**u**sted	m**u**cho	t**ú**

Get Help Online
my.hrw.com

PARA Y PIENSA

Did you get it? Recite the Spanish alphabet.

¿De dónde eres?

¡AVANZA! **Goal:** Look at the Spanish-speaking world and how Spanish speakers say where someone is from. Then practice what you have learned to ask where people are from. *Actividades 11–13*

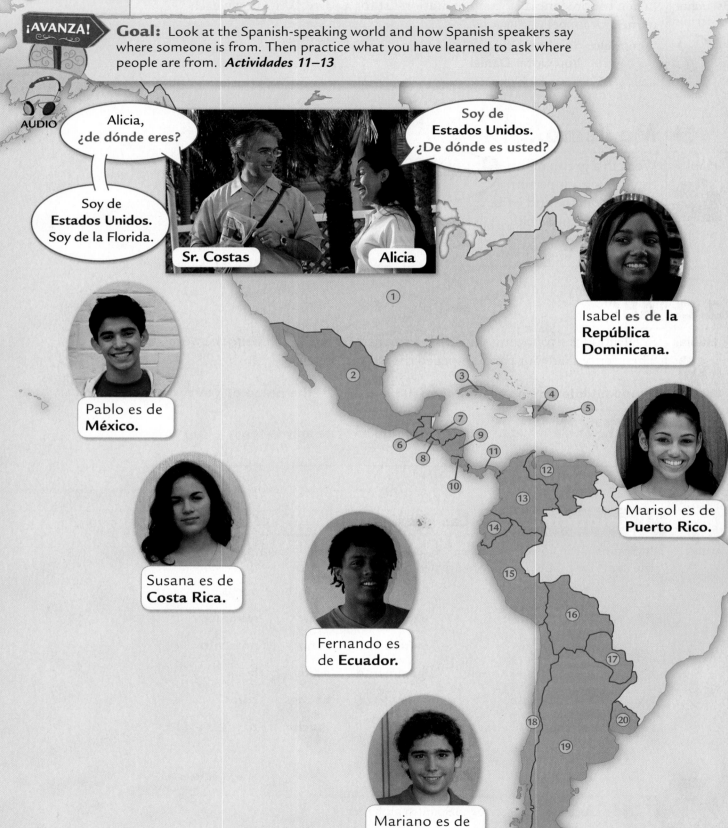

AUDIO

Alicia, ¿de dónde eres?

Soy de **Estados Unidos.** Soy de la Florida.

Sr. Costas

Alicia

Soy de **Estados Unidos.** ¿De dónde es usted?

Isabel **es de la República Dominicana.**

Pablo es de **México.**

Marisol es de **Puerto Rico.**

Susana es de **Costa Rica.**

Fernando es de **Ecuador.**

Mariano es de **Argentina.**

Enrique es de **España.**

Los países hispanohablantes

1. **Estados Unidos**
2. **México**
3. **Cuba**
4. **República Dominicana**
5. **Puerto Rico**
6. **Guatemala**
7. **Honduras**
8. **El Salvador**
9. **Nicaragua**
10. **Costa Rica**
11. **Panamá**
12. **Venezuela**
13. **Colombia**
14. **Ecuador**
15. **Perú**
16. **Bolivia**
17. **Paraguay**
18. **Chile**
19. **Argentina**
20. **Uruguay**
21. **España**
22. **Guinea Ecuatorial**
23. **Filipinas**
24. **Guam**

Color Key

Spanish is the official language.   Spanish is spoken.

¡A responder!   Escuchar

For each statement you hear, point to the person in the photo to whom it refers.

11 | Es de...

Indicate where each person is from, according to the number on the map.

> **modelo:** Guillermo / ⑦
>
> Guillermo es de **Uruguay.**

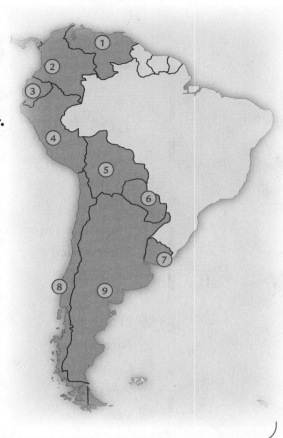

1. Andrea / ⑤
2. Tomás / ⑧
3. Nicolás / ④
4. Sofía / ②
5. Verónica / ③
6. Mateo / ⑨
7. Consuelo / ①
8. Pablo / ⑥

12 | ¿De dónde eres?

Hablar

Ask a partner where he or she is from. Your partner will answer with the country listed.

> **modelo:** Colombia

1. Venezuela
2. Panamá
3. México
4. Uruguay
5. España
6. Estados Unidos
7. El Salvador
8. Nicaragua

A ¿De dónde eres?

B Soy de Colombia.

Nota

When you are speaking, one way to change a statement into a question is to simply raise the intonation of your voice.

Beto es de Paraguay.   **¿Beto es de Paraguay?**

Answer simple yes/no questions with **sí** (*yes*) or **no** (*no*).

¿Eres de California?   No. **Soy de Nueva York.**

In written Spanish, all questions begin with an upside-down question mark (¿) and end with a question mark (?).

13 | ¿Eres de Honduras?

Hablar

Ask a partner if he or she is from the country indicated. He or she will answer according to the number.

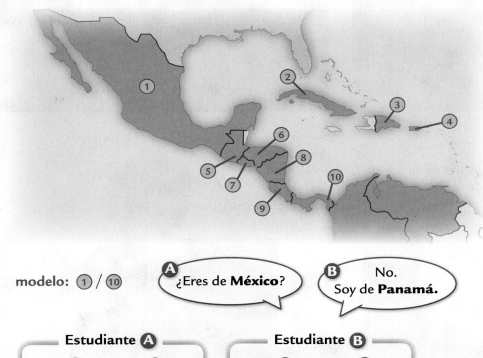

modelo: ① / ⑩

A ¿Eres de **México**?

B No. Soy de **Panamá.**

Estudiante A

1. ⑨   4. ⑩
2. ④   5. ⑤
3. ⑥   6. ⑧

Estudiante B

1. ③   4. ⑩
2. ④   5. ⑤
3. ②   6. ⑦

PARA Y PIENSA

🌐 **Get Help Online**
my.hrw.com

Did you get it? Match each question with the correct response.

1. ¿De dónde eres?   **a.** Es de Puerto Rico.
2. ¿De dónde es Hugo?   **b.** Soy de Colombia.
3. ¿Eres de México?   **c.** Sí, soy de México.

Mi número de teléfono

Goal: Learn how to say the numbers from zero to ten and how to exchange phone numbers. Then use what you have learned to say your home (or cellular) phone number. *Actividades 14–16*

AUDIO

	0 cero	
1 uno	**2** dos	**3** tres
4 cuatro	**5** cinco	**6** seis
7 siete	**8** ocho	**9** nueve
	10 diez	

¿Cuál es tu número de teléfono?

Es 7–6–4–9–0–8–1.

Perdón. ¿Cuál es su número de teléfono?

Mi número de teléfono es 2–5–3–7–1–0–9.

¡A responder! Escuchar

Listen to these numbers. If you hear an even number, raise your right hand. If you hear an odd number, raise your left hand.

14 | Matemáticas

Hablar
Escribir

Give the answers to the following math problems using words.

modelo: 2 + 4
seis

1. 8 − 3 **3.** 3 + 6 **5.** 1 + 9 **7.** 6 − 5 **9.** 10 − 8

2. 4 + 4 **4.** 7 − 7 **6.** 5 − 2 **8.** 7 + 0 **10.** 1 + 3

15 | Teléfono

Hablar

Work in a group of five. Whisper a phone number to the person at your right. He or she will repeat it to the person at his or her right, and so on. Verify that the phone number you gave was repeated accurately.

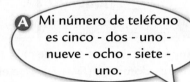

A Mi número de teléfono es cinco - dos - uno - nueve - ocho - siete - uno.

B Cinco - dos - uno - nueve - ocho - siete - uno.

C Cinco - dos - uno...

16 | ¿Quién es?

Hablar

Work with a partner. Look at this Buenos Aires phone directory and read a phone number at random. Your partner will say whose phone number it is.

A Cuatro - tres - cero - tres - ocho - siete - cuatro - cero.

B Gianmarco Santander.

Santander Gemma
Lauerbach 3472 Pb 11- Capital Federal
Ciudad de Buenos Aires 4301-9203

Santander Genoveva
Löschner 244- Capital Federal
Ciudad de Buenos Aires 4921-4808

Santander Geraldo
López de Padilla 12 Pb 4- Capital Federal
Ciudad de Buenos Aires 4704-5960

Santander Giancarlo
Filippozzi 9903 Pb Casa- Capital Federal
Ciudad de Buenos Aires 4638-3123

Santander Gianmarco
Filippozzi 1099- Capital Federal
Ciudad de Buenos Aires 4303-8740

Santander Gregorio
Sta Marta 374 Pb 7- Capital Federal
Ciudad de Buenos Aires 4941-7819

Get Help Online
my.hrw.com

PARA Y PIENSA

Did you get it? Say these phone numbers.

1. 6251-4209   **2.** 3708-9263   **3.** 4185-2760

Los días de la semana

¡AVANZA! **Goal:** Learn to talk about the days of the week. Then practice what you have learned to say what day of the week it is. **Actividades 17–19**

AUDIO

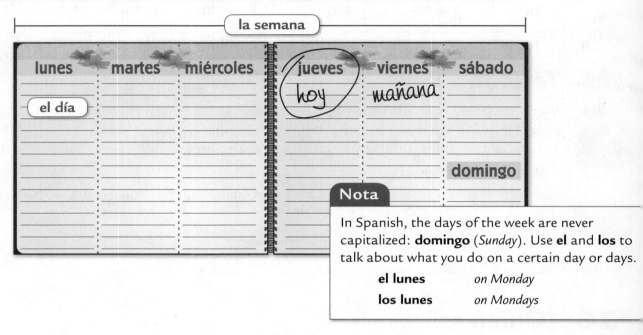

la semana

lunes	martes	miércoles	jueves	viernes	sábado

el día

jueves — hoy

viernes — mañana

domingo

Nota

In Spanish, the days of the week are never capitalized: **domingo** (*Sunday*). Use **el** and **los** to talk about what you do on a certain day or days.

| **el lunes** | *on Monday* |
| **los lunes** | *on Mondays* |

A **Ana:** ¿Qué día es hoy?
Rosa: Hoy es jueves.

B **Juan:** ¿Hoy es viernes?
Esteban: No. Mañana es viernes.

¡A responder! Escuchar

Listen to the days of the week. If you hear a day that you have Spanish class, stand up. If you hear a day that you don't have Spanish class, remain seated.

17 | Los días

Hablar
Escribir

Complete each list with the missing day of the week.

1. lunes, _____, miércoles, jueves

2. viernes, _____, domingo, lunes

3. _____, martes, miércoles, jueves

4. lunes, martes, miércoles, _____

5. _____, jueves, viernes, sábado

6. domingo, _____, martes, miércoles

7. sábado, _____, lunes, martes

8. martes, miércoles, jueves, _____

18 | ¿Lógico o ilógico?

Escuchar

Listen to these statements about the days of the week. Write **L** if the statement you hear is **lógico** (*logical*) or **I** if it is **ilógico** (*not logical*).

> **modelo:** You hear: Hoy es viernes. Mañana es domingo.
> You write: I

19 | ¿Qué día es?

Hablar

Ask a partner what day of the week it is. He or she will tell you what day of the week today is and what tomorrow is.

modelo: 6

A ¿Qué día es hoy?

B Hoy es **martes**. Mañana es **miércoles**.

1. 2

2. 12

3. 28

4. 15

5. 18

6. 3

7. 20

8. 16

SEPTIEMBRE

L	M	M	J	V	S	D
			1	2	3	4
5	6	7	8	9	10	11
12	13	14	15	16	17	18
19	20	21	22	23	24	25
26	27	28	29	30		

Get Help Online
my.hrw.com

PARA Y PIENSA

Did you get it?

1. Tell someone that today is Monday.   Hoy es _____.
2. Ask what day tomorrow is.   ¿Qué día es _____?

¿Qué tiempo hace?

¡AVANZA! **Goal:** Learn how to describe the weather. Then practice what you have learned to describe a sunny day, a rainy day, and a windy day. *Actividades 20–22*

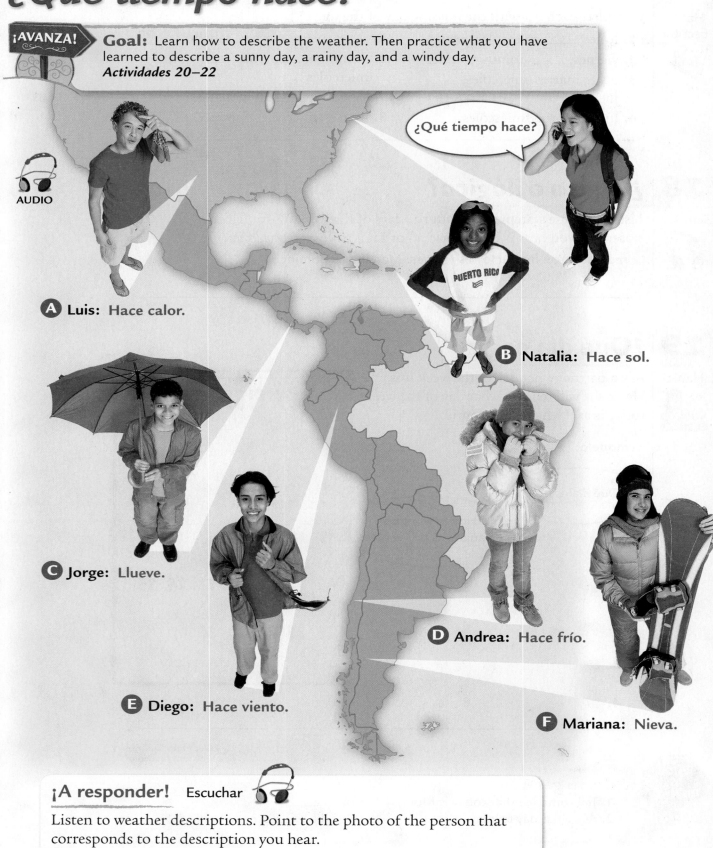

AUDIO

¿Qué tiempo hace?

A Luis: Hace calor.

B Natalia: Hace sol.

C Jorge: Llueve.

D Andrea: Hace frío.

E Diego: Hace viento.

F Mariana: Nieva.

¡A responder! Escuchar

Listen to weather descriptions. Point to the photo of the person that corresponds to the description you hear.

20 | El tiempo

Escuchar

Listen to four meteorologists describe the weather in their region. Write the letter of the photo that corresponds to the weather description you hear.

a.  **b.**  **c.**  **d.**

21 | ¿Hace calor o hace frío?

Hablar

Work with a partner. Say whether it is cold or hot, according to the temperature given.

> **modelo:** 32°F / 0°C
> **Hace frío.**

1. 15°F / –9°C   **3.** 20°F / –6°C   **5.** 88°F / 32°C
2. 94°F / 35°C   **4.** 4°F / –16°C   **6.** 104°F / 40°C

22 | ¿Qué tiempo hace?

Hablar

Tell what city you are from, and ask a partner what the weather is like. He or she will give you the weather conditions for that city.

Buenos Aires	Bogotá	Madrid	México	Nueva York
86°	53°	45°	65°	30°

A Soy de la Ciudad de México. ¿Qué tiempo hace?

B Hace viento.

 **Get Help Online**
my.hrw.com

PARA Y PIENSA

Did you get it? Match each question with the correct response.

1. ¿Qué tiempo hace?   **a.** No. Hace frío.
2. ¿Hace calor?   **b.** Hace viento.
3. ¿Llueve?   **c.** No. Hace sol.

En la clase

AUDIO

Maestro, ¿cómo se dice *Wednesday*?

Se dice *miércoles*.

la clase

En la clase

Abran los libros (en la página...)	*Open your books (to page . . .)*
Cierren los libros.	*Close your books.*
¿Cómo se dice...?	*How do you say . . .?*
Se dice...	*You say . . .*
¿Cómo se escribe (tu nombre)?	*How do you spell (your name)?*
Se escribe...	*It is spelled . . .*
¿Comprendes?	*Do you understand?*
Levanten la mano.	*Raise your hand.*
Más despacio, por favor.	*More slowly, please.*
No sé.	*I don't know.*
¿Qué quiere decir...?	*What does . . . mean?*
Quiere decir...	*It means . . .*
Repitan, por favor.	*Please repeat.*
Saquen una hoja de papel.	*Take out a piece of paper.*
Siéntense.	*Sit down.*
¿Tienen preguntas?	*Do you have questions?*
¿Verdad?	*Right?*

Muchas gracias.

De nada.

el maestro de español

Otras instrucciones

Completa la conversación.	*Complete the conversation.*
Contesta las preguntas.	*Answer the questions.*
Escoge la palabra / la respuesta...	*Choose the word / answer . . .*
Escribe...	*Write . . .*
Escucha...	*Listen . . .*
Explica...	*Explain . . .*
Indica si es cierto o falso.	*Indicate whether it is true or false.*
Lee...	*Read . . .*
Pregúntale a otro(a) estudiante.	*Ask another student.*
Trabaja con otro(a) estudiante.	*Work with another student.*
Trabaja en un grupo de...	*Work in a group of . . .*

Perdón, ¿qué quiere decir *número*?

Quiere decir *number*.

la maestra de español

¡A responder! Escuchar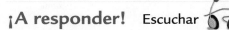

Listen to each classroom instruction and respond appropriately.

23 | Instrucciones

Leer Match each picture with the correct instruction.

1.

2.

a. Abran los libros en la página 7.
b. Levanten la mano.
c. Repitan, por favor.
d. Siéntense.

3.

4.

24 | ¿Qué dices?

Escribir Hablar

Indicate what you would say in each situation. Refer to the expressions on pages 22–23.

1. You want to thank your Spanish teacher.
2. Your teacher is speaking too fast.
3. You want to know how to say *book* in Spanish.
4. You want to know what **página** means.
5. You must admit that you don't have the answer to a question.
6. You wonder if your friend understands the lesson.

25 | ¿Cómo se dice?

Hablar

Ask a partner to say the following words in Spanish and how to spell them.

modelo: Tuesday

1. Spanish
2. week
3. Thank you very much.
4. male teacher
5. See you later.
6. Friday
7. It's raining.

A ¿Cómo se dice *Tuesday*?

¿Cómo se escribe *martes*?

B Se dice *martes*.

Se escribe eme, a, ere, te, e, ese.

PARA Y PIENSA

Did you get it? **1.** Ask how to say the word *please*.
2. Ask a friend if he or she understands.

🌐 **Get Help Online**
my.hrw.com

En resumen
Vocabulario

¡AvanzaRap!
DVD
Sing and Learn

Vocabulario

Greet People and Say Goodbye

Greetings

Buenos días.	*Good morning.*
Buenas tardes.	*Good afternoon.*
Buenas noches.	*Good evening.*
Hola.	*Hello./Hi.*

Say Goodbye

Adiós.	*Goodbye.*
Buenas noches.	*Good night.*
Hasta luego.	*See you later.*
Hasta mañana.	*See you tomorrow.*

Say How You Are

¿Cómo estás?	*How are you? (familiar)*
¿Cómo está usted?	*How are you? (formal)*
¿Qué tal?	*How is it going?*
Bien.	*Fine.*
Mal.	*Bad.*
Más o menos.	*So-so.*
Muy bien.	*Very well.*
Regular.	*Okay.*
¿Y tú?	*And you? (familiar)*
¿Y usted?	*And you? (formal)*
¿Qué pasa?	*What's up?*

Make Introductions

¿Cómo se llama?	*What's his/her/ your (formal) name?*
Se llama...	*His/Her name is . . .*
¿Cómo te llamas?	*What's your (familiar) name?*
Me llamo...	*My name is . . .*
Te/Le presento a...	*Let me introduce you (familiar/ formal) to . . .*
El gusto es mío.	*The pleasure is mine.*
Encantado(a).	*Delighted./Pleased to meet you.*
Igualmente.	*Same here./ Likewise.*
Mucho gusto.	*Nice to meet you.*
¿Quién es?	*Who is he/she/it?*
Es...	*He/She/It is . . .*

Say Which Day It Is

¿Qué día es hoy?	*What day is today?*
Hoy es...	*Today is . . .*
Mañana es...	*Tomorrow is . . .*
el día	*day*
hoy	*today*
mañana	*tomorrow*
la semana	*week*

Days of the week *p. 18*

Exchange Phone Numbers

¿Cuál es tu/su número de teléfono?	*What's your (familiar/ formal) phone number?*
Mi número de teléfono es...	*My phone number is . . .*

Numbers from zero to ten *p. 16*

Other Words and Phrases

la clase	*class*
el (la) maestro(a) de español	*Spanish teacher (male/female)*
el país	*country*
Perdón.	*Excuse me.*
por favor	*please*
(Muchas) Gracias.	*Thank you (very much).*
De nada.	*You're welcome.*
el señor (Sr.)	*Mr.*
la señora (Sra.)	*Mrs.*
la señorita (Srta.)	*Miss*
sí	*yes*
no	*no*

Describe the Weather

¿Qué tiempo hace?	*What is the weather like?*
Hace calor.	*It is hot.*
Hace frío.	*It is cold.*
Hace sol.	*It is sunny.*
Hace viento.	*It is windy.*
Llueve.	*It is raining.*
Nieva.	*It is snowing.*

Say Where You Are From

¿De dónde eres?	*Where are you (familiar) from?*
¿De dónde es?	*Where is he/she from?*
¿De dónde es usted?	*Where are you (formal) from?*
Soy de...	*I am from . . .*
Es de...	*He/She is from . . .*

Spanish-speaking countries *p. 13*

Practice Spanish with Holt McDougal Apps!

Repaso de la lección

¡AvanzaRap!
DVD
Sing and Learn

¡LLEGADA!

Now you can
- greet people and say goodbye
- introduce yourself and others
- ask and say how to spell names
- say where you are from
- exchange phone numbers
- say what day of the week it is
- describe the weather
- respond to classroom instructions

To review
- introductions pp. 6–7
- classroom instructions pp. 22–23

1 Listen and understand

You will hear four separate conversations. Put the drawings in order according to what you hear.

a.  **b.**  **c.**  **d.**

To review
- greet people pp. 2–3
- introductions pp. 6–7
- weather p. 20

2 Introduce yourself and others

Complete Enrique's e-mail message to his new e-pal.

Adiós   Hace   Hoy   calor

Hola   Soy   Cómo   tiempo   llamo

1. ,

¿ **2.** estás? Me **3.** Enrique. **4.** de Panamá. **5.** es sábado y hace **6.** . ¿Qué **7.** hace en Estados Unidos? ¿ **8.** frío?

9. ,
Enrique

To review
• origin pp. 12–13
• numbers p. 16

3 | Say where you are from

Look at these students' ID cards from the International Club.
Then complete the sentences that follow.

Club Internacional
NOMBRE:
Cristina Villaveces
PAÍS DE ORIGEN:
Venezuela
DOMICILIO:
332 Avenida de
las Américas
TELÉFONO:
241-0976

Club Internacional
NOMBRE:
Yolanda Hoyos
PAÍS DE ORIGEN:
Chile
DOMICILIO:
1902 Rúa Mayor
TELÉFONO:
397-2261

Club Internacional
NOMBRE:
Alejandro Cruz
PAÍS DE ORIGEN:
México
DOMICILIO:
214 Paseo Suárez
TELÉFONO:
898-1035

Club Internacional
NOMBRE:
Guillermo Morales
PAÍS DE ORIGEN:
España
DOMICILIO:
38 Calle Toro, 3°D
TELÉFONO:
460-1853

1. _____ es de España.
2. El número de teléfono es ocho - nueve - ocho - uno - cero - tres - cinco.
   Se llama _____ .
3. Se llama Cristina. El número de teléfono es _____ .
4. La señorita de Chile se llama _____ .
5. Se llama Guillermo. El número de teléfono es _____ .
6. _____ es de México.

To review
• alphabet p. 10
• numbers p. 16
• days of the week
  p. 18

4 | Answer personal questions

Answer these questions using complete sentences.

1. ¿Cómo te llamas?
2. ¿Cómo se escribe tu nombre?
3. ¿De dónde eres?
4. ¿Cuál es tu número de teléfono?
5. ¿Quién es el (la) maestro(a) de
   español? ¿De dónde es?
6. ¿Cómo se llama el libro de
   español?
7. ¿Qué día es mañana?
8. ¿Qué tiempo hace hoy?
9. ¿Cómo se dice *country*
   en español?

Get Help Online
my.hrw.com

Estados Unidos

Un rato con los amigos

Lección 1

Tema: **¿Qué te gusta hacer?**

Lección 2

Tema: **Mis amigos y yo**

Alaska

Islas Hawai

«¡Hola!

**Nosotras somos Alicia y Sandra.
Somos de Estados Unidos.»**

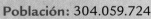

Chicago

Filadelfia • • *Nueva York*

San José •

Denver •

Estados Unidos

Los Ángeles •

Phoenix •

Albuquerque •

San Diego •

Tucson •

Dallas •

El Paso •

Houston •

San Antonio •

Miami •

Cuba

Golfo de México

Océano Atlántico

Mar Caribe

México

Océano Pacífico

Honduras

Nicaragua

Costa Rica

Guatemala

El Salvador

Panamá

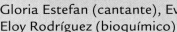

Población: 304.059.724

Población de ascendencia hispana: 43.168.000

Ciudad con más latinos: Nueva York
(más de 2.000.000)

**Ciudad con mayor porcentaje de
latinos:** El Paso, Texas (77%)

Comida latina: el sándwich cubano,
burritos, fajitas

Gente famosa: Sandra Cisneros (escritora),
Gloria Estefan (cantante), Eva Mendes (actriz),
Eloy Rodríguez (bioquímico)

El sándwich cubano

Hispanic friends gather for a celebration in New York City

◀ **La ascendencia hispana** The over 40 million Hispanics living in the United States trace their roots to more than 20 nations. From September 15 to October 15, Hispanic Heritage Month celebrates the diverse backgrounds and cultures of these Americans. *Do you know anyone from a Spanish-speaking country?*

La comunidad cubana de Miami The Cuban American community thrives in Miami's Little Havana. **Calle Ocho** is known for its Cuban restaurants, cafés, and shops, and the nearby Freedom Tower houses the Cuban American Museum. *How have people from other countries shaped your community?* ▶

Miami's Freedom Tower, home to the Cuban American Museum

◀ **Las celebraciones** San Antonio is proud of its unique multicultural history. The **Fiesta San Antonio,** a ten-day celebration with food, music, and parades, honors the heroes of the Alamo and the Battle of San Jacinto. La Villita, the city's oldest neighborhood, hosts many of the festival events. *How do people celebrate history and culture where you live?*

Dancers in traditional dress during the Fiesta San Antonio

LA VILLITA
LITTLE VILLAGE of SAN ANTONIO

Estados Unidos

Lección 1

Tema:

¿Qué te gusta hacer?

¡AVANZA!

In this lesson you will learn to
- talk about activities
- tell where you are from
- say what you like and don't like to do

using
- subject pronouns and **ser**
- **de** to describe where you are from
- **gustar** with an infinitive

♻ ¿Recuerdas?
- weather expressions

Comparación cultural

In this lesson you will learn about
- *Los Premios Juventud,* an awards show in Miami
- Cuban-American artist Xavier Cortada
- free-time activities of students at a Florida school

Compara con tu mundo
This group of teenagers is spending the day at a beach. In southern Florida, beaches are open year-round and are popular places to do many different activities. *Where do you like to go with your friends in your free time? What do you like to do?*

¿Qué ves?

Mira la foto
What is the weather like?

Do you think that these teenagers are friends?

What activities do they like to do?

Una playa de Miami Beach
Miami Beach, Florida

Estados Unidos
treinta y uno

Presentación de VOCABULARIO

Goal: Learn about what Alicia and her friends like to do. Then use what you have learned to talk about activities. *Actividades 1–2*

**VIDEO
DVD**

AUDIO

A ¡Hola! Me llamo Teresa. **Después de** las clases, **me gusta pasar un rato con los amigos.** Me gusta **escuchar música** o **tocar la guitarra.**

hablar por teléfono

escuchar música

leer un libro

Miguel   Teresa   Alicia

dibujar

tocar la guitarra

B ¡Hola! Me llamo Miguel. A mí me gusta **hablar por teléfono, dibujar** y **estudiar**. Me gusta **pasear,** pero me gusta **más correr.** A ti, ¿qué te gusta hacer?

estudiar

pasear

correr

C ¡Hola! Me llamo Alicia. A mí me gusta **montar en bicicleta** y **jugar al fútbol. También** me gusta **andar en patineta.**

montar en bicicleta

jugar al fútbol

andar en patineta

D Hoy hace calor en Miami. **Antes de practicar deportes** me gusta **comprar agua.**

comprar

las papas fritas

la fruta

el agua

la pizza

el refresco

el helado

las galletas

Continuará...

E Me gusta **beber** agua o **jugo** pero no me gusta beber **refrescos**.

preparar la comida

comer

beber

el jugo

Más vocabulario

la actividad *activity*
alquilar un DVD *to rent a DVD*
aprender el español
   to learn Spanish
la escuela *school*
hacer la tarea *to do homework*
Expansión de vocabulario p. R2

F No me gusta **trabajar** los sábados y domingos. Me gusta
escribir correos electrónicos y **descansar**. También me gusta
mirar la televisión. ¿Te gusta pasar un rato con los amigos?

escribir correos
electrónicos

descansar

mirar la televisión

@HOMETUTOR
my.hrw.com
Interactive
Flashcards

¡A responder! Escuchar

Listen to the list of activities. As you listen, act out the activities.

Práctica de VOCABULARIO

1 | El sábado

Leer
Escribir

Miguel, Teresa, and Alicia are talking about the activities they like to do. Complete the conversation with the appropriate words.

un libro

la tarea

deportes

bicicleta

un DVD

música

la comida

Alicia: Miguel, ¿te gusta escuchar __1.__ los sábados?

Miguel: Sí, pero me gusta más practicar __2.__ .
Teresa, ¿te gusta montar en __3.__ ?

Teresa: No, no me gusta. Me gusta más leer __4.__ .

Alicia: Teresa, ¿te gusta hacer __5.__ los sábados?

Teresa: ¿Los sábados? No, sólo me gusta preparar __6.__ , alquilar __7.__ y descansar.

2 | ¿Te gusta?

Hablar
Escribir

Tell whether you like or don't like to eat or drink these foods and beverages.

modelo: beber
(No) Me gusta beber refrescos.

1. comer

2. beber

3. comer

4. comer

5. beber

6. comer

Más práctica Cuaderno *pp. 1–3* Cuaderno para hispanohablantes *pp. 1–4*

PARA Y PIENSA

🌐 **Get Help Online**
my.hrw.com

Did you get it?

1. Tell someone that you like to listen to music. Me gusta _____.

2. Ask a friend if he or she likes to do homework. ¿Te gusta _____?

VOCABULARIO en contexto

Goal: Listen to the words Alicia and Sandra use to talk about activities. Then practice what you have heard to talk about the activities you and others like to do. **Actividades 3–5**

♻ **¿Recuerdas?** Weather expressions p. 20

Telehistoria escena 1

@HOMETUTOR View, Read my.hrw.com and Record

STRATEGIES

Cuando lees

Search for clues Look for clues in the picture before starting to read. Who's in the photos? What are they doing?

Cuando escuchas

Listen for intonation The way people speak, not just what they say, often reflects how they feel. Listen for Alicia's intonation. How does she feel about the activities mentioned?

VIDEO DVD

AUDIO

Papá | Alicia | Sandra

Alicia: *(on phone, to Sandra, a friend in San Antonio, Texas)* En Miami, hace calor. ¿Te gusta andar en patineta?

Sandra: No, me gusta más pasear o montar en bicicleta. Los sábados me gusta hacer la tarea.

Alicia: ¿Sí? Los sábados me gusta pasar un rato con amigos… ¡y dibujar! Y los domingos, ¡jugar al fútbol! Los viernes me gusta alquilar un DVD y comer pizza.

Sandra: Sí, sí. Mmm. Me gusta comer pizza y hablar por teléfono.

Alicia: ¿Hablar por teléfono? No me gusta hablar por teléfono. *(Father gives a look of disbelief.)*

Continuará… p. 42

También se dice

Miami To talk about riding bicycles, Sandra uses the phrase **montar en bicicleta.** In other Spanish-speaking countries you might hear:
- **muchos países andar en bicicleta**

3 | A Alicia y a Sandra les gusta... *Comprensión del episodio*

Tell if what Alicia and Sandra say is true or false. Correct the false statements.

> **modelo:** **Alicia:** Los viernes no me gusta comer pizza.
> Falso. Los viernes me gusta comer pizza.

1. **Alicia:** Llueve en Miami.
2. **Sandra:** Me gusta correr los sábados.
3. **Alicia:** Me gusta pasar un rato con los amigos.
4. **Sandra:** Me gusta hacer la tarea los domingos.
5. **Alicia:** Los sábados me gusta alquilar un DVD.
6. **Sandra:** Me gusta hablar por teléfono.

4 | ¡Hace frío! ♻ *¿Recuerdas?* Weather expressions p. 20

Hablar

Tell a partner what you like to do in each situation.

| beber agua | leer un libro | jugar al fútbol | montar en bicicleta |

| correr | descansar | pasear | mirar la televisión | ¿ ? |

> **modelo:** Hace viento.
> 1. Hace frío y llueve.
> 2. Hace sol.
> 3. Hace viento y hace frío.
> 4. Hace calor.

> **A** Hace viento. ¿Qué te gusta hacer?
>
> **B** Me gusta mirar la televisión o descansar.

5. Nieva y hace sol.
6. Llueve y hace calor.

5 | ¡Me gusta!

Write a list of your after-school activities and then compare them with other students' activities.

> — escribir correos electrónicos
> — practicar deportes
> — dibujar
> — andar en patineta

> **A** ¿Te gusta pasear después de las clases?
>
> **B** Sí, me gusta pasear.
>
> **C** No, me gusta pasear antes de las clases.

Get Help Online
my.hrw.com

PARA Y PIENSA

Did you get it? Fill in Alicia's sentences with the appropriate vocabulary word.

1. Me gusta _____ al fútbol.
2. ¿Te gusta escuchar _____ ?
3. También me gusta _____ pizza.

Presentación de GRAMÁTICA

¡AVANZA!

Goal: Learn how to use subject pronouns and the verb **ser**. Then practice the forms of **ser** with **de** to talk about where you and others are from.
Actividades 6–11

English Grammar Connection: Pronouns are words that take the place of nouns. **Subject pronouns** indicate who is being described or who does the action in a sentence.

We are friends.	**Nosotros** somos amigos.

Subject Pronouns and *ser*

ANIMATED GRAMMAR
my.hrw.com

Ser means *to be*. Use **ser** to identify a person or say where he or she is from. How do you use this verb with **subject pronouns**?

Here's how:

	Singular			Plural		
	yo	soy	*I am*	nosotros(as)	somos	*we are*
familiar	tú	eres	*you are*	vosotros(as)	sois	*you are*	*familiar*
formal	usted	es	*you are*	ustedes	son	*you are*
	él, ella	es	*he, she is*	ellos(as)	son	*they are*

Yo soy de Buenos Aires.
I am from Buenos Aires.

Ellas son de Venezuela.
They are from Venezuela.

Singular

Use **tú** with
- a friend
- a family member
- someone younger

Use **usted** with
- a person you don't know
- someone older
- someone to whom you want to show respect

Plural

- Use **vosotros(as)** with friends, family, and younger people only in Spain.

- Use **ustedes** with people you don't know, older people, and people to whom you want to show respect in Spain; use it in Latin America with any group of people.

- Use **nosotras, vosotras,** and **ellas** when all the people you are talking about are female.

Más práctica
  Cuaderno *pp. 4–6*
  Cuaderno para hispanohablantes *pp. 5–7*

@HOMETUTOR my.hrw.com
Leveled Practice
Conjuguemos.com

Práctica de GRAMÁTICA

6 | ¿Quién?

Escribir

Write the corresponding pronoun.

modelo: ella

1.    **2.**    **3.**

4.    **5.**    **6.**

Nota gramatical

Use **de** with the verb **ser** to talk about where someone is from.

Daniela y Sonia **son de** Miami.   Martín **es de** Honduras.
*Daniela and Sonia **are from** Miami.*   *Martín **is from** Honduras.*

7 | ¿De dónde son?

**Leer
Escribir**

Lucía's friends and teachers are from different places. Write the correct form
of **ser** to learn where they are from.

Hola, me llamo Lucía. Mi amigo Andrés y yo __1.__ de la
República Dominicana. Yo __2.__ de Santo Domingo y él __3.__
de San Pedro de Macorís. La señora Muñoz y el señor
Vázquez __4.__ de Puerto Rico. Son mis maestros favoritos.
Mis amigas Laura y Ana __5.__ de Colombia. Laura __6.__ de
Bogotá y Ana __7.__ de Cartagena. Y tú, ¿de dónde __8.__ ?

8 | Ella es de...

Hablar
Escribir

Choose the correct form of **ser** to say where each person is from.
Some forms may be used more than once.

> **modelo:** Ella _____ de Uruguay.
> Ella **es** de Uruguay.

1. Nosotros _____ de Bolivia.
2. Ellos _____ de Chile.
3. Usted _____ de Paraguay.
4. Yo _____ de El Salvador.
5. Él _____ de Nicaragua.
6. Tú _____ de Cuba.
7. Nosotras _____ de Venezuela.
8. Ustedes _____ de Panamá.

a. eres
b. es
c. somos
d. son
e. soy

9 | Los amigos de Alicia

Escribir

Alicia has a lot of friends that you are going to meet in the following
chapters. Write where they are from.

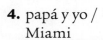

> **modelo:** Maribel y Enrique / España
> Maribel y Enrique son de España.

1. yo /
   Miami

2. Claudia y Pablo /
   México

3. Marisol /
   Puerto Rico

4. papá y yo /
   Miami

5. Fernando /
   Ecuador

6. Mario / la República
   Dominicana

10 | De muchos países

Hablar Ask another student where Miguel's friends are from. Your partner should use pronouns to answer.

modelo: Luis

A ¿De dónde es Luis?

B Él es de Colombia.

1. Leticia
2. Álvaro y Linda
3. Isabel y Ángela
4. Andrés y Jorge
5. Ana Sofía y Elena
6. Y tú, ¿ ?

11 | Mis amigos

Escribir Write five sentences telling where your friends are from.

modelo: Amy es de Minnesota. Mike es de Indiana...

Más práctica Cuaderno *pp. 4–6* Cuaderno para hispanohablantes *pp. 5–7*

Get Help Online
my.hrw.com

PARA Y PIENSA

Did you get it? Match the phrases to make a complete sentence.

1. Cristóbal y yo   **a.** soy de México.
2. Tomás   **b.** somos de Honduras.
3. Yo   **c.** es de la República Dominicana.

GRAMÁTICA en contexto

¡AVANZA!

Goal: Notice how Alicia and her friends say where they are from. Then use **ser** with **de** to tell where people are from. *Actividades 12–14*

Telehistoria escena 2

@HOMETUTOR View, Read
my.hrw.com and Record

VIDEO
DVD

AUDIO

STRATEGIES

Cuando lees

Scan for details Quickly look ahead for certain details before you read the scene. Scan for names and people. What do you think this scene is about?

Cuando escuchas

Listen for guesses Listen as Mr. Costas guesses where Teresa and Miguel are from. What does he guess? What does Miguel guess about where Mr. Costas is from?

Alicia: ¡Hola! Señor Costas, le presento a dos amigos... Teresa y Miguel. Ellos son de...

Mr. Costas stops her because he wants to guess.

Sr. Costas: Tú eres de... ¿Puerto Rico? ¿Panamá? ¿Costa Rica?

Teresa: No, yo soy de...

Mr. Costas interrupts and gestures toward Miguel.

Sr. Costas: ¿Él es de México? ¿El Salvador? ¿Colombia?

Miguel: No, nosotros somos de *(pointing to himself)* Cuba y *(pointing to Teresa)* de Honduras. Y usted, ¿de dónde es?

Sr. Costas: Soy de...

Miguel: ¿Argentina? ¿Chile? ¿Cuba?

Sr. Costas: Soy de la Florida.

Continuará... p. 48

12 | Los orígenes *Comprensión del episodio*

Escuchar
Leer

Answer the questions about the episode.

1. Teresa y Miguel son los amigos de
   a. Alicia.
   b. el señor Costas.
   c. el señor Díaz.

2. ¿De dónde es Miguel?
   a. Es de Puerto Rico.
   b. Es de Cuba.
   c. Es de la República Dominicana.

3. ¿De dónde es Teresa?
   a. Es de Puerto Rico.
   b. Es de Costa Rica.
   c. Es de Honduras.

4. ¿Quién es de la Florida?
   a. Miguel
   b. el señor Costas
   c. Teresa

---

13 | Los famosos en Miami

Leer
Hablar

Comparación cultural

Los Premios Juventud

*How have Latino performers and athletes affected popular culture in the United States? Los Premios Juventud is an awards show held in **Miami** and broadcast on Spanish-language television. Teens vote for their favorite stars in music, film, and sports. Past nominees include Shakira and Juanes (Colombia), Paulina Rubio and Gael García Bernal (Mexico), Miguel Cabrera (Venezuela), and Jennifer Lopez (New York).*

Compara con tu mundo *Who are your favorite figures in music, film, and sports, and why?*

Juanes

Paulina Rubio

Talk with a partner about where the nominees are from.

A ¿De dónde es Juanes?

B Juanes es de Colombia.

---

14 | ¿De dónde somos?

Hablar

Ask other students where they are from.

A Nora, ¿de dónde eres?

B Soy de Miami. ¿Y tú?

También soy de Miami.

Get Help Online
my.hrw.com

PARA Y PIENSA

Did you get it? Create sentences to tell where the people are from.

1. el Sr. Costas / la Florida
2. Alicia / Miami
3. Teresa y Miguel / Honduras y Cuba

Presentación de GRAMÁTICA

Goal: Learn how to express what people like to do using the verb **gustar**. Then use **gustar** to say what you and others like to do. *Actividades 15–19*

English Grammar Connection: An **infinitive** is the basic form of a **verb,** a word that expresses action or a state of being. In English, most infinitives include the word *to*. In Spanish, infinitives are always one word that ends in **-ar, -er,** or **-ir.**

I like **to run.**   Me gusta **correr.**

$\uparrow$ infinitive $\uparrow$ infinitive

Gustar with an Infinitive

Use **gustar** to talk about what people like to do.

Here's how: Use phrases like **me gusta** + **infinitive.**

Me gusta **dibujar.**	*I like to draw.*
Te gusta **dibujar.**	*You (familiar singular) like to draw.*
Le gusta **dibujar.**	*You (formal singular) like to draw.* *He/She likes to draw.*
Nos gusta **dibujar.**	*We like to draw.*
Os gusta **dibujar.**	*You (familiar plural) like to draw.*
Les gusta **dibujar.**	*You (plural) like to draw.* *They like to draw.*

When you want to really emphasize or identify the person that you are talking about, add **a** + **noun/pronoun.**

A Sonia le gusta leer.   **A ella le gusta leer.**
Sonia likes to read.   *She likes to read.*

These are the **pronouns** that follow **a.**

A mí me gusta dibujar.   A nosotros(as) nos gusta dibujar.
A ti te gusta dibujar.   A vosotros(as) os gusta dibujar.
A usted le gusta dibujar.   A ustedes les gusta dibujar.
A él, ella le gusta dibujar.   A ellos(as) les gusta dibujar.

Más práctica
Cuaderno *pp. 7–9*
Cuaderno para hispanohablantes *pp. 8–11*

@**HOME**TUTOR my.hrw.com
Leveled Practice

Práctica de GRAMÁTICA

15 | ¿Les gusta o no?

Escribir

Write what these people like and don't like to do.

modelo: a Luisa / preparar la comida
No le gusta preparar la comida.

1. a nosotras /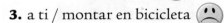
comer pizza

5. a Alicia y a Miguel /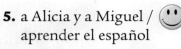
aprender el español

2. a ustedes / estudiar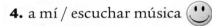

6. a usted / trabajar

3. a ti / montar en bicicleta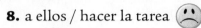

7. a Teresa / tocar la guitarra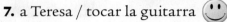

4. a mí / escuchar música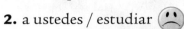

8. a ellos / hacer la tarea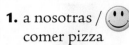

Comparación cultural

El arte de Miami

How would being Cuban American influence an artist's work? Growing up in **Miami**, artist Xavier Cortada learned about his Cuban heritage through his family and community around him. Many of his paintings reflect his identity as a Cuban American. His colorful painting *Music* presents a variety of instruments found in traditional Cuban music *(son, rumba, mambo, Afro-Latin jazz)* as well as American music. How many instruments can you identify?

Music (2005), Xavier Cortada

Compara con tu mundo *What would you paint to represent your community? Where would you display your painting?*

16 | ¿Qué les gusta hacer?

Hablar

With a partner, use the photos to say what Alicia and others like to do.

Teresa

 **A** ¿Qué le gusta hacer a Teresa?

B Le gusta leer un libro.

1. Alicia

2. ella

3. él

4. Alicia y Miguel

5. Teresa

6. ustedes

17 | En el parque

Hablar Escribir

Look at the drawing and say whether the people like or don't like what they are doing.

modelo: Le gusta jugar al fútbol.

18 | Las actividades

Escuchar
Escribir

Copy this chart on a piece of paper. Listen to Mariana's description of what she and her friends like to do on Saturdays, and complete your chart with **sí** or **no.** Then answer the questions.

¿Le gusta...?	descansar	pasear	mirar la televisión	tocar la guitarra
A Mariana	sí			
A Jorge		no		
A Federico				

1. ¿Qué le gusta hacer a Jorge?
2. ¿Qué le gusta hacer a Mariana?
3. ¿Qué le gusta hacer a Federico?
4. ¿Qué no le gusta hacer a Mariana?
5. ¿Qué no les gusta hacer a Jorge y a Federico?
6. ¿Qué les gusta hacer a los tres amigos?

19 | A mi amigo(a) le gusta

Hablar

Ask a classmate what he or she likes to do on Saturdays and Sundays. Then tell the class.

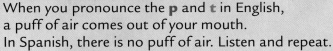

¿**T**e gus**t**a mon**t**ar en biclcle**t**a?

Pronunciación Las letras p y t

AUDIO

When you pronounce the **p** and **t** in English, a puff of air comes out of your mouth. In Spanish, there is no puff of air. Listen and repeat.

pasar **p**or favor **P**uerto Rico
pizza **p**ero **p**apas

Pepe **p**re**p**ara las **p**apas fritas.

fru**t**a **t**elevisión prac**t**icar
tocar es**t**udiar **t**area

Más práctica   Cuaderno *pp. 7–9*   Cuaderno para hispanohablantes *pp. 8–11*

🌐 **Get Help Online**
my.hrw.com

PARA Y PIENSA

Did you get it? Complete each sentence with the correct **gustar** phrase.

1. _____ correr. (a ella)
2. ¿_____ andar en patineta? (a ti)
3. _____ tocar la guitarra. (a nosotros)

Todo junto

¡AVANZA!

Goal: *Show what you know* Pay attention to Alicia and her friends as they describe the activities they like to do. Then use **ser** and **gustar** to say where you are from and what you like to do. *Actividades 20–24*

Telehistoria completa

@HOMETUTOR View, Read
my.hrw.com and Record

STRATEGIES

Cuando lees
Unlock the main idea Find repeated phrases that can unlock the overall meaning. Find all the phrases that contain the verb **gustar.** What is this scene about?

Cuando escuchas
Listen for cognates A cognate is a Spanish word that sounds like an English word and means the same thing. For example, *telephone* and **teléfono.** In the video, listen for at least three cognates.

Escena 1 *Resumen*
A Alicia y a Sandra les gusta hacer muchas actividades. Les gusta dibujar, comer pizza y más.

Escena 2 *Resumen*
Miguel es de Cuba y Teresa es de Honduras. El señor Costas es de la Florida.

VIDEO
DVD

AUDIO

Escena 3

Alicia: ¿Qué les gusta hacer?

Miguel: Me gusta mirar la televisión.

Teresa: No me gusta mirar la televisión. Me gusta más tocar la guitarra o escuchar música.

Miguel: Me gusta comer.

Teresa: Sí, me gusta comer.

Alicia: ¡Nos gusta comer!

They stand to go eat.

Alicia: ¿Qué les gusta comer? ¿Pizza? ¿Les gusta comer helado? ¿Fruta? ¿Beber jugos?

Both say no, and they all sit. Teresa shows them the paper.

Alicia: ¿Trini Salgado? ¿En San Antonio? *(She quickly takes out her cell phone.)* ¡Sandra!

20 | ¿Quiénes son? *Comprensión de los episodios*

Escuchar
Leer

Write the name(s) of the character(s) according to the descriptions.

1. No le gusta andar en patineta.
2. Es de Honduras.
3. Les gusta comer.
4. Es de la Florida.
5. Le gusta tocar la guitarra.
6. Es de San Antonio, Texas.
7. Le gusta hablar por teléfono.
8. Le gusta escuchar música.

21 | Los amigos *Comprensión de los episodios*

Escuchar
Leer

Answer the questions according to the episodes.

1.
   a. ¿Cómo se llama?
   b. ¿Qué le gusta hacer?
   c. ¿Qué no le gusta hacer?

2.
   a. ¿Cómo se llama?
   b. ¿De dónde es?
   c. ¿Qué le gusta hacer?

22 | Nuevos amigos

Digital **performance space**

Hablar

> **STRATEGY Hablar**
>
> **Boost your "speaking self-confidence" with positive statements**
> To increase your speaking self-confidence, say something positive to yourself like:
> *I learn from my mistakes. I can say things now that I couldn't say last week.* Create your own
> positive statement. Say it to yourself before the speaking activity below.

You are a new student at school. Talk with other students about where you are from and what you like and don't like to do. Make a list of the things you have in common.

A Hola, me llamo Víctor. Soy de Chicago. Me gusta escuchar música y correr.

B Hola, me llamo Carolina y soy de Chicago también. No me gusta escuchar música pero me gusta practicar deportes.

C Hola. Me llamo Alex...

Read the e-mail from Vanessa, then listen to Carmen and take notes.
Say what both of them like and don't like.

Fuente 1 Correo electrónico

¡Hola, Carmen! Soy Vanessa.
Soy de Morelos, México. Me gusta
mucho practicar deportes. También
me gusta andar en patineta. No
me gusta escuchar música. Después
de las clases me gusta pasar un
rato con los amigos y comer
pizza. Los sábados y domingos no
me gusta hacer la tarea. Me gusta
más alquilar un DVD o descansar.
¿Y a ti? ¿Qué te gusta hacer?

Fuente 2 Escucha a Carmen

Listen and take notes
- ¿Qué le gusta hacer a Carmen?
- ¿Qué no le gusta hacer?

modelo: A las chicas les gusta...

24 | Un correo electrónico

Escribir

Write to your new e-pal in Puebla, Mexico. Introduce yourself and tell him or her where you are from and what you like and don't like to do. Also write three questions for him or her to answer.

modelo: Hola, Eva. Me llamo Ana, y soy de la Florida. Me gusta leer un libro, pero no me gusta mirar la televisión. ¿Te gusta hablar por teléfono?

Writing Criteria	Excellent	Good	Needs Work
Content	Your e-mail includes a lot of information and questions.	Your e-mail includes some information and questions.	Your e-mail includes little information and not enough questions.
Communication	Most of your e-mail is organized and easy to follow.	Parts of your e-mail are organized and easy to follow.	Your e-mail is disorganized and hard to follow.
Accuracy	Your e-mail has few mistakes in grammar and vocabulary.	Your e-mail has some mistakes in grammar and vocabulary.	Your e-mail has many mistakes in grammar and vocabulary.

Más práctica   Cuaderno *pp. 10–11* Cuaderno para hispanohablantes *pp. 12–13*

Get Help Online
my.hrw.com

PARA Y PIENSA

Did you get it? Tell where these people are from and what they like to do, based on the Telehistoria.

1. Teresa / Honduras / tocar la guitarra
2. Alicia / Miami / comer
3. Miguel / Cuba / mirar la televisión

Juegos y diversiones

Review the verb **ser** by playing a game.

Sí, es mi país

The Setup

Your teacher will hand you a card with the name of a country on it. This will be your country of origin for use in the game. Do not show your card to anyone. The object of the game is to find another person in your class with the same country card.

Colombia   Perú   Honduras

Playing the Game

You will go around asking your classmates where they are from in order to find the person who has the same country card as you. You must use the correct Spanish phrasing and answer in complete sentences.

The Winners!

The first two students to match country cards and say the word **¡Ganamos!** (we win) are the winners.

¿Eres de Honduras?

No, soy de Perú.

Lectura

¡AVANZA! **Goal:** Read about what students in a dual-language school in Florida like to do in their free time. Then compare the activities they like to do with what you like to do.

AUDIO

¿Qué te gusta hacer?

This is a survey about what students like to do in their free time. It was conducted among students at a dual-language school in Florida.

STRATEGY Leer
Use a judgment line Draw a line like this one with *least popular* on the left and *most popular* on the right. On the line, list all the activities in the survey according to their popularity.

leer estudiar	dibujar
least popular	most popular

¿Qué te gusta hacer?

Me gusta...

mirar la televisión ☐
pasar un rato con los amigos ✓
jugar videojuegos [1] ☐
trabajar ✓
jugar con los amigos ☐
dibujar ✓
practicar deportes ☐
escribir ☐
leer ✓
estudiar ☐
otras [2] actividades _tocar la guitarra_

[1] videogames   [2] other

Una encuesta en la escuela

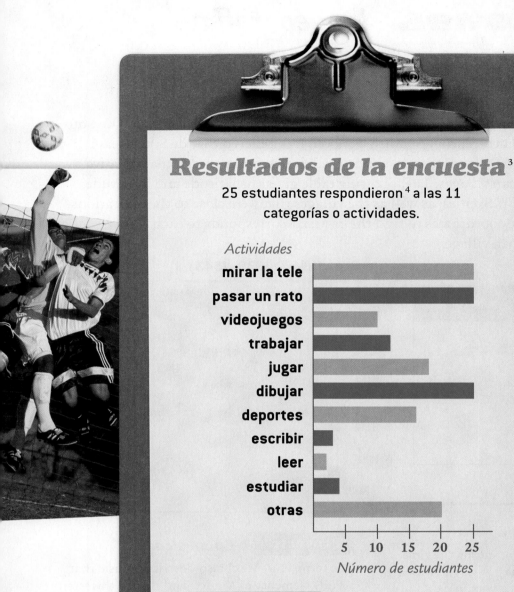

Resultados de la encuesta[3]

25 estudiantes respondieron[4] a las 11 categorías o actividades.

Actividades

- **mirar la tele**
- **pasar un rato**
- **videojuegos**
- **trabajar**
- **jugar**
- **dibujar**
- **deportes**
- **escribir**
- **leer**
- **estudiar**
- **otras**

5　10　15　20　25

Número de estudiantes

_____
[3] survey　　[4] replied

¡Interpreta!

Based on the chart and survey, answer the following questions.

1. How many students took the survey?
2. What are the three most popular activities and the three least popular activities?
3. Would you get the same results if you used the survey with your classmates? Give specific reasons why or why not.

¿Y tú?

Record your answers to the survey on the previous page and compare them to the results of these students.

Conexiones *La geografía*

La expedición de Hernando de Soto

Hernando de Soto

The map below shows one account of the expedition of Hernando de Soto, a sixteenth-century Spanish explorer. It is believed that de Soto's team traveled through ten present-day U.S. states, and through many Native American villages. The following table gives the latitude and longitude of four U.S. cities, as well as the villages that were close to these locations. Use the coordinates to find the city that corresponds to each Native American village.

NATIVE AMERICAN VILLAGE	LOCATION OF CITY	NAME OF CITY
Ucita	27° 56' N 82° 27' O	
Casqui	35° 15' N 90° 34' O	
Mabila	30° 41' N 88° 02' O	
Anhayca	30° 26' N 84° 16' O	

La expedición (1539–1543)

OKLAHOMA · Parkin · TENNESSEE · CAROLINA DEL NORTE · 35°N · ARK. · CAROLINA DEL SUR · Río Misisipí · MISISIPÍ · TEXAS · ALA. · GEORGIA · Mobile · Tallahassee · LUISIANA · 30°N · Tampa · FLORIDA · Golfo de México · 25°N · 0 100 200 millas · 0 100 200 kilómetros · 95°O · 90°O · 85°O · 80°O

Proyecto ① Las matemáticas

A common form of measurement during the time of de Soto was the league (**legua**). A league was based on the distance an average person could walk in an hour: 3.5 miles. Calculate what these distances would be in leagues.

Ucita to Anhayca:	204 miles
Anhayca to Mabila:	224 miles
Mabila to Casqui:	347 miles

Proyecto ② El lenguaje

Many places in the United States have Spanish names. **Florida,** for instance, means *full of flowers.* Use an atlas or the Internet to find three places in the United States with Spanish names. Then write the meaning of each place.

Proyecto ③ La música

The term "Tex–Mex" also describes music that blends elements of Mexico and the southwestern U.S. Most Tex–Mex music features the accordion, brought to Texas in the 1890s by German immigrants. Find an example of Tex–Mex music—such as Selena or Los Tigres del Norte—and listen to it. Then write a paragraph describing the instruments and the music and list the Spanish names of the instruments.

Los Tigres del Norte

En resumen
Vocabulario y gramática

Vocabulario

Talk About Activities

alquilar un DVD	to rent a DVD	hacer la tarea	to do homework
andar en patineta	to skateboard	jugar al fútbol	to play soccer
aprender el español	to learn Spanish	leer un libro	to read a book
beber	to drink	mirar la televisión	to watch television
comer	to eat	montar en bicicleta	to ride a bike
comprar	to buy	pasar un rato con los amigos	to spend time with friends
correr	to run		
descansar	to rest	pasear	to go for a walk
dibujar	to draw	practicar deportes	to practice / play sports
escribir correos electrónicos	to write e-mails	preparar la comida	to prepare food / a meal
escuchar música	to listen to music		
estudiar	to study	tocar la guitarra	to play the guitar
hablar por teléfono	to talk on the phone	trabajar	to work

Snack Foods and Beverages

el agua (fem.)	water
la fruta	fruit
la galleta	cookie
el helado	ice cream
el jugo	juice
las papas fritas	French fries
la pizza	pizza
el refresco	soft drink

Other Words and Phrases

la actividad	activity
antes de	before
después (de)	afterward, after
la escuela	school
más	more
o	or
pero	but
también	also

Say What You Like and Don't Like to Do

¿Qué te gusta hacer?	What do you like to do?	Me gusta...	I like . . .
¿Te gusta...?	Do you like . . . ?	No me gusta...	I don't like . . .

Gramática

Nota gramatical: **de** to describe where you are from *p. 39*

Pronouns and ser

Ser means *to be.* Use **ser** to identify a person or say where he or she is from.

Singular		Plural	
yo	soy	nosotros(as)	somos
tú	eres	vosotros(as)	sois
usted	es	ustedes	son
él, ella	es	ellos(as)	son

Gustar with an Infinitive

Use **gustar** to talk about what people like to do.

A mí me gusta dibujar.
A ti te gusta dibujar.
A usted le gusta dibujar.
A él, ella le gusta dibujar.
A nosotros(as) nos gusta dibujar.
A vosotros(as) os gusta dibujar.
A ustedes les gusta dibujar.
A ellos(as) les gusta dibujar.

Practice Spanish with Holt McDougal Apps!

Repaso de la lección

@HOMETUTOR
my.hrw.com

¡LLEGADA!

Now you can
- talk about activities
- tell where you are from
- say what you like and don't like to do

Using
- subject pronouns and **ser**
- **de** to describe where you are from
- **gustar** with an infinitive

To review
- **gustar** with an infinitive p. 44
- **de** to describe where you are from p. 39

1 | Listen and understand

AUDIO

Listen to Pablo and Sara talk about their activities. Then match the descriptions with the name or names.

1. Es de Puerto Rico.
2. Es de Miami.
3. Le gusta escuchar música.
4. No le gusta andar en patineta.
5. No le gusta comer frutas.
6. Le gusta comer helado.

a. Pablo
b. Sara
c. Pablo y Sara

To review
- **gustar** with an infinitive p. 44

2 | Say what you like and don't like to do

Write sentences describing the activities you like and don't like to do.

modelo: alquilar un DVD
(No) Me gusta alquilar un DVD.

1. beber refrescos
2. preparar la comida
3. hacer la tarea
4. descansar
5. escribir correos electrónicos
6. pasar un rato con los amigos
7. practicar deportes
8. trabajar
9. comprar libros
10. comer pizza

To review
- subject pronouns and **ser** p. 38
- **de** to describe where you are from p. 39

3 Tell where you are from

Complete the e-mail with the appropriate form of **ser**.

Hola, me llamo Eduardo. Yo __1.__ de Miami. Y tú, ¿de dónde __2.__ ? Mis amigos y yo __3.__ de diferentes países. Roberto __4.__ de Chile y Yolanda __5.__ de Perú. Nosotros __6.__ estudiantes. El señor Santana y la señora Zabala __7.__ maestros. Ellos __8.__ de Cuba.

To review
- **gustar** with an infinitive p. 44

4 Talk about activities

Tell what activities these people like to do, according to the photos.

modelo: a José
A José le gusta tocar la guitarra.

1. a Sonia

2. a ellos

3. a usted

4. a nosotras

5. a ustedes

6. a ti

To review
- Miami's Freedom Tower p. 29
- Fiesta San Antonio p. 29
- Comparación cultural pp. 43, 45

5 United States

Comparación cultural

Answer these culture questions.

1. What is inside Miami's Freedom Tower?
2. What occurs during Fiesta San Antonio?
3. Who votes for the winners of **Los Premios Juventud**?
4. What is Xavier Cortada's heritage?

Get Help Online
my.hrw.com

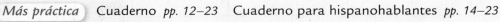

Más práctica Cuaderno *pp. 12–23*   Cuaderno para hispanohablantes *pp. 14–23*

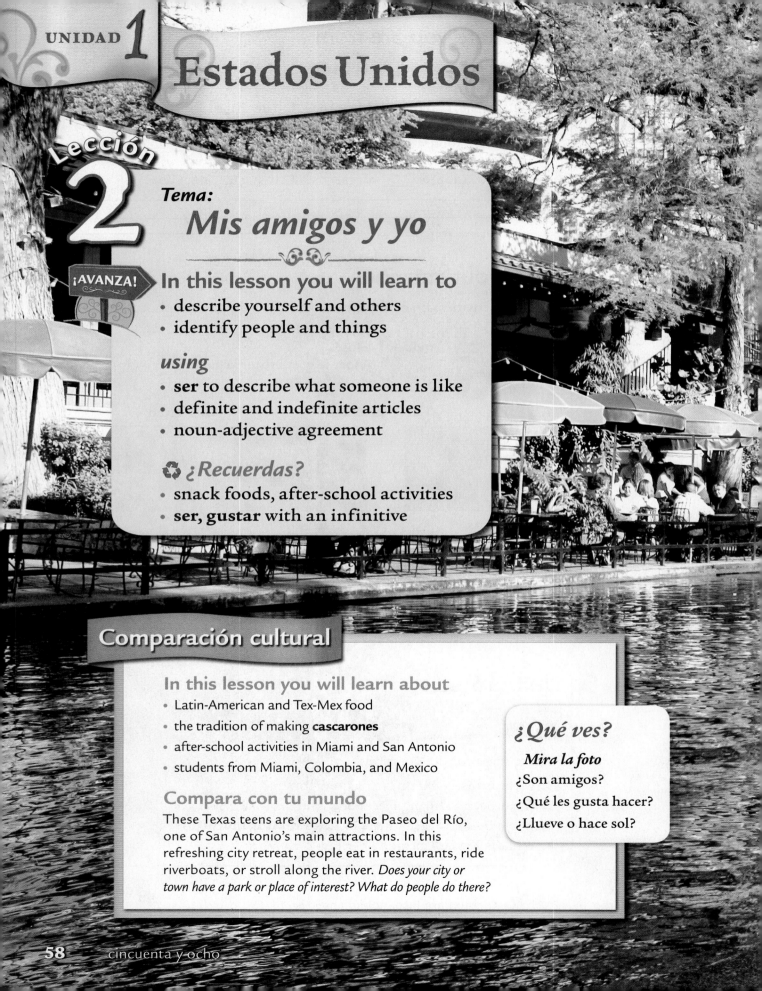

UNIDAD 1

Estados Unidos

LECCIÓN 2

Tema:

Mis amigos y yo

¡AVANZA!

In this lesson you will learn to
- describe yourself and others
- identify people and things

using
- **ser** to describe what someone is like
- definite and indefinite articles
- noun-adjective agreement

♻ ¿Recuerdas?
- snack foods, after-school activities
- **ser, gustar** with an infinitive

Comparación cultural

In this lesson you will learn about
- Latin-American and Tex-Mex food
- the tradition of making **cascarones**
- after-school activities in Miami and San Antonio
- students from Miami, Colombia, and Mexico

Compara con tu mundo
These Texas teens are exploring the Paseo del Río, one of San Antonio's main attractions. In this refreshing city retreat, people eat in restaurants, ride riverboats, or stroll along the river. *Does your city or town have a park or place of interest? What do people do there?*

¿Qué ves?
Mira la foto
¿Son amigos?
¿Qué les gusta hacer?
¿Llueve o hace sol?

Paseo del Río
San Antonio, Texas

Presentación de VOCABULARIO

¡AVANZA! **Goal:** Learn how Sandra describes herself and her friends. Then practice what you have learned to describe yourself and others. **Actividades 1–2**

♻ **¿Recuerdas?** The verb **ser** p. 38

VIDEO
DVD

AUDIO

A ¡Hola! Soy Sandra.
Soy **artística** y **tengo pelo castaño**.
A mi **amigo** Ricardo le gusta practicar
deportes **porque** es **atlético**.

artística

atlético

B Alberto es **trabajador** y **estudioso**. Le gusta estudiar. David es **un poco perezoso**. No es **un estudiante muy bueno**. No le gusta trabajar.

trabajador

perezoso

C Soy **una persona** muy **organizada.** Mi **amiga** Ana es **inteligente** pero un poco **desorganizada.**

organizada

desorganizada

D Rafael es muy **alto,** pero Laura es **baja.** Manuel es **grande,** pero Francisco es **pequeño.** La señora Santa Cruz es un poco **vieja,** pero Rosita es **joven.**

alto

baja

grande

pequeño

vieja

joven

Más vocabulario

bonito(a) *pretty*

guapo(a) *good-looking*

malo(a) *bad*

Expansión de vocabulario p. R2

Continuará...

E La señora Guardado es **pelirroja** y el señor Guardado **tiene** pelo castaño. Marco y Laura son **chicos** muy buenos. Marco tiene **pelo rubio** y Laura tiene pelo castaño.

pelirroja

la mujer

pelo castaño

el hombre

pelo rubio

el chico   la chica

F Yo soy un poco **seria**, pero mi amigo Alberto es muy **cómico. Todos** mis amigos son muy **simpáticos**. ¿Y tú? **¿Cómo eres?**

cómico

seria

@**HOMETUTOR**
my.hrw.com

Interactive Flashcards

¡A responder!   Escuchar

Listen to these descriptions of Sandra and her friends. Point to the person in the photo who matches each description you hear.

Práctica de VOCABULARIO

1 | Los opuestos

Leer Sandra describes her friends but Ricardo says the opposite. Match Sandra's description with Ricardo's response.

Sandra

1. Marco es pequeño.
2. Luisa es trabajadora.
3. Pablo es organizado.
4. Joaquín es malo.
5. Anabel es joven.
6. Francisco es cómico.

Ricardo

a. No, es bueno.
b. No, es grande.
c. No, es desorganizado.
d. No, es perezosa.
e. No, es serio.
f. No, es vieja.

Nota gramatical ♻ *¿Recuerdas?* The verb **ser** p. 38

Use **ser** to describe what people are like.

La mujer **es** alta.   Los chicos **son** organizados.
*The woman **is** tall.*   *The boys **are** organized.*

2 | Porque...

**Hablar
Escribir**

Explain why Ricardo and Alberto like or don't like the following activities.

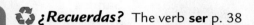

serio   atlético   artístico

estudioso   desorganizado   trabajador

modelo: A Ricardo le gusta practicar deportes porque es atlético.

1. A Ricardo le gusta hacer la tarea.
2. A Ricardo le gusta dibujar.
3. A Alberto no le gusta ser cómico.
4. A Alberto le gusta correr.
5. A Alberto no le gusta ser perezoso.
6. A Alberto no le gusta ser organizado.

Más práctica   Cuaderno *pp. 24–26*   Cuaderno para hispanohablantes *pp. 24–27*

 **Get Help Online**
my.hrw.com

PARA Y PIENSA

Did you get it?
1. Say that Juan is short.
2. Say that David is artistic.
3. Say that Carlos is serious.

VOCABULARIO *en contexto*

¡AVANZA! **Goal:** Notice how Sandra and her friends describe themselves and each other. Then practice these words to describe others. *Actividades 3–4*

Telehistoria escena 1

@HOMETUTOR my.hrw.com — **View, Read and Record**

STRATEGIES

Cuando lees

Skim Find the main idea by skimming (rapidly glancing over) the text before reading it carefully. What is the main idea of the scene below?

Cuando escuchas

Find the humor Humor makes a scene fun and memorable. Listen for exaggeration, teasing, and jokes. What are some examples of humor in the following scene?

VIDEO DVD

AUDIO

Sandra, speaking to Alicia via webcam, holds up Alicia's T-shirt.

Sandra: Es bonita. Pero te gusta más con el autógrafo de Trini Salgado, ¿no?

Alberto and Ricardo join Sandra.

Sandra: Alicia, te presento a mis amigos: Alberto y Ricardo.

Alberto: Hola, Alicia. Me llamo Alberto. Soy alto... no soy muy alto. Tengo pelo castaño, y soy muy trabajador. Pero me gusta mirar la televisión y escuchar música. *(He pulls CDs from his backpack.)*

Sandra: No, él no es perezoso pero es un poco desorganizado.

Ricardo: Hola, Alicia. ¿Qué tal? Me llamo Ricardo. Soy inteligente, simpático y estudioso. Me gusta practicar deportes porque soy atlético. Y me gusta dibujar porque soy muy artístico.

Sandra shows one of Ricardo's drawings that is not very good.

Sandra: Sí. Él es muy artístico.

Ricardo: Ella es cómica, ¿no?

Alberto: Ella no es muy seria.

Sandra: OK, OK. Adiós, Alicia. Hasta luego.　　　　**Continuará... p. 70**

Continuará... p. 70

64

Unidad 1 Estados Unidos
sesenta y cuatro

3 | Las características *Comprensión del episodio*

Escuchar
Leer

Copy the Venn diagram on a piece of paper and use it to compare Ricardo and Alberto. Write their differences below their names. In the center, write what they have in common.

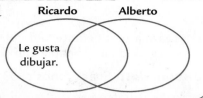

Ricardo | Alberto

Le gusta dibujar.

4 | Una entrevista

Leer
Hablar

Read the interview with Raúl López, a famous young soccer player. Then talk to another student about the article. Use at least three adjectives to ask him or her questions.

A ¿Es Raúl perezoso?

B No, es trabajador porque le gusta estudiar.

ENTREVISTA

¡ESTRELLA DEL FUTURO!

Revista Estrella: Raúl, ¿cómo eres?

Raúl: Soy muy atlético. Me gusta mucho jugar al fútbol y practicar deportes. Pero también me gusta descansar.

Revista Estrella: Y eres un estudiante serio, ¿no?

Raúl: Sí, me gusta leer libros y estudiar.

Revista Estrella: ¿Te gusta escuchar música?

Raúl: Sí, me gusta escuchar música, pero me gusta más tocar la guitarra. También me gusta dibujar.

Comparación cultural

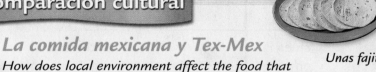
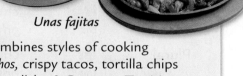

Unas fajitas

La comida mexicana y Tex-Mex

How does local environment affect the food that people eat? Tex-Mex is a regional cuisine that combines styles of cooking from **Mexico** and **Texas.** Did you know that *nachos,* crispy tacos, tortilla chips with salsa, *fajitas,* and *chili con carne* are all Tex-Mex dishes? Common Tex-Mex ingredients include flour tortillas, yellow cheese, refried beans, and beef. In the interior of Mexico, traditional ingredients are corn tortillas, white cheese, black beans, chicken, seafood, and pork.

Compara con tu mundo *What are some restaurants in your community that serve foods from other countries? Have you eaten at any of them?*

Get Help Online
my.hrw.com

PARA Y PIENSA

Did you get it? Fill in the appropriate adjective.
1. Alberto es trabajador. No es _____ .
2. A Ricardo le gusta practicar deportes. Es _____ .
3. A Ricardo le gusta hacer la tarea. Es _____ .

Presentación de GRAMÁTICA

¡AVANZA!

Goal: Learn about definite and indefinite articles. Then practice using these articles to identify people and things. *Actividades 5–11*

♻ *¿Recuerdas?* Snack foods p. 33, **gustar** with an infinitive p. 44

English Grammar Connection: Definite articles (in English, *the*) are used with nouns to indicate *specific* persons, places, or things. **Indefinite articles** (*a, an*) are used with nouns to indicate *nonspecific* persons, places, or things.

The boy is **a** friend.   El chico es **un** amigo.

| definite article | indefinite article | | definite article | indefinite article |

Definite and Indefinite Articles

ANIMATEDGRAMMAR
my.hrw.com

In Spanish, articles match nouns in gender and number.

Here's how: All Spanish nouns, even if they refer to objects, are either **masculine** or **feminine**.

- Nouns ending in **-o** are usually **masculine**.
- Nouns ending in **-a** are usually **feminine**.

		Definite Article	Noun	Indefinite Article	Noun
Masculine	Singular	el / *the*	chico / *boy*	un / *a*	chico / *boy*
	Plural	los / *the*	chicos / *boys*	unos / *some*	chicos / *boys*
Feminine	Singular	la / *the*	chica / *girl*	una / *a*	chica / *girl*
	Plural	las / *the*	chicas / *girls*	unas / *some*	chicas / *girls*

matches   *matches*

Los libros son para **la maestra**.   ***The** books are for **the** teacher.*

To form the **plural** of a noun, add **-s** if the noun ends in a vowel. Add **-es** if the noun ends in a consonant.

vowel ⌐   *consonant* ⌐

estudiante → estudiant**es**   mujer → muj**eres**

Más práctica
Cuaderno *pp. 27–29*
Cuaderno para hispanohablantes *pp. 28–30*

@**HOMETUTOR** my.hrw.com
Leveled Practice

Unidad 1 Estados Unidos

Práctica de GRAMÁTICA

5 | ¿Cómo son las personas en la oficina?

Leer | Miguel is describing various people in the school office. Complete his sentences with **el, la, los, las.**

1. _____ chicas son atléticas.
2. _____ maestra es inteligente.
3. _____ amigos son simpáticos.
4. _____ chico es pelirrojo.
5. _____ mujeres son artísticas.

6. _____ hombre es guapo.
7. _____ personas son organizadas.
8. _____ amigas son jóvenes.
9. _____ estudiantes son bajos.
10. _____ mujer es cómica.

6 | La lista de Sandra

Escuchar Escribir | Sandra likes to buy many things. Listen and write a list of what she likes to buy, using **el, la, los, las.**

7 | ¿Qué es? **¿Recuerdas?** Snack foods p. 33

Hablar Escribir | Identify these foods, using **un, una, unos, unas.**

modelo: Son unas galletas.

1.
2.
3.
4.

5.
6.
7.
8.

8 | ¿Son estudiosos?

**Hablar
Escribir**

Describe these people, using **ser** and **un, una, unos, unas.**

modelo: chico cómico
Daniel es un chico cómico.

1. chicas estudiosas
2. chicos serios
3. amigas trabajadoras
4. chico desorganizado

5. chica alta
6. chico alto
7. estudiante pelirroja
8. chico grande

9 | Después de las clases

Escribir

Describe what Marta likes to do after school. Combine elements from the three columns to create six different sentences. You may use each article more than once.

modelo: tocar / la / guitarra
Le gusta tocar la guitarra.

tocar
aprender
preparar
alquilar
leer
mirar
pasar un
rato con

la
los
un
el

guitarra
DVD
libro
amigos
televisión
español
comida

10 ¿Qué te gusta más?

 ¿Recuerdas? gustar with an infinitive p. 44

Hablar Ask a partner what he or she likes more.

modelo: comprar

A ¿Te gusta más comprar una fruta o unas papas fritas?

B Me gusta más comprar una fruta.

1. leer

2. hablar con

3. pasar un rato con

4. comer

5. beber

6. comprar

11 En una isla desierta

Hablar Work in a group of five. Take turns naming some of the items you would wish for if you were stranded on a desert island. Repeat the items other group members wished for, and then add one of your own. Include the definite or indefinite article with each item.

A Una pizza.

B Una pizza, unos libros.

C Una pizza, unos libros, un refresco.

Más práctica   Cuaderno *pp. 27–29*   Cuaderno para hispanohablantes *pp. 28–30*

🌐 **Get Help Online**
my.hrw.com

PARA Y PIENSA

Did you get it?
Match the article to its corresponding noun.

1. la
2. unas
3. el
4. unos

a. libro
b. hombres
c. televisión
d. frutas

GRAMÁTICA en contexto

¡AVANZA!

Goal: Listen to the conversation between Sandra and her friends. Then use definite and indefinite articles to talk about people. *Actividades 12–13*

 ¿Recuerdas? After-school activities p. 32

Telehistoria escena 2

 @HOMETUTOR my.hrw.com **View, Read and Record**

STRATEGIES

Cuando lees
Answer questions related to context Knowing the context helps you understand the meaning. Ask yourself: Where is the action taking place?

Cuando escuchas
Listen for unstated wishes People often reveal their wishes without saying them out loud. How do Alberto and Ricardo make it obvious that they want to meet Ana?

VIDEO DVD

AUDIO

Ricardo: Un helado.

Alberto: Unas papas fritas y un refresco.

Sandra: Un jugo y una pizza. *(Alberto looks over at another table.)*

Alberto: ¿Son las chicas de la clase de la señora García?

Ricardo: Sí, son Marta, Carla y...

Sandra: Ana.

Both boys look interested.

Alberto: ¿Quién es ella?

Sandra: Ella es la amiga de Carla. Es muy inteligente. Le gusta leer y tocar la guitarra.

Alberto: Me gusta escuchar música. Ana, ¿no?

Sandra: Sí. Y le gusta practicar deportes.

Ricardo: Yo soy atlético. Soy muy bueno.

Sandra: ¡Ay, los chicos! *(Leaving, Alberto trips and lands in the seat next to Ana and her friends.)*

Alberto: Uh... hola. Perdón.   **Continuará...** p. 76

También se dice

San Antonio Alberto says **unas papas fritas** to talk about French fries. In other Spanish-speaking countries you might hear:
• **España** **las patatas fritas**
• **Colombia, México** **las papitas**
To talk about juice, Sandra says **un jugo.** In other Spanish-speaking countries you might hear:
• **España** **el zumo**

12 | A corregir *Comprensión del episodio*

Escuchar
Leer

All of these sentences are false. Correct the errors.

1. Las chicas se llaman Marta, Beatriz y Ana.
2. Ana es la amiga de Sandra.
3. A Ricardo le gusta escuchar música.
4. Ana no es inteligente.
5. A Alberto le gusta tocar la guitarra.
6. Ricardo no es atlético.

13 | En el parque ♺ *¿Recuerdas?* After-school activities p. 32

Hablar

Choose a person or a group of people from the drawings. Follow the model to give clues to another student, who will guess the people you describe. Change roles and describe everyone.

A Es una chica. Le gusta tocar la guitarra.

B Es la chica de San Antonio.

San Antonio

Bogotá

AUDIO

Pronunciación La letra ñ

The **ñ** sounds like the /ny/ of the word *canyon*. The letter **ñ** does not exist in English, but the sound does. Listen and repeat.

señor   España   mañana   pequeño   castaño

La señora es española.   El señor es de España y tiene pelo castaño.

Get Help Online
my.hrw.com

PARA Y PIENSA

Did you get it? Change the article to make the noun more or less specific.
1. Ricardo es el amigo de Alberto.
2. Marta y Carla son las chicas de la clase de español.
3. Ana es la chica muy inteligente.

Presentación de GRAMÁTICA

Goal: Learn how to use adjectives with nouns. Then practice using adjectives to describe people. **Actividades 14–19**

English Grammar Connection: Adjectives are words that describe **nouns**. In English, the adjective almost always comes before the noun. In Spanish, the adjective usually comes after the noun.

┌─ *before the noun*
the **serious students**

after the noun ─┐
los **estudiantes serios**

Noun-Adjective Agreement

ANIMATED GRAMMAR
my.hrw.com

In Spanish, adjectives match the gender and number of the nouns they describe.

Here's how:

	Singular	Plural
Masculine	el chico alto *the tall boy*	los chicos altos *the tall boys*
Feminine	la chica alta *the tall girl*	las chicas altas *the tall girls*

- Adjectives that end in **-e** match both genders.

  el maestro inteligente
  la maestra inteligente

- Many adjectives that end in a **consonant** match both genders.

  el amigo joven
  la amiga joven

- Some adjectives that end in a **consonant** add **-a** to form the feminine singular. These exceptions have to be memorized.

  el chico trabajador
  la chica trabajadora

- To make an adjective plural, add **-s** if it ends in a **vowel;** add **-es** if it ends in a **consonant.**

  las chicas trabajadoras
  los chicos trabajadores

Más práctica
  Cuaderno *pp. 30–32*
  Cuaderno para hispanohablantes *pp. 31–34*

@HOMETUTOR my.hrw.com
Leveled Practice

Práctica de GRAMÁTICA

14 | Un correo electrónico

Leer | Help Sandra solve the puzzle in Alicia's e-mail by choosing the correct words in parentheses.

A: Sandra

Asunto: ¡Una persona famosa en Miami!

Hola, amiga. Te gusta jugar al fútbol y eres **1.** (inteligente / inteligentes), ¿no? ¿Quién es la persona famosa en Miami? No es un chico **2.** (grande / grandes). No es una chica **3.** (pequeño / pequeña). Tiene pelo **4.** (castaño / castaña) y es una persona **5.** (simpático / simpática). Es una mujer **6.** (serio / seria) pero le gusta pasar un rato con los amigos. Los amigos de ella son **7.** (atléticos / atlético) también y les gusta practicar deportes. Ella se llama Trini...

Alicia

15 | Descripciones

Escribir | Write descriptions of the people in the drawing.

alto(a)   guapo(a)   cómico(a)   atlético(a)

estudioso(a)   desorganizado(a)   serio(a)   ¿?

la Sra. de Silva

Rafael

Mario

Mónica

16 | ¡No son iguales!

Laura and her brother Luis are almost total opposites. Change each statement about one to say what the other is like. Use an adjective in each answer. Be careful! Laura and Luis do have a few things in common.

modelo: A Luis no le gusta practicar deportes.
Laura es atlética.

Luis

Laura

1. Laura es alta.
2. Luis es desorganizado.
3. Laura es pelirroja.
4. Luis es serio.

5. Laura es joven.
6. A Luis no le gusta dibujar.
7. A Laura no le gusta estudiar.
8. Luis es guapo.

17 | Un amigo

Write a short description of a friend. Be sure to describe what your friend looks like, his or her personality, and what he or she likes to do.

modelo: Cristina tiene pelo rubio. Es baja. Le gusta leer libros. Ella es inteligente...

18 | ¿Cómo son los amigos de clase?

**Escribir
Hablar**

Write descriptions of three people in the class. Read the descriptions to a partner, who will guess the people being described.

A Es un chico. Es alto, inteligente y atlético. Es un poco serio también. Tiene pelo castaño.

B Es Felipe.

19 | La Fiesta San Antonio

Hablar

Comparación cultural

Fiesta San Antonio

Los cascarones

How do cultural traditions influence an artist's work? *Cascarones* are painted eggs filled with confetti. They are popular at Easter and events such as parties or graduations. They are also a common sight during Fiesta San Antonio, an annual citywide celebration that honors the history and culture of San Antonio, **Texas**. But *cascarones* are not meant for decoration. Children sneak up on their friends and try to crack the eggs over their heads. If a *cascarón* is broken over your head, it is supposed to bring you good luck. Artists are often influenced by traditions like these. Carmen Lomas Garza is a Mexican-American artist who depicts scenes of traditional celebration. In her 1989 painting *Cascarones,* Lomas Garza presents a family making the colorful eggs.

Compara con tu mundo *What are some traditions in your family and why are they important to you? Which is your favorite tradition?*

Point to a person in the photo and ask a partner what he or she is like. Your partner will answer. Change roles. Describe all of the people.

 **A** ¿Cómo es la chica?

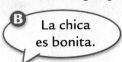 **B** La chica es bonita.

Más práctica Cuaderno *pp. 30–32* Cuaderno para hispanohablantes *pp. 31–34*

🌐 **Get Help Online**
my.hrw.com

PARA Y PIENSA

Did you get it? Give the correct ending for each adjective.
1. una estudiante desorganizad_____
2. unos chicos simpátic_____
3. unas mujeres trabajador_____
4. un hombre grand_____

Todo junto

Goal: *Show what you know* Pay attention to how Sandra and her friends describe specific people. Then use definite and indefinite articles and adjectives to tell what someone is like. ***Actividades 20–24***

Telehistoria completa

@ HOMETUTOR | **View, Read**
my.hrw.com | **and Record**

STRATEGIES

Cuando lees

Discover a problem Scenes often reveal problems that the characters must solve. While reading the text below, search for a problem. What is it? Can it be solved?

Cuando escuchas

Listen for the parts Even a short scene can have parts, each with a somewhat different topic or action. These can be keys to meaning. How would you divide this scene?

Escena 1 *Resumen*
Alberto y Ricardo son amigos de Sandra. Alberto es un poco desorganizado. Ricardo es artístico.

Escena 2 *Resumen*
Ana es la amiga de Carla. A Ricardo y a Ana les gusta practicar deportes, y a Alberto y a Ana les gusta escuchar música.

Escena 3

VIDEO DVD

AUDIO

Ricardo: ¿Es Trini Salgado?

Alberto: ¿Quién?

Ricardo: La mujer seria. Tiene pelo castaño.

Sandra: No es ella. Es un poco baja. Trini es alta y más joven.

Ricardo finds the sign announcing Trini Salgado and points to the date.

The group enters a store where Trini Salgado will be signing autographs.

Alberto: Ana es bonita, inteligente, simpática... y nosotros somos inteligentes y simpáticos, ¿no?

Sandra: Sí, sí, ustedes son inteligentes, atléticos, cómicos. Ricardo, tú eres estudioso y Alberto, tú eres trabajador.

Ricardo notices a woman in the store.

Sandra: Pero... es el sábado. Hoy es domingo.

Ricardo: Sí, el sábado en San Antonio y el lunes en México.

Sandra: ¿México? ¿Puebla, México? Pablo, un amigo muy simpático de Alicia, es de México.

Sandra thinks of a plan to send the T-shirt to Pablo.

20 | ¿Cómo son? *Comprensión de los episodios*

Escuchar
Leer

Combine phrases from the two columns to make sentences about the people in the Telehistoria.

1. Alberto y Ricardo son
2. Sandra es
3. Ana es
4. Ricardo es
5. Alberto es
6. Todos los chicos son
7. La mujer seria es
8. Pablo es

a. un poco baja.
b. una amiga de Ricardo y Alberto.
c. un amigo de Alicia.
d. jóvenes.
e. alto y trabajador.
f. cómicos.
g. inteligente y le gusta leer.
h. artístico y atlético.

21 | Los amigos *Comprensión de los episodios*

Escuchar
Leer

Write descriptions of the Telehistoria characters, based on the three episodes.

22 | Las personas famosas

Escribir
Hablar

> **STRATEGY Hablar**
>
> **Practice pronunciation** To speak more fluently and accurately, practice the sounds of words you need to use in your descriptions. Paying attention to pronunciation will help you with cognates.

Write descriptions of three famous people. Include what they like and don't like to do. Read your descriptions to a partner, who will guess the people being described.

A Es un hombre. Tiene pelo rubio. Es muy atlético. Le gusta montar en bicicleta. No es muy joven y no es muy viejo. Es de Estados Unidos. ¿Quién es?

B Es Lance Armstrong.

23 | Integración

Leer
Escuchar
Hablar

Read the Web page and listen to the boys' messages. Describe the two boys.

Fuente 1 Página Web

Amigos por correspondencia

Buscar en la Web _____ [Buscar] **Busca Imágenes**

Alejandro
¡Hola! Soy de San José, Costa Rica. Soy un estudiante muy bueno. Soy inteligente y me gusta estudiar. Soy un poco serio pero también soy simpático.

🔊 *¡Escucha!*

Édgar
Soy de Colombia. Soy alto y tengo pelo castaño. Soy cómico y simpático. Soy inteligente pero no soy muy trabajador. No me gusta estudiar. ;-)

🔊 *¡Escucha!*

Fuente 2 Audio en Internet

Listen and take notes
- ¿Cómo es Alejandro? ¿Qué le gusta hacer?
- ¿Cómo es Édgar? ¿Qué le gusta hacer?

modelo: Alejandro es un poco serio, pero Édgar es cómico...

24 | Un(a) amigo(a) perfecto(a)

Escribir

Describe the perfect friend for a special page in the yearbook. What is this person like? What does he or she like to do? Why?

modelo: Ella se llama Megan. Es bonita, inteligente y artística.
Es una chica muy simpática. Le gusta escuchar música y...

Writing Criteria	Excellent	Good	Needs Work
Content	Your description includes a lot of information.	Your description includes some information.	Your description includes little information.
Communication	Most of your description is organized and easy to follow.	Parts of your description are organized and easy to follow.	Your description is disorganized and hard to follow.
Accuracy	Your description has few mistakes in grammar and vocabulary.	Your description has some mistakes in grammar and vocabulary.	Your description has many mistakes in grammar and vocabulary.

Más práctica Cuaderno *pp. 33–34* Cuaderno para hispanohablantes *pp. 35–36*

🌐 **Get Help Online**
my.hrw.com

PARA Y PIENSA

Did you get it? Create sentences with the following information.

1. Alberto / chico(a) / simpático(a)
2. Ricardo / estudiante / trabajador(a)
3. Sandra / persona / organizado(a)

Juegos y diversiones

Review descriptive adjectives, noun-adjective agreement, and indefinite articles by playing a game.

20 preguntas

The Setup

Get a good look at your classmates, as you will need to identify them based on descriptions used in the game. Form two teams.

Palabras útiles

equipo *team*
puntos *points*

Playing the Game

First: One person from each team will go to the board and face the class, with his or her back to the board.

Then: Your teacher will write on the board the name of someone in the class. Each player at the board will alternate asking a yes/no question to his or her teammates about the mystery person. The player at the board who correctly identifies the mystery person first gets a point for his or her team.

Two new players go to the board, and the game continues.

The Winner!

The team with the most points at the end wins.

¿Es una chica alta?

¿Es un chico bajo?

Lectura cultural

Additional readings at **my.hrw.com**
SPANISH
InterActive Reader

¡AVANZA! **Goal:** Read about things to do in San Antonio and Miami. Then compare what teens do in those cities with what you like to do where you live.

Comparación cultural

AUDIO

Saludos desde[1]
San Antonio y Miami

STRATEGY Leer

Make a comparison chart
Create a chart like the one below to compare San Antonio and Miami.

	San Antonio	Miami
sitios de interés		
actividades		
comida		

En San Antonio, Texas, hay[2] parques de diversiones[3], museos[4], el Paseo del Río y el Álamo. Después de las clases, a los chicos y a las chicas les gusta pasar un rato con los amigos en El Mercado, donde es posible escuchar música de los mariachis y comer comida típica mexicana.

---

[1] **Saludos...** Greetings from   [2] there are
[3] amusement parks   [4] museums

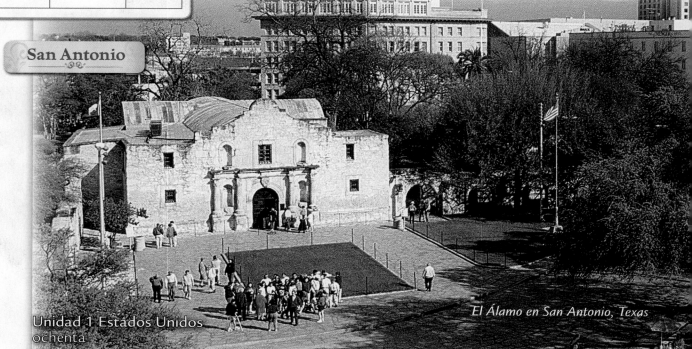

San Antonio

El Álamo en San Antonio, Texas

En Miami, Florida, si[5] hace buen tiempo, a los chicos y a las chicas les gusta andar en patineta o montar en bicicleta. Después de las clases, a muchos chicos les gusta pasear con los amigos por la Calle Ocho, en la Pequeña Habana de Miami. ¡Es una pequeña Cuba en la Florida! Allí[6] es posible comer sándwiches cubanos y beber jugo de mango.

_____

[5] if   [6] There

Miami

Andar en patineta en Miami, Florida

PARA Y PIENSA

¿Comprendiste?
1. ¿Qué hay en San Antonio?
2. ¿Qué les gusta hacer a muchos chicos en Miami?
3. ¿Qué hay en la Pequeña Habana de Miami?

¿Y tú?
¿De dónde eres? ¿Qué te gusta hacer después de las clases?

Proyectos culturales

Comparación cultural

Platos tradicionales de México y Cuba

Why do traditional dishes change when they are brought from one country to another? In the U.S. we enjoy foods from many different Spanish-speaking countries. In many parts of the U.S. you can easily find dishes from Mexico, the Caribbean, Central America, and South America. Yet you might be surprised that those dishes aren't exactly the same as they are in their countries of origin. Here are two traditional recipes. The original list of ingredients for both has been modified to include foods more readily available in the U.S. They also reflect the widespread cooking practices and tastes that were already in place when the recipes were brought to this country.

Proyecto 2 *Sándwich cubano*

Cuba This is a traditional Cuban lunch dish found throughout Florida. The sandwich is pressed in a special grill or on a skillet.

Ingredients for sándwich cubano
1 long sandwich roll
Slices of roast pork, ham, turkey, or bacon
Slice of Swiss or monterey jack cheese
Mustard or mayonnaise
Olive oil

Instructions
First brush the outside of the roll with olive oil. Then split it open and lay meat, cheese, and mustard or mayonnaise as desired. Put the sandwich in a hot skillet, placing a small, heavy skillet on top and pressing lightly. Cook three minutes or until cheese melts and bread is toasted.

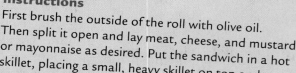

Proyecto 1 *Salsa fresca*

México This is a common sauce in Mexico and all Central America. It is made from scratch and can be eaten as a dip with tortilla chips.

Ingredients for salsa fresca
4–5 fresh tomatoes, diced
1 onion, diced
1 green chile, diced
1 clove of garlic, crushed
Juice of 1 fresh lime

Instructions
Combine the ingredients in a bowl. Cover and let stand for an hour in the refrigerator so that the flavors mix. Serve with tortilla chips.

En tu comunidad

Check the Internet or your phone book for local restaurants that serve foods from Mexico, Cuba, or other Spanish-speaking countries. Do any of the restaurants in your area serve **salsa fresca** or **sándwiches cubanos**?

Vocabulario

Describe Yourself and Others

¿Cómo eres?	*What are you like?*

Personality

artístico(a)	*artistic*
atlético(a)	*athletic*
bueno(a)	*good*
cómico(a)	*funny*
desorganizado(a)	*disorganized*
estudioso(a)	*studious*
inteligente	*intelligent*
malo(a)	*bad*
organizado(a)	*organized*
perezoso(a)	*lazy*
serio(a)	*serious*
simpático(a)	*nice*
trabajador(a)	*hard-working*

Appearance

alto(a)	*tall*
bajo(a)	*short (height)*
bonito(a)	*pretty*
grande	*big, large; great*
guapo(a)	*good-looking*
joven (pl. jóvenes)	*young*
pelirrojo(a)	*red-haired*
pequeño(a)	*small*
viejo(a)	*old*
Tengo...	*I have . . .*
Tiene...	*He / She has . . .*
pelo rubio	*blond hair*
pelo castaño	*brown hair*

People

el (la) amigo(a)	*friend*
la chica	*girl*
el chico	*boy*
el (la) estudiante	*student*
el hombre	*man*
la mujer	*woman*
la persona	*person*

Other Words and Phrases

muy	*very*
un poco	*a little*
porque	*because*
todos(as)	*all*

Gramática

Nota gramatical: ser to describe what someone is like *p. 63*

Definite and Indefinite Articles

In Spanish, articles match nouns in gender and number.

		Definite Article	Noun	Indefinite Article	Noun
Masculine	Singular	el	chico	un	chico
	Plural	los	chicos	unos	chicos
Feminine	Singular	la	chica	una	chica
	Plural	las	chicas	unas	chicas

Noun-Adjective Agreement

In Spanish, adjectives match the gender and number of the nouns they describe.

	Singular	Plural
Masculine	el chico alto	los chicos altos
Feminine	la chica alta	las chicas altas

Practice Spanish with Holt McDougal Apps!

Repaso de la lección

¡AvanzaRap!
DVD
Sing and Learn

¡LLEGADA!

@HOMETUTOR
my.hrw.com

Now you can
- describe yourself and others
- identify people and things

Using
- **ser** to describe what someone is like
- definite and indefinite articles
- noun-adjective agreement

To review
- definite and indefinite articles p. 66
- **ser** to describe what someone is like p. 63
- noun-adjective agreement p. 72

1 | Listen and understand

AUDIO

Listen to Carlos talk about himself and his teacher. Then write a description of Carlos and Mrs. Pérez, according to what Carlos says.

To review
- definite and indefinite articles p. 66

2 | Identify people and things

Identify the people in the drawing.

modelo: señor viejo / hombre
El señor viejo es un hombre de Honduras.

México   Honduras   Uruguay   Panamá   Bolivia   Argentina   Estados Unidos

1. chica pelirroja / estudiante
2. hombre grande / maestro
3. chicos pelirrojos / amigos
4. mujer joven / maestra

5. señora alta / mujer
6. chico atlético / estudiante
7. chico desorganizado / persona
8. hombres simpáticos / amigos

To review
- noun-adjective agreement p. 72

3 | Describe yourself and others

Read this entry in Alejandra's diary. Complete the entry with the correct form of the word in parentheses.

lunes

Todos mis amigos son muy __1.__ (simpático). Miguel es un chico __2.__ (inteligente) y muy __3.__ (guapo). Beatriz es __4.__ (bonito) y __5.__ (estudioso). A Miguel y a Beatriz les gusta practicar deportes porque son __6.__ (atlético). Carmen y yo no somos __7.__ (atlético). Nosotras somos __8.__ (artístico). Todos nosotros somos unos estudiantes __9.__ (serio) y muy __10.__ (bueno).

To review
- **ser** to describe what someone is like p. 63
- noun-adjective agreement p. 72

4 | Describe yourself and others

Ramón and Ramona are complete opposites. Write sentences describing them, based on the descriptions.

modelo: Ramón es malo.
Ramona es buena.

1. Ramón es viejo.
2. Ramona es seria.
3. Ramón es organizado.
4. Ramona es pequeña.
5. Ramón es perezoso.
6. Ramona es baja.

To review
- Comparación cultural pp. 58, 65, 75
- Lectura cultural pp. 80–81

5 | United States

Comparación cultural

Answer these culture questions.

1. What can people do at San Antonio's Paseo del Río?
2. Give an example of a Tex-Mex dish and a Mexican dish.
3. When do people generally use **cascarones** and what do they do with them?
4. What can people do in San Antonio's El Mercado and Miami's Calle Ocho?

Más práctica) Cuaderno *pp. 35–46* Cuaderno para hispanohablantes *pp. 37–46*

Get Help Online
my.hrw.com

Comparación cultural

Estados Unidos
México
Colombia

AUDIO

Me gusta...

Lectura y escritura

WebQuest
my.hrw.com

1 **Leer** Read how José Manuel, Martina, and Mónica describe themselves and state their favorite activities.

2 **Escribir** Using the three descriptions as models, write a short paragraph about yourself.

STRATEGY **Escribir**
Use a personal chart
Make a chart showing information about yourself. This will help you write your description.

Categoría	Detalles
país de origen	
descripción física	
personalidad	
actividades favoritas	
comidas favoritas	

Step 1 Complete the chart by adding details about where you are from, a physical description, personality, and favorite activities and foods.

Step 2 Write your paragraph, including all the information from your chart. Check your writing by yourself or with help from a friend. Make final corrections.

Compara con tu mundo

Use the paragraph you wrote to compare your personal description to a description by *one* of the three students. What similarities do you find? What differences?

Cuaderno *pp. 47–49* Cuaderno para hispanohablantes *pp. 47–49*

Colombia

José Manuel

Me llamo José Manuel. Soy de Bogotá. Soy cómico y un poco desorganizado pero también soy estudioso. Después de hacer la tarea me gusta jugar al fútbol con mis amigos en el parque El Tunal. También me gusta mirar el fútbol en la televisión.

Estados Unidos

Martina

¡Hola! Me llamo Martina y soy de Miami. Soy inteligente, alta y atlética. Los domingos, me gusta montar en bicicleta. También me gusta preparar jugo de mango o de melón con mi amiga, María. Nos gusta beber mucho jugo porque en Miami hace calor.

México

Mónica

¿Qué tal? Me llamo Mónica y soy de México, D.F. Tengo pelo castaño y soy seria. Mis amigas Maite y Alejandra también tienen pelo castaño y son muy simpáticas. Maite y yo somos artísticas. Nos gusta tocar la guitarra. También nos gusta dibujar.

Repaso inclusivo

♻ Options for Review

¡AvanzaRap!
DVD
Sing and Learn

Digital
performance space

1 | Listen, understand, and compare

Escuchar

Listen to two teen radio reporters talk about typical after-school activities in Miami and San Antonio. Then answer the questions.

1. ¿Cómo son los estudiantes de Miami?
2. ¿Qué les gusta hacer a los estudiantes de Miami?
3. ¿Cómo son los estudiantes de San Antonio?
4. ¿Qué tiempo hace en San Antonio?
5. ¿Qué les gusta hacer a los estudiantes de San Antonio?

Are you and your friends like the students in Miami and/or San Antonio? Do you like to do the same kinds of activities?

2 | Oral presentation

Hablar

Your principal is making a video about your school and you are going to be a featured student. In a segment that lasts at least 30 seconds, introduce yourself, say where you are from, describe yourself, and talk about what you like to do after school.

3 | Role-play conversation

Hablar

Role-play a conversation with a new student at your school. The new student, played by your partner, will introduce himself or herself and ask you what you are like and what you and your friends like to do. Answer the new student's questions and ask questions of your own to get to know him or her. Your conversation should be at least two minutes long.

¿Cómo eres?

Soy inteligente y atlética.

4 | Create a yearbook entry

Escribir

Bring in a photo of yourself and create a caption that could be used in a yearbook. Give your name, where you are from, what you are like, who you like to spend time with, and what activities you like to do. Copy this chart on a piece of paper and use it to organize your information.

¿Cómo te llamas?	
¿De dónde eres?	
¿Cómo eres?	
¿Qué te gusta hacer?	

5 | Create a collage

Hablar

Work with a partner to create individual collages. Use magazine clippings, photos, or your own drawings. Use the collage to introduce yourself to your partner, say where you are from, and show some of the things you like to do. When you finish, exchange your collages and use them to introduce each other to the class.

6 | Write a profile

**Leer
Escribir**

You are collecting information for this school's Web site. Read the questionnaire and write a profile of this student. Include his name, where he is from, and what he likes and doesn't like to do.

Escuela Secundaria Cuauhtémoc
Cuestionario estudiantil

Nombre: Esteban Leñeros

País de origen: México

ACTIVIDADES

¿Qué te gusta hacer? practicar deportes, estudiar, comer enchiladas, escuchar música

¿Qué no te gusta hacer? andar en patineta, comer helado, dibujar

México

¡Vamos a la escuela!

Lección 1
Tema: **Somos estudiantes**

Lección 2
Tema: **En la escuela**

«¡Hola!
Somos Pablo y Claudia.
Somos de México.»

Estados Unidos

• Ciudad Juárez

• Chihuahua

BAJA CALIFORNIA

Golfo de California

Golfo de México

• Monterrey

México

Bahía de Campeche

• Chichén Itzá

Zempoala •

Océano Pacífico

Guadalajara •

San Miguel de Allende •

PENÍNSULA DE YUCATÁN

México, D.F. ★

• Puebla

Oaxaca •

Guatemala

El Salvador

Población: 109.955.400

Área: 761.606 millas cuadradas

Capital: México, D.F. (Ciudad de México)

Moneda: el peso mexicano

Idiomas: español, maya y otras lenguas indígenas; el país con más hispanohablantes del mundo

Comida típica: tortillas, tacos, enchiladas

Gente famosa: Carlos Fuentes (escritor), Salma Hayek (actriz), Mario Molina (químico), Thalía (cantante)

Chocolate

Jóvenes en el Jardín Principal
de San Miguel de Allende

◄ **Un rato con familia y amigos** In San Miguel de Allende, people of all ages go to the **Jardín Principal,** a tree-lined park in the center of town, to stroll, listen to live music, and spend time with family and friends. *When you want to spend time outside, where do you go?*

Las ruinas de Chichén Itzá The ruins of the ancient Mayan city of Chichén Itzá include structures built for worship, sports, and studying astronomy. The pyramid of **Kukulcán** was used as a temple. *What are some important buildings in your area used for?* ▶

La estatua de Chac-Mool y la pirámide de Kukulcán

◄ **Una universidad con mucha historia y arte** **La Universidad Nacional Autónoma de México (UNAM)** is one of the oldest universities in the Americas, and the largest public university in Mexico, with over 270,000 students. The library's mosaic mural depicts moments in the cultural history of Mexico. *What are some well-known universities in your area?*

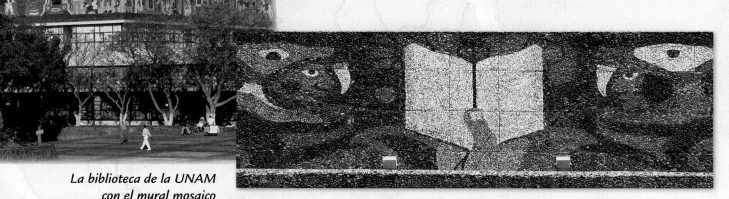

La biblioteca de la UNAM
con el mural mosaico

México

1

Tema:

Somos estudiantes

¡AVANZA!

In this lesson you will learn to
- talk about daily schedules
- ask and tell time
- say what you have and have to do
- say what you do and how often you do things

using
- the verb **tener** and **tener que**
- expressions of frequency
- present tense of **-ar** verbs

♻ *¿Recuerdas?*
- after-school activities
- days of the week

Comparación cultural

In this lesson you will learn about
- what students wear to school
- Mexican muralists
- courses in a school in Mexico

Compara con tu mundo
These Mexican students are walking to school through a **zócalo,** or a town square. These are very common in Mexico and other Spanish-speaking countries, where they are also called **plazas.** *Does your city or town have a main square? If not, is there a central meeting place?*

¿Qué ves?

Mira la foto
¿Hace sol?

¿Es domingo o lunes?

¿Cómo es el estudiante? ¿Y la estudiante?

**La fuente de San Miguel
en el Zócalo**
Puebla, México

México
noventa y tres

93

Presentación de VOCABULARIO

Goal: Learn about Pablo's school and class schedule. Then practice what you have learned to talk about daily schedules. *Actividades 1–2*

VIDEO DVD

AUDIO

A ¡Hola! Me llamo Pablo. Mi amiga es Claudia. Somos estudiantes **en** Puebla, México. Me gusta **llegar** a clase **temprano.** Claudia, **¿qué hora es?**

FECHAS PARA RECORDAR

7:00 matemáticas
8:10 ciencias
9:15 usar la computadora
10:15 inglés
11:50 arte
12:30 historia
1:30 español
3:30 jugar al fútbol

el horario

Numbers from 11 to 100

11 once	**20** veinte	**30** treinta
12 doce	**21** veintiuno	**31** treinta y uno
13 trece	**22** veintidós	
14 catorce	**23** veintitrés	**40** cuarenta
15 quince	**24** veinticuatro	**50** cincuenta
16 dieciséis	**25** veinticinco	**60** sesenta
17 diecisiete	**26** veintiséis	**70** setenta
18 dieciocho	**27** veintisiete	**80** ochenta
19 diecinueve	**28** veintiocho	**90** noventa
	29 veintinueve	**100** cien

Más vocabulario

de vez en cuando *once in a while*
muchas veces *often, many times*
nunca *never*
todos los días *every day*
casi *almost*
difícil *difficult*
fácil *easy*
hay... *there is, there are . . .*
la hora *hour; time*
el minuto *minute*
¿Cuántos(as)...? *How many . . . ?*
Expansión de vocabulario p. R3

B ¿A qué hora son mis clases? Tengo **muchas** clases.

las matemáticas

La clase de **matemáticas** es a las **siete** de la mañana.

las ciencias

La clase de **ciencias** es a las **ocho y diez** de la mañana.

el inglés

La clase de **inglés** es a las **diez y cuarto** de la mañana.

el arte

La clase de **arte** es a las **doce menos diez** de la mañana.

la historia

La clase de **historia** es a las **doce y media** de la tarde.

el español

La clase de **español** es a la **una y media** de la tarde.

Continuará...

Presentación de VOCABULARIO
(continuación)

C **Son las** ocho y diez y tengo la clase de ciencias. A Claudia **siempre** le gusta **contestar** las preguntas del maestro. Ella es muy inteligente. Yo **tengo que** estudiar **mucho** y **tomar apuntes** en clase.

contestar

enseñar

tomar apuntes

D Tengo que **sacar una buena nota** en la clase de inglés. A Claudia y a mí nos gusta estudiar a las ocho **de la noche.** Es un poco **tarde** pero **necesito** estudiar. ¡No me gusta **sacar una mala nota**!

sacar una buena nota

el examen

usar la computadora

¡A responder! Escuchar

On separate pieces of paper, write the words **la mañana** and **la tarde.** Listen to Pablo describe his schedule. Hold up the piece of paper that indicates when he has each class.

Práctica de VOCABULARIO

1 | Las clases de Claudia

Hablar
Escribir

Identify Claudia's classes according to the time.

modelo: a la una y diez
A la una y diez Claudia tiene la clase de español.

1. a las once menos cuarto
2. a las siete y media
3. a las doce

4. a las nueve menos veinte
5. a las nueve y cuarto
6. a las dos y media

Nota gramatical

For the numbers **21, 31,** and so on, use **veintiún, treinta y un,** and so on before a masculine noun and **veintiuna, treinta y una,** and so on before a feminine noun.

Hay **veintiún** maestros en la escuela.   Hay **treinta y una** personas en mi clase.
*There are **twenty-one** teachers in the school.*   *There are **thirty-one** people in my class.*

2 | ¿Cuántas personas?

Hablar

Ask a partner how many people there are in these classes.

modelo: chicos / historia
y arte (29)

A ¿Cuántos chicos hay en las clases de historia y arte?

B Hay veintinueve chicos en las clases de historia y arte.

1. chicas / matemáticas (16)
2. estudiantes / inglés y arte (58)
3. chicos / historia y ciencias (27)
4. estudiantes / historia y arte (62)
5. chicas / música y español (33)

6. estudiantes / arte (40)
7. chicas / todas las clases (71)
8. chicos / todas las clases (74)

Más práctica   Cuaderno *pp. 51–53*   Cuaderno para hispanohablantes *pp. 51–54*

Get Help Online
my.hrw.com

PARA Y PIENSA

Did you get it?
1. Tell someone you like to draw in art class.
2. Say that there are 23 boys in math class.

VOCABULARIO *en contexto*

Goal: Listen to how Pablo and Claudia talk about at what time they will study. Then practice these words to ask and tell time. *Actividades 3–4*

Telehistoria escena 1

@HOMETUTOR View, Read and Record
my.hrw.com

STRATEGIES

Cuando lees

Focus on time Read for expressions of time like **hoy** or **a las ocho.** How many can you find in this scene? What do they mean?

Cuando escuchas

Listen for questions Listen to find all the questions in this scene. Who asks most of the questions? What does that person ask about?

VIDEO
DVD

AUDIO

Claudia

Pablo

Claudia: Pablo, hay examen de ciencias mañana, ¿no?

Pablo: Sí... Me gusta la clase de ciencias, pero... sacar una buena nota, un 90 o un 100, ¡es difícil!

Claudia: Necesitas estudiar una o dos horas... ¿Te gusta estudiar con amigos?

Pablo: Sí... pero hoy no. ¡Hay fútbol! ¿Mañana?

Claudia: Sí. ¿En la escuela?

Pablo: Sí. ¿A las ocho de la mañana? ¿O más temprano?

Claudia: A las siete de la mañana. ¿Está bien?

Pablo: ¡Sí!

The bell rings, and they part ways for class.

Pablo: Hmmm... Hay chicas muy inteligentes en la escuela...

Continuará... p. 104

3 | Planes para estudiar *Comprensión del episodio*

Escuchar
Leer

True or false? If the statement is false, say what is true.

1. Hay un examen en la clase de español mañana.
2. A Pablo le gusta estudiar con amigos, pero hoy no.
3. A Pablo le gusta la clase de ciencias.
4. Hay fútbol hoy.
5. La clase de ciencias es fácil.

Nota gramatical

- Use **Es la una** to say that it is one o'clock; use **Son las...** for any other time.
  Son las cinco.   *It is 5:00.*
- Use **y** + **minutes** for the number of minutes after the hour (up to 30).
  Son las dos **y diez.**   *It is 2:10.*
- Use **menos** + **minutes** for the number of minutes before the hour.
  Es la una **menos veinte.**   *It is 12:40.*
- Use **y** or **menos cuarto** for a quarter of an hour and **y media** for half an hour.
- To say at what time something happens, use **a la(s)...**
  La clase de arte es **a la** una y la clase de inglés es **a las** dos.

4 | El horario de clases

Escribir

Write the times of Marisol's classes.

modelo: La clase de historia es a las siete de la mañana.

MARISOL AGUILAR

HORA	LUNES
7:00	HISTORIA
8:15	MATEMÁTICAS
9:30	INGLÉS
10:45	ARTE
1:05	CIENCIAS
2:10	ESPAÑOL

Get Help Online
my.hrw.com

PARA
Y
PIENSA

Did you get it? Complete each sentence with the appropriate time.
1. El jueves Claudia tiene que llegar a la escuela _____ . (10:15)
2. Son _____ . (8:20)
3. A Pablo le gusta hacer la tarea _____ de la noche. (7:00)

Presentación de GRAMÁTICA

 **¡AVANZA!**

Goal: Learn how to form the verb **tener.** Then use this verb to say what people have and have to do and how often. *Actividades 5–9*

♻ **¿Recuerdas?** After-school activities p. 32

English Grammar Connection: Conjugating is changing the forms of a verb to indicate who is doing the action. For example, the English verb *to have* is conjugated as *I have, you have, he/she/it has, we have, they have.*

Claudia **has** a computer.   Claudia **tiene** una computadora.

↑   ↑

conjugated verb   **conjugated verb**

The Verb tener

ANIMATED GRAMMAR my.hrw.com

Use the verb **tener** to talk about what you have.
How do you conjugate this verb?

Here's how:

tener *to have*			
yo	**tengo**	nosotros(as)	**tenemos**
tú	**tienes**	vosotros(as)	**tenéis**
usted, él, ella	**tiene**	ustedes, ellos(as)	**tienen**

Tenemos clase el lunes.   ¿**Tienes** una bicicleta?
We have class on Monday.   *Do you have a bike?*

Tener + que + infinitive is used to talk about what someone has to do.

Tengo que estudiar.   Miguel **tiene que leer** un libro.
I have to study.   Miguel *has to* read a book.

Más práctica
   Cuaderno *pp. 54–56*
   Cuaderno para hispanohablantes *pp. 55–57*

@HOMETUTOR my.hrw.com
Leveled Practice
🌐 Conjuguemos.com

Práctica de GRAMÁTICA

5 | Los amigos de Raquel

Leer
Escribir

Use the appropriate forms of the verb **tener** to complete Raquel's description of her closest friends.

Yo **1.** muchos amigos diferentes. Mi mejor amigo, Rafael, es un estudiante muy serio. Él **2.** seis clases muy difíciles, y **3.** que estudiar muchas horas todos los días. Mis amigas Clara y Linda son altas y **4.** pelo castaño. ¡Son muy atléticas! Los lunes, martes y miércoles ellas **5.** que practicar fútbol. Los viernes, mis amigos y yo **6.** que trabajar. ¿Qué tipo de amigos **7.** tú?

6 | Las clases

Escribir

Write what classes these people have, using forms of **tener**.

1. yo

2. nosotros

3. Claudia y Pablo

4. tú

5. Claudia

6. ustedes

AUDIO

Pronunciación   El sonido ch

In Spanish, the **ch** sounds like the *ch* of the English word *chip*.

Listen and repeat.

cha	mucha
che	noche
chi	chico
cho	dieciocho
chu	churro

Muchas chicas escuchan música de Pancho Sánchez.

7 | ¿Qué tienes?

Hablar

Find out what items your partner has in his or her room by forming questions with the verb **tener.** Take turns asking and answering.

modelo: una computadora

> **A** ¿Tienes **una computadora**?

> **B** Sí, tengo **una computadora**. (No, no tengo **computadora**.)

1. un DVD
2. una patineta
3. un refresco
4. una bicicleta

5. un teléfono
6. una guitarra
7. un libro de matemáticas
8. una galleta

8 | ¿Qué tienen que hacer?

Escuchar Escribir

Listen to Pablo's description of what he and his friends have to do. Then write sentences indicating what time it is and who has to do these activities.

1. estudiar
2. usar la computadora
3. hacer la tarea

4. tocar la guitarra
5. trabajar
6. leer un libro

Comparación cultural

Estudiantes en México y la República Dominicana

Uniformes escolares

How does the way students dress reflect a culture? In **Mexico,** it is common for students to wear uniforms in both public and private schools. The type and color of the uniforms can vary depending on the individual school. Most students in the **Dominican Republic** also wear uniforms. Public schools have the same uniforms, while private school uniforms may vary.

Compara con tu mundo *Why do some schools require uniforms? Are they common in your community? If you were a principal, would you have uniforms at your school?*

9 | Las obligaciones ♻ *¿Recuerdas?* After-school activities p. 32

Hablar

Ask other students whether they have to do these activities. They will respond using an expression of frequency.

A ¿Tienen que tomar apuntes ustedes?

B Sí, tengo que tomar apuntes muchas veces.

C Sí, tengo que tomar apuntes de vez en cuando.

1.

2.

3.

4.

5.

6.

Más práctica   Cuaderno *pp. 54–56*   Cuaderno para hispanohablantes *pp. 55–57*

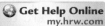
Get Help Online
my.hrw.com

PARA Y PIENSA

Did you get it? Answer each question with the word(s) in parentheses.

1. ¿Tiene que preparar la comida Juan? (nunca)

2. ¿Cuándo tenemos la clase de inglés? (todos los días)

3. ¿Tienes que usar la computadora? (siempre)

GRAMÁTICA *en contexto*

¡AVANZA!

Goal: Notice how Pablo and Claudia use the verb phrase **tener que** to talk about what they do at school. Then use **tener** and **tener que** to say what you and others have and have to do. *Actividades 10–12*

♻ *¿Recuerdas?* Days of the week p. 18

Telehistoria escena 2

@HOMETUTOR   View, Read and Record
my.hrw.com

STRATEGIES

Cuando lees
Find the "tag questions" This scene contains the "tag question" **¿no?** Where are the tag questions in a sentence? How do they differ from questions like **¿Quién es?**

Cuando escuchas
Weigh the motive Listen for Pablo's reasons for not studying for the test. What are his reasons? Do they sound credible to you? Have you ever used them?

VIDEO DVD

AUDIO

Pablo's cell phone rings.

Pablo: Hola... ¿Quién es? ¡Claudia! ¿Qué tal?... Sí, sí, a las siete. ¡Tenemos que estudiar mucho!

The next morning, Claudia and Pablo walk to class.

Claudia: Pablo, tienes que estudiar más, ¿no?

Pablo: Sí. Tenemos mucha tarea y los exámenes son muy difíciles.

Claudia: Pero te gusta sacar buenas notas, ¿no?

Pablo: Sí. Tenemos que estudiar más.

Continuará... p. 110

También se dice

México Pablo uses the word **tarea** to talk about homework. In other Spanish-speaking countries you might hear:
• **muchos países** los deberes

10 | Un examen importante *Comprensión del episodio*

Escuchar Leer

Choose the correct answers to the questions.

1. ¿Qué tienen que hacer Pablo y Claudia?
   a. Tienen que descansar mucho.
   b. Tienen que estudiar.
   c. Tienen que enseñar.

2. ¿A qué hora tienen que estudiar?
   a. a las siete
   b. a las siete y media
   c. a las ocho

3. ¿Qué tienen Pablo y Claudia?
   a. muchos libros
   b. un poco de tarea
   c. mucha tarea

4. ¿Qué le gusta hacer a Pablo?
   a. Le gusta estudiar.
   b. Le gusta llegar tarde.
   c. Le gusta sacar buenas notas.

11 | Las responsabilidades ♻ *¿Recuerdas?* Days of the week p. 18

Escribir

You have a lot to do this week. Write an e-mail explaining five things that you have to do this week.

modelo:

```
Hola, Jeff.
Tengo mucho que hacer. El lunes tengo que practicar
la guitarra. El martes tengo que hacer la tarea...
```

12 | ¿Y tú?

Hablar Escribir

Answer the questions in complete sentences.

1. ¿Qué clases tienes? ¿Son fáciles o difíciles?

2. ¿A qué hora tienes la clase de español?

3. ¿Tienes que tomar apuntes? ¿En qué clases?

4. ¿Qué tienes que hacer todos los días?

5. ¿Qué tienes que hacer todos los sábados y domingos?

6. ¿Qué nunca tienes que hacer?

7. ¿Tienes que trabajar? ¿A qué hora?

8. ¿A qué hora necesitas llegar a la escuela?

Get Help Online
my.hrw.com

PARA Y PIENSA

Did you get it? ¿**Tener** or **tener que**? Complete each sentence based on the Telehistoria with the correct form of the verb or expression.
1. Pablo y Claudia _____ mucha tarea.
2. Pablo _____ estudiar mucho.
3. Ellos _____ un examen en la clase de ciencias.

Presentación de GRAMÁTICA

Goal: Learn the forms of **-ar** verbs. Then practice using the verbs to say what people do. *Actividades 13–19*

English Grammar Connection: A **verb tense** is the form of the verb that shows *when* an action is happening. The **present tense** shows that an action is happening *now*. The Spanish present-tense verb form **estudiamos** can be expressed in English in three different ways: *we study, we are studying,* or *we do study.*

We **study** Spanish.	Estudiamos español.
present-tense verb	**present-tense verb**

Present Tense of -ar Verbs

Many infinitives in Spanish end in **-ar.** How do you form the present tense of these verbs?

Here's how: In Spanish, the present tense is formed by changing the ending of the verb.

To form the present tense of a regular verb that ends in **-ar,** drop the **-ar** and add the appropriate **ending.**

habl~~ar~~ ◄ **o, as, a, amos, áis, or an**

hablar *to talk, to speak*		
yo	**habl**o	nosotros(as) **habl**amos
tú	**habl**as	vosotros(as) **habl**áis
usted, él, ella	**habl**a	ustedes, ellos(as) **habl**an

Hablo inglés.

I speak English.
I am speaking English.
I do speak English.

¿**Habl**an español?

Do they speak Spanish?
Are they speaking Spanish?

Más práctica
    Cuaderno *pp. 57–59*
    Cuaderno para hispanohablantes *pp. 58–61*

@**HOMETUTOR** my.hrw.com
Leveled Practice
🌐 Conjuguemos.com

Práctica de GRAMÁTICA

13 | ¿Tarde o temprano?

Escribir

Claudia is throwing a surprise party for Pablo and wants all the guests to arrive at seven o'clock sharp. Use the cues to state at what time people arrive at the party. Then tell whether they arrive early or late.

> **modelo:** Luis y Carmen / 8:00
> Luis y Carmen llegan a las ocho. Llegan tarde.

1. nosotros / 5:30
2. Marta / 7:15
3. yo / 6:45
4. Marcos y Benito / 6:00
5. la señora Jiménez / 7:40

6. ellas / 9:25
7. tú / 6:05
8. María y Enrique / 8:10
9. Sara y yo / 6:50
10. Pablo / 7:20

14 | Somos buenos estudiantes

Hablar Escribir

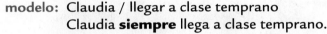

Pablo, Claudia, and their friends are good students. Explain whether they always or never do the following.

> **modelo:** Claudia / llegar a clase temprano
> Claudia **siempre** llega a clase temprano.

1. yo / escuchar en clase
2. Pablo / tomar apuntes
3. nosotros / sacar malas notas
4. Claudia y Pablo / estudiar

5. tú / contestar preguntas
6. Diego y yo / llegar a clase tarde
7. Lorena / mirar la televisión
8. ustedes / sacar buenas notas

15 | El fin de semana

Leer Escribir

Sandra likes to spend time with her friends. Complete the paragraph with the correct form of the appropriate verb.

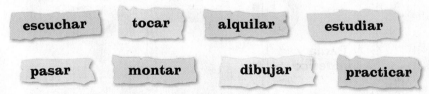

escuchar   tocar   alquilar   estudiar

pasar   montar   dibujar   practicar

Nosotros __1.__ en bicicleta después de las clases. Amy y Rosa __2.__ deportes y yo __3.__ la guitarra. A mi amigo Eduardo no le gusta descansar. Él __4.__ inglés o __5.__ para la clase de arte. Es muy artístico. Si llueve, nosotros __6.__ música en un café o __7.__ un DVD. ¿Dónde __8.__ tú un rato con los amigos?

16 | ¿En la escuela?

Hablar Ask another student whether he or she does these activities at school. Use expressions of frequency.

modelo: dibujar

> **A** ¿Dibujas en la escuela?
>
> **B** No, nunca dibujo en la escuela.

1. estudiar
2. escuchar música
3. comprar refrescos
4. practicar deportes
5. tocar la guitarra
6. pasar un rato con los amigos

17 | De septiembre a mayo

Hablar Escribir Señorita Solar and her students have changed a great deal over the course of the school year. Look at the two drawings below and note the differences between the beginning and the end of the school year.

modelo: En septiembre, Susana escucha música.
En mayo, ella toma apuntes.

18 | ¿Qué estudias?

Hablar

Talk with a partner about your schedule and what you study.

A ¿Estudias ciencias?

B Sí, tengo la clase de ciencias a las once.

Comparación cultural

Los murales en México

How does society affect public artwork?
From the 1920s to the 1950s, the Mexican government commissioned artists to paint the walls of public buildings. Diego Rivera, José Orozco and David Alfaro Siqueiros were the three most notable muralists. Their art promoted their political and social views on Mexican history and government, education, social security, class structure, and technology.

Compara con tu mundo *What would you paint in a mural representing your community? What objects or people would you include? What would your mural's message be?*

Detalle de Por una seguridad completa para todos los mexicanos (1952–1954)

---

19 | Un sábado típico

Escribir Hablar

Describe what you do on Saturdays and how often you do it. Use verbs from the list. Then compare your activities with other students'.

| alquilar | estudiar | descansar | comprar |

| escuchar | usar | trabajar | ¿ ? |

modelo: Siempre hablo por teléfono los sábados. Muchas veces paso un rato con las amigas. Nosotras alquilamos un DVD...

Más práctica   Cuaderno *pp. 57–59*   Cuaderno para hispanohablantes *pp. 58–61*

🌐 **Get Help Online**
my.hrw.com

PARA Y PIENSA

Did you get it? Complete each sentence with the correct form of the verb in parentheses.
1. Nosotros _____ la computadora mucho. (usar)
2. Yo _____ la comida de vez en cuando. (preparar)
3. Los chicos _____ en la clase de arte. (dibujar)
4. ¿ _____ tú sacar una buena nota? (necesitar)

Todo junto

¡AVANZA! **Goal:** *Show what you know* Pay attention to how Pablo and Claudia use **tener** and **-ar** verbs to talk about their test and what they do after school. Then use these verbs to say what you and others do during and after school. *Actividades 20–24*

Telehistoria completa

 @HOMETUTOR my.hrw.com **View, Read and Record**

STRATEGIES

Cuando lees
Look for the unexpected As you read, look for two surprises involving Pablo. What are they? Why are they unexpected? What did you expect to happen?

Cuando escuchas
Listen for cognates Listen for cognates like **examen** (exam, test). What cognates do you hear? What English word(s) do they sound like? What do they mean?

Escena 1 *Resumen*
Pablo y Claudia necesitan estudiar porque tienen un examen de ciencias.

Escena 2 *Resumen*
Pablo y Claudia hablan por teléfono. Tienen que estudiar más.

Escena 3

VIDEO DVD

AUDIO

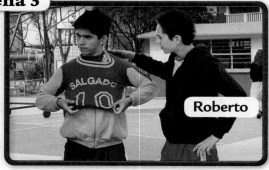
Roberto

Pablo: ¡Claudia! En el examen de ciencias, tengo... ¡un 90!

Claudia: ¡Y yo, un 100!

Pablo: ¿Estudiamos, tú y yo, todos los días?

Claudia: Sí... pero tú necesitas tomar buenos apuntes, ¿no? *(Pablo grins.)* ¿A qué hora practican fútbol?

Pablo: Muchas veces practicamos a las cinco. Mañana practicamos temprano, a las tres y media. ¿Y tú? ¿Qué necesitas hacer mañana?

Claudia: ¿Mañana? Estudiar y hacer la tarea de ciencias.

Claudia says goodbye and leaves. As his friend Roberto walks up, Pablo distractedly pulls Alicia's T-shirt out of his bag and puts it on.

Roberto: ¡Ay, Pablo, qué interesante!

Pablo, embarrassed, takes the shirt off quickly.

20 | ¿Quién es? *Comprensión de los episodios*

Escuchar
Leer

Do these sentences refer to Claudia, Pablo, or Claudia and Pablo? Write the name or names and the correct form of the verb in parentheses.

Pablo   **Claudia y Pablo**   **Claudia**

1. _____ (tener) que practicar fútbol.

2. _____ (llegar) a la escuela a las siete de la mañana.

3. _____ (hablar) por teléfono.

4. _____ (necesitar) estudiar una o dos horas.

5. _____ (tener) un examen de ciencias.

6. _____ (sacar) una buena nota.

7. _____ (estudiar) para la clase de ciencias mañana.

8. _____ (practicar) a las tres y media mañana.

21 | ¿Qué hacen? *Comprensión de los episodios*

Escuchar
Leer

Complete the sentences with information from the episodes.

1. Pablo y Claudia tienen que...
2. A las siete Pablo y Claudia...
3. Mañana Claudia...
4. Pablo necesita tomar...
5. Claudia y Pablo sacan...

22 | ¿Qué tienes que hacer?

Digital performance space

Hablar

> **STRATEGY Hablar**
>
> **Create a dialogue of your own** Use the model question and substitute different school subjects. Use the model answer, but change verbs, or use multiple verbs in a single sentence. Bring in humor if you can.

Talk with a partner about what you do and what you have to do in your classes.

A ¿Qué tienes que hacer en la clase de matemáticas?

B Tengo que tomar apuntes. Siempre escucho en clase...

23 | Integración

**Leer
Escuchar
Hablar**

Tomorrow is a teachers' meeting, so the class schedule is different. Read Manuel's schedule and listen to the principal's message. Tell at what time Manuel needs to arrive at each of his classes.

Fuente 1 Horario de clases

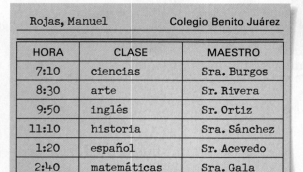

Rojas, Manuel		Colegio Benito Juárez
HORA	**CLASE**	**MAESTRO**
7:10	ciencias	Sra. Burgos
8:30	arte	Sr. Rivera
9:50	inglés	Sr. Ortiz
11:10	historia	Sra. Sánchez
1:20	español	Sr. Acevedo
2:40	matemáticas	Sra. Gala

Fuente 2 Mensaje del director

Listen and take notes
• ¿Cuántos minutos después de la hora normal son las clases de la mañana? ¿Las clases de la tarde?

modelo: Manuel necesita llegar a la clase de... a las...

24 | Tu horario

Escribir

Describe your school schedule. What classes do you have? At what times? What do you have to do every day? What do you do once in a while? What activities do you never do in class?

modelo: Tengo muchas clases en mi horario. Tengo la clase de español todos los días a las nueve menos cuarto. Llego a clase temprano...

Writing Criteria	Excellent	Good	Needs Work
Content	Your description includes a lot of information.	Your description includes some information.	Your description includes little information.
Communication	Most of your description is organized and easy to follow.	Parts of your description are organized and easy to follow.	Your description is disorganized and hard to follow.
Accuracy	Your description has few mistakes in grammar and vocabulary.	Your description has some mistakes in grammar and vocabulary.	Your description has many mistakes in grammar and vocabulary.

Digital performance space

Más práctica   Cuaderno _pp. 60–61_   Cuaderno para hispanohablantes _pp. 62–63_

Get Help Online
my.hrw.com

PARA Y PIENSA

Did you get it? Write the correct form of **tomar, estudiar,** or **practicar.**

1. Claudia siempre _____ buenos apuntes.
2. Pablo tiene que _____ fútbol a las cinco.
3. Pablo y Claudia _____ todos los días.

Juegos y diversiones

Review numbers by playing a game.

Silencio

The Setup

The object of this game is to demonstrate understanding without speaking. For each round of play, your teacher will give each player an index card with a number written out in Spanish.

Your teacher will divide the class into several teams with one or two members of each team competing at a given time.

Playing the Game

Each round will have a different number line for highest and lowest. You will be asked to silently line up in order according to what is on your index card and where your card fits in the number line. Your teacher will use a timer, so you need to line up quickly or you will be disqualified and not have a chance to gain points.

The Winner!

Each student who lines up correctly will gain a point. The team with the most points at the end wins.

Materials
- index cards with Spanish words for various numbers
- timer
- cards for number line

AUDIO

Goal: Read about the requirements for graduating from an international school in Mexico. As you read these documents, compare them with the course requirements needed to graduate from your school.

Una escuela internacional en México

The following pages are from the student handbook for Colegio Internacional.

STRATEGY Leer

Use what you know As you read the graduation requirements of Colegio Internacional, use what you know. Find words that sound and look somewhat similar to those in English — cognates like **ciencias** or **matemáticas.** Then use the context and what you already know to guess what **desarrollo humano** and **optativas** mean.

MANUAL DEL ESTUDIANTE

Estudiantes en el Colegio Internacional

«A mí me gusta mucho el Colegio Internacional. Las clases son muy buenas. Los maestros son trabajadores y muy inteligentes. Y los estudiantes son súper simpáticos. Siempre tenemos que trabajar mucho, pero... ¡¿dónde no?! Y también en la escuela hay muchas actividades después de las clases. ¡Es una escuela excelente!»
—Marta Ramos, estudiante

COLEGIO INTERNACIONAL

Requisitos para graduarse de bachillerato

A continuación [1], los requisitos para graduarse con los dos certificados: el certificado mexicano y el certificado estadounidense.

Clase	Número de unidades
Inglés	4 unidades
Español	4 unidades
Matemáticas	4 unidades
Ciencias	4 unidades
Ciencias Sociales de México	1 unidad
Historia de México II	1 unidad
Geografía de México	1 unidad
Derecho [2]	1 unidad
Ciencias Sociales	3 unidades
Computación	0,5 unidades
Educación Física	0,5 unidades
Desarrollo Humano [3]	1 unidad
Optativas [4]	2 unidades
Total	**27 unidades**

COLEGIO INTERNACIONAL

---

[1] **A...** following are [2] Law
[3] Human Development [4] Electives

PARA Y PIENSA

¿Comprendiste?

1. ¿Cuántas clases necesitas para los dos programas?

2. ¿Cuántas unidades de matemáticas tienes que tomar?

¿Y tú?

¿Qué clases del Colegio Internacional hay en tu escuela? ¿Cómo son?

Conexiones *La historia*

El pueblo de Zempoala

In 1577, the Spanish crown sent a questionnaire to Mexico to get information about its territories in the New World. The responses that were sent back included local maps drawn by indigenous mapmakers.

The map below depicts the town (**pueblo**) of Zempoala, located in the modern Mexican state of Hidalgo. Research Zempoala to learn more about the town and this map. Then choose three specific map symbols not listed in the legend (**leyenda**) and explain what you think they mean.

El mapa de Zempoala

MÉXICO
México, D.F.
Zempoala, Hidalgo

Símbolo del nombre Zempoala

leyenda
un pueblo o un barrio
el gobernador de un pueblo

Proyecto 1 *El arte*

Draw a map of your town or city similar to the one of Zempoala. Give information about people, buildings, roads, and vegetation. Use symbols like the ones in the map above and label them in Spanish.

Proyecto 2 *Las ciencias sociales*

In 1968, Mexico established a televised system of secondary schools called **Telesecundaria.** Today, educational video programs are broadcast via satellite to more than 15,000 schools. Write two paragraphs about the use of technology in education. How is it used in your school? Can you think of other ways it can be used in education?

Proyecto 3 *La salud*

The map of Zempoala shows a number of cacti. The cactus has been an important source of food and medicine for people in Mexico for many years. Make a list of different types of cacti found in Mexico and create a chart showing how people have used them for health and beauty purposes.

Un nopal con flores

En resumen
Vocabulario y gramática

Vocabulario

Tell Time and Discuss Daily Schedules

¿A qué hora es...?	At what time is ...?	la hora	hour; time
¿Qué hora es?	What time is it?	el horario	schedule
A la(s)...	At . . . o'clock.	menos	to, before (telling time)
Es la... / Son las...	It is . . . o'clock.	el minuto	minute
de la mañana	in the morning (with a time)	...y cuarto	quarter past
de la tarde	in the afternoon (with a time)	...y (diez)	(ten) past
		...y media	half past
de la noche	at night (with a time)		

Describe Frequency

de vez en cuando	once in a while
muchas veces	often, many times
mucho	a lot
nunca	never
siempre	always
todos los días	every day

Describe Classes

School Subjects

el arte	art
las ciencias	science
el español	Spanish
la historia	history
el inglés	English
las matemáticas	math

Classroom Activities

contestar	to answer
enseñar	to teach
llegar	to arrive
necesitar	to need
sacar una buena / mala nota	to get a good / bad grade
tomar apuntes	to take notes
usar la computadora	to use the computer

Other Words and Phrases

casi	almost
¿Cuántos(as)...?	How many . . . ?
difícil	difficult
en	in
el examen (pl. los exámenes)	exam, test
fácil	easy
hay...	there is, there are . . .
muchos(as)	many
tarde	late
temprano	early
tener que	to have to

Numbers from 11 to 100 *p. 94*

Gramática

Notas gramaticales: Numbers *p. 97*, Telling time *p. 99*, Expressions of frequency *p. 103*

The Verb tener

Use the verb tener to talk about what you have.

tener *to have*			
yo	tengo	nosotros(as)	tenemos
tú	tienes	vosotros(as)	tenéis
usted, él, ella	tiene	ustedes, ellos(as)	tienen

Tener + que + infinitive is used to talk about what someone has to do.

Present Tense of -ar Verbs

To form the present tense of a regular verb that ends in **-ar**, drop the **-ar** and add the appropriate **ending**.

hablar *to talk, to speak*			
yo	**habl**o	nosotros(as)	**habl**amos
tú	**habl**as	vosotros(as)	**habl**áis
usted, él, ella	**habl**a	ustedes, ellos(as)	**habl**an

¡LLEGADA!

Now you can
- talk about daily schedules
- ask and tell time
- say what you have and have to do
- say what you do and how often you do things

Using
- the verb **tener** and **tener que**
- expressions of frequency
- present tense of **-ar** verbs

To review
- the verb **tener** and **tener que** p. 100
- expressions of frequency p. 103
- present tense of **-ar** verbs p. 106

1 | Listen and understand

Listen to Martín and Lupe talk about their classes. Then match the questions and answers.

1. ¿Qué hora es?
2. ¿A qué hora es la clase de historia?
3. ¿En qué clase tiene que sacar una buena nota Martín?
4. ¿En qué clases contestan muchas preguntas?
5. ¿Cómo es la maestra de ciencias?
6. ¿En qué clase usan la computadora?

a. joven
b. en la clase de ciencias
c. Son las diez y cuarto.
d. Es a las diez y media.
e. en las clases de historia y ciencias
f. en la clase de historia

To review
- the verb **tener** and **tener que** p. 100

2 | Say what you have and have to do

Tell what classes Beto and his friends have at these times and what they have to do.

 8:00   modelo: Adela: arte / dibujar
Adela tiene la clase de arte a las ocho.
Tiene que dibujar.

1. **9:15** yo: historia / tomar muchos apuntes

2. **10:30** ustedes: matemáticas / estudiar los problemas

3. **11:45** tú: español / hablar español

4. **1:20** David y yo: inglés / contestar muchas preguntas

5. **2:15** Lilia: ciencias / usar la computadora

6. **3:30** Eva y Víctor: música / tocar la guitarra

To review
• present tense of **-ar** verbs p. 106

3 | Talk about daily schedules

Read the information about Pati León. Then complete the information with the correct form of the verbs in parentheses.

Mi horario es muy bueno. Yo __1.__ (trabajar) mucho los lunes, martes y miércoles. Los jueves Gustavo y yo __2.__ (andar) en patineta. Los viernes Gustavo __3.__ (descansar), pero yo __4.__ (montar) en bicicleta con Eloísa y Héctor. Ellos __5.__ (practicar) deportes casi todos los días. Los viernes nosotros __6.__ (comprar) una pizza y __7.__ (mirar) la televisión. ¿Y los sábados y domingos? Muchas veces mis amigos y yo __8.__ (pasear). ¿Y tú? ¿También __9.__ (pasar) un rato con los amigos los sábados y domingos?

To review
• expressions of frequency p. 103
• present tense of **-ar** verbs p. 106

4 | Say what you do and how often you do things

Write sentences telling how often these people do the following activities.

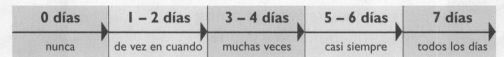

0 días	1 – 2 días	3 – 4 días	5 – 6 días	7 días
nunca	de vez en cuando	muchas veces	casi siempre	todos los días

modelo: nosotros / mirar un DVD (2 días)
Miramos un DVD de vez en cuando.

1. Roberta / contestar preguntas (0 días)
2. tú / hablar español (5 días)
3. Nicolás / practicar deportes (6 días)
4. yo / escuchar música (3 días)
5. Carlos y Pilar / estudiar historia (2 días)
6. nosotros / tocar la guitarra (4 días)
7. los maestros / usar la computadora (7 días)

To review
• Chichén Itzá p. 91
• Comparación cultural pp. 92, 102, 109

5 | Mexico and the Dominican Republic

Comparación cultural

Answer these culture questions.

1. What is Chichén Itzá and what can you find there?
2. What are **zócalos**?
3. What do many students in Mexico and the Dominican Republic wear to school?
4. Who are three famous Mexican muralists?

Get Help Online
my.hrw.com

Más práctica Cuaderno *pp. 62–73*   Cuaderno para hispanohablantes *pp. 64–73*

México

Tema:

En la escuela

¡AVANZA!

In this lesson you will learn to
- describe classes and classroom objects
- say where things are located
- say where you are going
- talk about how you feel

using
- the verb **estar**
- the conjugated verb before the subject to ask a question
- the verb **ir**

♻ *¿Recuerdas?*
- class subjects
- telling time

Comparación cultural

In this lesson you will learn about
- museums of anthropology and artist Frida Kahlo
- schools in Mexico, the Dominican Republic, and Paraguay
- Huichol yarn painting and Taino rock art

Compara con tu mundo
School years vary from country to country. Mexican students go to school from the end of August until June, with short breaks in December and April. *How is this different or similar to your school year?*

¿Qué ves?

Mira la foto

¿Hay una escuela en la foto?

¿Pablo dibuja o escucha música?

¿Qué practican las chicas?

**El patio de una
escuela secundaria**
México

Presentación de VOCABULARIO

¡AVANZA! **Goal:** Learn about Pablo and Claudia's school and how they spend their day. Then practice what you have learned to talk about your school day. *Actividades 1–3*

VIDEO
DVD

AUDIO

A La clase de historia no es **aburrida** porque la maestra es **interesante**. La clase es **divertida** pero es difícil. **Cuando** una clase no es fácil, tengo que trabajar mucho. Necesito sacar buenas notas.

el pizarrón
la tiza
el borrador
la silla

el reloj
la ventana
el mapa
el escritorio

B En la escuela siempre tengo mi **mochila**.

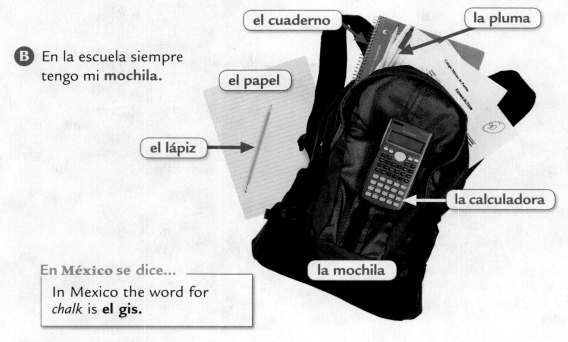

el cuaderno
la pluma
el papel
el lápiz
la calculadora
la mochila

En México se dice...

In Mexico the word for *chalk* is **el gis**.

C Mi escuela es grande. Hay **una cafetería, un gimnasio** y **una biblioteca.**

la cafetería

el gimnasio

la biblioteca

los baños

el pasillo

la oficina del director

Más vocabulario

¿(A)dónde? *(To) Where?*	ocupado(a) *busy*
¿Cuándo? *When?*	el problema *problem*
deprimido(a) *depressed*	la puerta *door*
emocionado(a) *excited*	

Expansión de vocabulario p. R3

Continuará...

D Me gusta pasar un rato con Claudia en la biblioteca. Claudia usa la computadora pero yo tengo que estudiar.

mensajero instantáneo

Claudia_13: Rosa, tengo un examen en la clase de historia.

Rosa_rubia: Yo tengo un examen también, en la clase de matemáticas.

Claudia_13: Tengo que estudiar más, pero estoy cansada.

Rosa_rubia: ¡Estoy muy nerviosa!

cansado(a)

nervioso(a)

contento(a)

enojado(a)

triste

tranquilo(a)

@**HOMETUTOR**
my.hrw.com

Interactive Flashcards

¡A responder! Escuchar

Listen to the list of adjectives and draw a face representing each one.

Práctica de VOCABULARIO

1 | Para la escuela

Hablar
Escribir

What do they have at Tienda Martínez? Name the items.

PARA LA ESCUELA...

5 por 30 pesos

250 pesos

3 pesos

2 por 80 pesos

300 pesos

5 por 10 pesos

Tenemos todo para tus clases en TIENDA MARTÍNEZ

Avenida Hermanos Soriano 80, Puebla, México

2 | ¿Qué lugar es?

Leer
Escribir

Claudia is talking about various places in the school. Complete the sentences with the appropriate place words.

> biblioteca   gimnasio   oficina del director
>
> cafetería   baños   clase

En el gimnasio hay dos __1.__, uno para chicas y uno para chicos. Tenemos que correr y practicar deportes en el __2.__. Hay muchos libros en la __3.__. Nos gusta comer pizza y pasar un rato con los amigos en la __4.__. Hablamos con el director en la __5.__. Hay escritorios y pizarrones en la __6.__.

3 | ¿Cuántos hay en la clase?

Hablar

Talk with another student about objects in the classroom.

> puerta   ventana   mapa   pizarrón
>
> tiza   escritorio   reloj   ¿?

modelo: mapa

A ¿Cuántos mapas hay en la clase?

B Hay tres mapas en la clase.

Más práctica   Cuaderno *pp. 74–76*   Cuaderno para hispanohablantes *pp. 74–77*

🌐 **Get Help Online**
my.hrw.com

PARA Y PIENSA

Did you get it?
1. Name three rooms in your school.
2. Name three objects you could find in your classroom.

VOCABULARIO *en contexto*

¡AVANZA!

Goal: Identify the words Pablo and Claudia use to talk about what they do after school. Then use the words you have learned to describe classes and classroom objects. *Actividades 4–5*

♻ *¿Recuerdas?* Class subjects p. 95

Telehistoria escena 1

@HOMETUTOR **View, Read and Record**
my.hrw.com

STRATEGIES

Cuando lees

Look for exclamations Many sentences below are exclamations. Exclamations reveal emphasis, warning, or emotions. How many exclamation-type sentences can you find? Why is each one used?

Cuando escuchas 🎧

Listen for emotions What different emotions do Claudia and Pablo show? How do they express them? How would you feel in their place?

VIDEO DVD

AUDIO

Maestro

Pablo

Claudia

A poster announces Trini Salgado's guest appearance in the school gym.

Maestro: Trini Salgado, ¿eh? ¿Y vas tú al gimnasio?

Pablo: ¡Sí!

Maestro: ¡Muy divertido! *(later on in science class...)* ¿Quién contesta la pregunta? ¿Pablo? Bueno, ¡al pizarrón!

Pablo tries, but gets the problem wrong. Claudia goes to the board and corrects it. The bell rings and they leave class together.

Claudia: Pablo, ¿vamos a la biblioteca? Estudiamos, hacemos la tarea y llegamos bien al gimnasio... ¡Trini Salgado, Pablo!

Pablo: ¡Sí! Necesito estudiar, ¡y tú enseñas muy bien! ¿Y tu mochila? *(He points to her backpack, which she has left in the classroom.)*

Claudia: ¡Gracias, Pablo!

Continuará... p. 132

También se dice

México The teacher uses the word **pizarrón** to call Pablo to the board. In other Spanish-speaking countries you might hear:
- **muchos países** **la pizarra**

4 | En clase *Comprensión del episodio*

Escuchar
Leer

Describe what happens in the episode by matching phrases from each column.

1. Pablo no contesta la pregunta
2. Después de Pablo, Claudia contesta
3. Pablo y Claudia necesitan ir
4. Pablo necesita
5. Claudia no tiene
6. Claudia enseña

a. la pregunta en el pizarrón.
b. la mochila.
c. estudiar con Claudia.
d. a la biblioteca y al gimnasio.
e. porque el problema es difícil.
f. muy bien.

5 | ¿Cómo son las clases? ♻ *¿Recuerdas?* Class subjects p. 95

Hablar

Describe your classes to another student.

A ¿Cómo es la clase de español?

B Es divertida y fácil.

1.

2.

3.

4.

5.

6.

 **Get Help Online**
my.hrw.com

 PARA Y PIENSA

Did you get it? Tell where Pablo and Claudia are going by writing **la biblioteca** or **el gimnasio.**
1. Pablo y Claudia tienen que estudiar.
2. Pablo necesita practicar fútbol.
3. Ellos necesitan un libro.

Presentación de GRAMÁTICA

Goal: Learn to use the verb **estar** to talk about location and condition. Then practice using **estar** to say and ask where things are located and how people feel. *Actividades 6–12*

English Grammar Connection: There are two ways to say the English verb *to be* in Spanish: **ser** and **estar.** You already learned **ser** (see p. 38).

The Verb estar

Use **estar** to indicate location and say how people feel.

Here's how:

estar to be			
yo	**estoy**	nosotros(as)	**estamos**
tú	**estás**	vosotros(as)	**estáis**
usted, él, ella	**está**	ustedes, ellos(as)	**están**

Pedro **está** en la cafetería.   *Pedro **is** in the cafeteria.*

Use **estar** with the following words of location.

al lado (de)	**debajo (de)**	**dentro (de)**	**encima (de)**
cerca (de)	**delante (de)**	**detrás (de)**	**lejos (de)**

Use the word **de** after the location word when a specific location is mentioned. When **de** is followed by the word **el,** they combine to form the contraction **del.**

La biblioteca **está al lado de** la cafetería.   La tiza **está encima del** borrador.
*The library **is next to the** cafeteria.*   *The chalk **is on top of the** eraser.*

Estar is also used with **adjectives** to say how someone feels at a given moment.

El maestro **está tranquilo.**   Las chicas **están cansadas.**
*The teacher **is** calm.*   *The girls **are** tired.*

♻ **¿Recuerdas?** Adjectives agree in gender and number with the nouns they describe (see p. 72).

Más práctica
Cuaderno *pp. 77–79*
Cuaderno para hispanohablantes *pp. 78–80*

@**HOMETUTOR** my.hrw.com
Leveled Practice
🌐 Conjuguemos.com

Práctica de GRAMÁTICA

6 | ¿Dónde están?

Hablar
Escribir

Tell where the people are, according to Pablo.

modelo: el señor Díaz
El señor Díaz está en la oficina.

1. ustedes

2. yo

3. Miguel y Alejo

4. Sergio

5. Claudia y yo

6. Cristina y Sarita

7 | El horario

Hablar
Escribir

Indicate the most logical place at school for each person to be.

modelo: Víctor llega a la escuela.
Está en el pasillo.

1. Carlos y Juan dibujan.
2. Maya habla español.
3. Yo toco la guitarra.
4. Nosotros compramos la comida.
5. Luz practica deportes.
6. Tú necesitas muchos libros.
7. Ustedes usan la calculadora.
8. El maestro habla con el director.

Nota gramatical

You already know that you can use rising intonation to ask a yes/no question.
You can also switch the position of the **verb** and the **subject** to form a question.

> **María tiene** una patineta.
> *María has a skateboard.*

> **¿Tiene María** una patineta?
> *Does María have a skateboard?*

---

8 | Las emociones

Hablar

Talk with another student about how these people are feeling.

modelo: el maestro / nervioso
el maestro 🙂

> **A** ¿Está nervioso el maestro?

> **B** No, está tranquilo.

Estudiante A

1. Pablo / tranquilo
2. Claudia / triste
3. los maestros / cansado
4. los amigos / enojado
5. las amigas / emocionado
6. tú / ocupado

Pablo 😣
Claudia 🙁
los maestros 😕
los amigos 😠
las amigas 🙁
yo ¿ ?

---

9 | Las salas del museo

Hablar

Comparación cultural

El Museo de Antropología

What do ancient artifacts teach us about a culture? The National Museum of Anthropology in Mexico City contains artifacts from **Mexico's** many indigenous cultures. A main attraction is the *Piedra del Sol,* or Sun Stone, an Aztec calendar that weighs almost 25 tons. In **Paraguay,** the Andrés Barbero Museum of Ethnography in Asunción contains tools, musical instruments, and artwork from its indigenous cultures.

Piedra del Sol

El Museo Nacional de Antropología

1. Sala Mexica (Azteca)
2. el patio central
3. la oficina
4. Sala Norte de México
5. Sala Maya
6. Sala Oaxaca
7. Sala Tolteca
8. Sala Teotihuacán
9. Sala Preclásico
10. Sala de Introducción
11. el auditorio

Un plano de El Museo Nacional de Antropología en la Ciudad de México

Compara con tu mundo *What items might people find 1,000 years from now that give clues about life in the 21st century? What would you put in a time capsule?*

Use the map to tell a partner where the rooms are located in the museum.

> **A** ¿Dónde está la Sala Tolteca?

> **B** La Sala Tolteca está al lado de la Sala Teotihuacán.

10 ¿Lejos de la escuela?

Escribir

Rewrite the statements below to say that the opposite is true.

1. Nosotros estamos lejos de la escuela.
2. El cuaderno está detrás de la silla.
3. El libro está debajo del escritorio.
4. Los lápices están delante de la mochila.
5. Yo estoy cerca de la biblioteca.
6. La pluma está encima del papel.

11 ¿Cómo estás?

Hablar
Escribir

Describe how you feel in the following situations.

modelo: hablar español
Estoy nerviosa cuando hablo español.

1. pasar un rato con los amigos
2. tener que hacer la tarea
3. sacar una mala nota
4. llegar tarde a clase
5. sacar una buena nota
6. escuchar música
7. mirar la televisión
8. tener un examen
9. practicar deportes
10. estudiar mucho

12 ¿Qué es?

Hablar

Give clues about an object in the drawing to another student. He or she has to guess the object.

A Está encima del cuaderno. Está al lado del libro.

B Es la calculadora.

Más práctica   Cuaderno *pp. 77–79*   Cuaderno para hispanohablantes *pp. 78–80*

Get Help Online
my.hrw.com

PARA Y PIENSA

Did you get it?
1. Tell someone that you are near the windows.
2. Ask Pablo if he is nervous.

GRAMÁTICA en contexto

Goal: Listen to how Pablo and Claudia use **estar** to talk about how Pablo feels. Then practice using **estar** to talk about emotions and locations. *Actividades 13–15*

Telehistoria escena 2

 @HOMETUTOR my.hrw.com **View, Read and Record**

STRATEGIES

Cuando lees
Read for motives behind actions
This scene contains a physical action related to Pablo's complaints. What is the action, and what are his complaints? Are his complaints justified?

Cuando escuchas
Listen for feelings What feelings are mentioned in this scene? How does Pablo explain how he feels? Have you ever felt this way?

VIDEO DVD

AUDIO

Claudia: Eh, Pablo, ¿qué pasa? ¿Estás deprimido? ¿Estás enojado?

Pablo: No, no estoy enojado... Estoy nervioso... Tengo que estar en el gimnasio a las cinco pero tengo que hacer la tarea.

Pablo leaves the library. Later Claudia joins him outside.

Pablo: Ay, Claudia, nunca descanso... Me gusta pasar un rato con los amigos... Y ¡esta mochila!

Claudia: ¿Qué pasa?

Pablo starts swinging his backpack back and forth.

Pablo: Aquí tengo libros, cuadernos, plumas, calculadoras... ¡estoy cansado!

Suddenly Pablo lets go of his backpack.

Pablo: ¡Ay! ¿Dónde está mi mochila?

Claudia: ¡Pablo, tu mochila!

She points to his backpack, which is caught in a basketball hoop.

Continuará... p. 138

También se dice

México To say he has pens in his backpack, Pablo uses the word **plumas.** In other Spanish-speaking countries you might hear:
- **muchos países**
  el bolígrafo, el boli

13 | El problema de Pablo *Comprensión del episodio*

Escuchar
Leer

Read the sentences and decide whether they are true or false. Correct the false statements.

1. Claudia y Pablo están en la oficina.
2. Pablo está nervioso porque tiene que jugar al fútbol.
3. Claudia tiene que estar en el gimnasio a las cinco.
4. Pablo está enojado.
5. A Claudia y a Pablo les gusta pasar un rato con los amigos.
6. Pablo está deprimido porque tiene libros, cuadernos, plumas y calculadoras en la mochila.

14 | ¿Cuándo?

Hablar

Ask another student when he or she feels these emotions.

A ¿Cuándo estás triste?

B Estoy triste cuando saco una mala nota.

Estudiante A

1. 2. 3. 4. 5. 6.

Estudiante B

sacar una buena / mala nota
escuchar música
practicar deportes
trabajar
estudiar
¿ ?

15 | ¡A jugar! ¿Dónde estoy?

Hablar

Give clues for other students to guess where you are in the school.

A Compro papas fritas y jugo. Paso un rato con los amigos. Estoy tranquilo.

B ¿Estás en la cafetería?

Get Help Online
my.hrw.com

PARA
Y
PIENSA

Did you get it? Give three sentences about Pablo and Claudia using the verb **estar.** Use one of the following words in each sentence: **la biblioteca, nervioso(a), el gimnasio.**

Presentación de GRAMÁTICA

¡AVANZA!

Goal: Learn how to form the verb **ir** in order to say where you and others are going. Then practice using **ir** to say where you go during and after school. *Actividades 16–21*

English Grammar Connection: Remember that **conjugating** is changing the forms of a verb to indicate who is doing the action (see p. 100). In English, *to go* is conjugated as *I go, you go, he/she/it goes, we go, they go*.

Pablo **goes** to the cafeteria at twelve.

conjugated verb

Pablo **va** a la cafetería a las doce.

conjugated verb

The Verb ir

ANIMATED GRAMMAR
my.hrw.com

Use **ir** to talk about where someone is going.
How do you form the present tense of this verb?

Here's how:

ir *to go*			
yo	voy	nosotros(as)	vamos
tú	vas	vosotros(as)	vais
usted, él, ella	va	ustedes, ellos(as)	van

Use **ir** with the word **a** to say that someone is going to a specific place.
When **a** is followed by the word **el**, they combine to form the contraction **al.**

Voy a la biblioteca.
I'm going to the library.

Los estudiantes **van al** gimnasio.
The students are going to the gym.

To ask where someone is going, use ¿**adónde**...?

¿**Adónde vas**?
Where are you going?

Más práctica
Cuaderno *pp. 80–82*
Cuaderno para hispanohablantes *pp. 81–84*

@HOMETUTOR my.hrw.com
Leveled Practice
Conjuguemos.com

Práctica de GRAMÁTICA

16 | ¿Un estudiante serio?

**Leer
Escribir**

Claudia and Pablo are talking at school. Complete their conversation with forms of **ir.**

Claudia: ¡Tengo mucha tarea en la clase de inglés! Yo __1.__ a la biblioteca... ¿ __2.__ tú y yo?

Pablo: No, yo no __3.__ a la biblioteca hoy.

Claudia: ¿No __4.__ tú a la biblioteca? ¡Tienes que hacer la tarea!

Pablo: Sí, pero necesito comprar pizza y un refresco. Mis amigos y yo __5.__ a la cafetería. Después yo __6.__ al gimnasio y ellos __7.__ a la clase de matemáticas.

Claudia: ¿ __8.__ Carlos al gimnasio?

Pablo: No, él __9.__ a la biblioteca.

Claudia: ¡Ay, Pablo! Tú también necesitas ir. ¿ __10.__ tú y Carlos mañana?

Pablo: Sí, todos nosotros __11.__ mañana.

17 | ¿Por qué vas allí?

Escribir

Match the statements with the places the people would go. Then write a sentence saying that they are going to these places.

1. Claudia tiene una calculadora.
2. Yo necesito libros.
3. A ti te gusta practicar deportes.
4. Nosotros tenemos lápices para dibujar.
5. A Pablo le gusta comer pizza.
6. Los amigos llegan tarde a la escuela.

   a. la clase de arte
   b. la oficina del director
   c. la clase de matemáticas
   d. el gimnasio
   e. la biblioteca
   f. la cafetería

Pronunciación   La letra d

AUDIO

In Spanish, the letter **d** has two sounds. At the beginning of a sentence, after a pause, or after the letters **l** or **n,** the **d** sounds like the English *d* in *door.* In all other cases, the **d** sounds like the *th* of the word *the.*

Listen and repeat, paying close attention to the two sounds of **d.**

Soy Diego. Dibujo en mi cuaderno.

comida	divertido	¿Dónde está David?
adiós	falda	Daniel está al lado de la puerta.
lado	grande	¿Adónde vas con mi cuaderno?

18 | ¿Adónde van?

Escuchar
Escribir

Where are Pablo and other people going? Listen to the description and write sentences saying where these people are going.

la oficina de la directora	el gimnasio	la biblioteca

la clase de inglés	la clase de matemáticas	la cafetería

1. Pablo
2. Claudia
3. Martín y Sara

4. la maestra de inglés
5. María y Claudia
6. el señor Treviño

19 | En el pasillo

Hablar
Escribir

The bell has just rung to change classes. Tell where the students and the teachers are going, based on the clues in the drawing.

modelo: Las amigas van a la cafetería.

Director

Diego y Pepe

Esteban

Victoria

amigas

yo

Frida

el Sr. Molina

20 | ¿Cuándo vas a...?

Hablar

Ask a partner when he or she goes to these places.

modelo: la oficina

A ¿Cuándo vas a la oficina?

B Voy a la oficina cuando tengo problemas.

Estudiante A

1. el gimnasio
2. la oficina
3. la escuela
4. la biblioteca
5. la cafetería
6. la clase de...

Estudiante B

tengo (que)
necesito
hay
¿ ?

21 | ¿Y tú?

**Hablar
Escribir**

Answer the questions in complete sentences.

1. ¿A qué hora vas a la escuela?
2. ¿Cuándo van tú y tus amigos(as) a la cafetería?
3. ¿Adónde vas después de la clase de español?
4. ¿Vas mucho a la oficina del (de la) director(a)?
5. ¿Adónde vas cuando tienes que estudiar?
6. ¿Qué hay dentro de tu mochila?

Comparación cultural

El autorretrato

What does a self-portrait reveal about an artist?
Mexican artist Frida Kahlo painted many self-portraits, including *Autorretrato con collar*. She was influenced by the indigenous cultures of **Mexico** in both her style of painting and style of clothing. She often wore traditional native clothing, as depicted in the photograph. How do you think she depicted herself in her self-portraits?

Compara con tu mundo *What would you include in a portrait of yourself and why? What would your clothing be like?*

*Una fotografía de
Frida Kahlo (1941),
Nickolas Muray*

Más práctica   Cuaderno *pp. 80–82*   Cuaderno para hispanohablantes *pp. 81–84*

Get Help Online
my.hrw.com

PARA Y PIENSA

Did you get it? Tell where the following people are going.

1. Teresa / la cafetería
2. los estudiantes / la oficina del director
3. nosotros / el gimnasio
4. yo / la clase de matemáticas

Todo junto

¡AVANZA!

Goal: *Show what you know* Notice how Pablo and Claudia use **ir** to talk about where they are going, and **estar** to say where things are. Then use **ir** and **estar** to talk about your own schedule. *Actividades 22–26*

♻ *¿Recuerdas?* Telling time p. 99

Telehistoria completa

@HOME**TUTOR** View, Read
my.hrw.com and Record

STRATEGIES

Cuando lees

Read for locations This scene mentions specific places people are going. What are those places? Alicia's T-shirt is now located in a specific place. Where is it?

Cuando escuchas

Notice the problems In this scene, Pablo's problems go from bad to worse. What are the problems? How does he react?

Escena 1 *Resumen*
Pablo no contesta la pregunta en la clase de ciencias porque el problema es difícil. Claudia contesta la pregunta.

Escena 2 *Resumen*
Pablo no está contento porque tiene mucho que hacer y no tiene la mochila con la camiseta de Alicia.

VIDEO
DVD

AUDIO

Escena 3

Roberto

Pablo

Claudia

Roberto approaches, holding a poster.

Roberto: ¿Qué pasa?

Claudia: Vamos al gimnasio. Bueno, Pablo va al gimnasio, yo voy a la cafetería...

Pablo: ¡Necesito ir al gimnasio a las cinco, y son las cinco menos cuarto!

Claudia: ¡Y necesita la mochila! Dentro está la camiseta de Alicia.

Pablo: A las cinco Trini Salgado va al gimnasio, y yo...

Roberto: No, no. ¡A las cuatro!

Pablo: No... ¡A las cinco!

Roberto: Mira... a las cuatro.

He shows his autographed poster to Pablo. It says four o'clock.

Pablo: *(dejectedly)* No...

22 | ¡A organizar! *Comprensión de los episodios*

Escuchar
Leer

Put the sentences in order to describe the episodes.

1. La camiseta está en la mochila y Pablo no tiene la mochila.
2. Pablo y Claudia hablan con Roberto.
3. Claudia y Pablo van a la biblioteca y estudian.
4. Pablo está nervioso; tiene que ir al gimnasio a las cinco.
5. Pablo va a la clase de ciencias y no contesta la pregunta.

23 | ¡A describir! *Comprensión de los episodios*

Escuchar
Leer

Describe what is happening in the photos. Include where the people in the photos are and how they feel.

modelo: Pablo está en la clase de ciencias. Va al pizarrón porque tiene que contestar una pregunta. Está nervioso.

1.

2.

3.

24 | ¿Adónde vamos?

♻ **¿Recuerdas?**
Telling time p. 99

Digital performance space

Hablar

STRATEGY Hablar
Make it lively Keep the discussion interesting! Add as many details about your classes as possible. Don't just talk about your classes; include other places in your school.

Talk with other students about schedules: where they go and at what times.

A ¿A qué hora van ustedes a la cafetería?

B Voy a la cafetería a las doce y media.

C Voy a la cafetería a la una.

25 | Integración

Leer
Escuchar
Hablar

Raquel and Mario need to study in the library. Read Raquel's daily planner and listen to Mario's message. Then tell when Raquel and Mario will go to the library to study. Explain why they won't go at the other times mentioned.

Fuente 1 Agenda personal

28 de octubre

7:30	clase de matemáticas
8:40	estudiar
9:50	clase de ciencias
11:00	inglés: presentación oral
12:30	descansar
1:40	cafetería con Amanda
2:45	examen de historia
4:00	estudiar en la biblioteca

Fuente 2 Un mensaje por teléfono

Listen and take notes
• Escribe qué hace Mario y a qué hora.

modelo: Ellos van a la biblioteca a las... No estudian a las siete y media porque...

26 | El periódico escolar

Escribir

You have to write an article for the school newspaper about your typical school day. Explain what classes you go to, what they are like, and what you use in each class.

modelo: Yo siempre estoy muy ocupado. A las siete y media voy a la clase de matemáticas. La clase es muy divertida. Usamos calculadoras, pero no es fácil. A las ocho y cuarto...

Writing Criteria	Excellent	Good	Needs Work
Content	Your article includes a lot of information.	Your article includes some information.	Your article includes little information.
Communication	Most of your article is organized and easy to follow.	Parts of your article are organized and easy to follow.	Your article is disorganized and hard to follow.
Accuracy	Your article has few mistakes in grammar and vocabulary.	Your article has some mistakes in grammar and vocabulary.	Your article has many mistakes in grammar and vocabulary.

Más práctica   Cuaderno *pp. 83–84*   Cuaderno para hispanohablantes *pp. 85–86*

Get Help Online
my.hrw.com

PARA Y PIENSA

Did you get it? Complete each sentence with the correct forms of **estar** and **ir + a.**

1. A la una Pablo _____ en la clase de arte, pero a las dos _____ la cafetería.

2. ¿Dónde _____ Roberto y Claudia? Ellos _____ la cafetería.

3. Claudia _____ nerviosa porque _____ la oficina de la directora.

Juegos y diversiones

Review **estar,** classroom objects, and location words by playing a game.

¿Cierto o falso?

The Setup

Your teacher will divide the class into two teams. Each student will make up a sentence using classroom objects and location words.

Playing the Game

Players from each team go up to the front of the class with their sentences in hand.

The player from Team A reads the sentence to the player from Team B. The player from Team B has to say whether the sentence is true (**cierto**) or false (**falso**). Then they change roles.

El libro está debajo del escritorio.

Falso. El libro está encima del escritorio.

Scoring

Players receive one point for correct answers. Points are taken away for incorrectly formed sentences.

A player can earn an extra point by correcting a false sentence to say something true about the location of the object. A player can also earn an extra point by adding more information to a true sentence.

The Winner!

The team with the most points at the end is the winner.

¡AVANZA! **Goal:** Read the excerpts from the essays of two students from Mexico and the Dominican Republic. Then compare the descriptions of their favorite classes and talk about your favorite class.

Comparación cultural

AUDIO

Mi clase favorita

STRATEGY Leer

Use the title The title *Mi clase favorita* helps you anticipate the contents of the reading. Write down the things that you would expect to find, then search for them.

Expected contents	Actual contents
El (La) maestro(a)...	
La clase...	
Más información:	

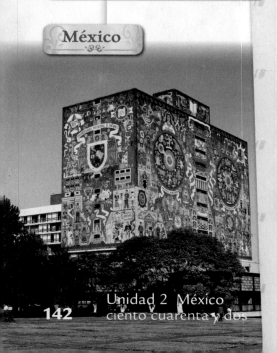

México

Below are compositions by two finalists who entered the essay contest called "Mi clase favorita."

Tomás Gutiérrez Moreno
Colegio de la Providencia
Guadalajara, México

Mi nombre es Tomás Gutiérrez Moreno. Soy de Guadalajara, México. Estudio en el Colegio de la Providencia.

La historia es muy interesante; es mi clase favorita. Me gusta mucho estudiar el pasado[1] de México. Soy estudioso y siempre saco buenas notas en la clase.

En la universidad deseo[2] estudiar historia. Deseo ser maestro y enseñar historia mexicana en Guadalajara.

---

[1] past   [2] I wish to

Mural en la Biblioteca Central de la Universidad Nacional Autónoma de México en la Ciudad de México

María González
Colegio San Esteban
San Pedro de Macorís, República Dominicana

Me llamo María González. Soy de la República Dominicana. Estudio en el Colegio San Esteban.

Tengo dos clases favoritas: el inglés y el español. Deseo estudiar idiomas[3] en Santo Domingo, la capital, y después, trabajar en mi país.

El turismo es muy importante para[4] la economía de la República Dominicana. Deseo trabajar en un hotel, en las famosas playas[5] de Punta Cana o de Puerto Plata.

Mural en la Universidad Nacional en Santo Domingo, República Dominicana

República Dominicana

PARA Y PIENSA

¿Comprendiste?
1. ¿Dónde estudia Tomás?
2. ¿Cómo es Tomás?
3. ¿De dónde es María?
4. ¿Qué le gusta estudiar más a María?

¿Y tú?
¿Cuál es tu clase favorita? ¿Cómo es?

Proyectos culturales

Arte de México y la República Dominicana

How does art reflect a culture's view of the natural world? Many cultures use art to capture the beauty and wonder of their natural surroundings. Two indigenous groups whose art can still be appreciated are the Huichol of **Mexico** and the Taino of the Greater Antilles (including what is now known as the **Dominican Republic**).

Proyecto 1 *Yarn Painting*

México Some Huichol still live in the isolated mountains of western Mexico. They make yarn paintings of birds, flowers, and other natural shapes. Make your own Huichol-style yarn painting.

Materials for yarn painting
Cardboard
2–3 colors yarn
Glue

Instructions
1. On a piece of cardboard, draw a pencil outline of the design you'd like to make.
2. Place one strand of yarn along the outline's length. Glue the yarn to the cardboard.
3. Fill in the design by laying yarn just inside the outline you made, coiling the yarn around until the figure is filled.
4. Section off the background and fill it in the same way.

Proyecto 2 *Rock Drawing*

República Dominicana The Taino lived in the islands of the Caribbean until the 16th century. Their rock art can still be seen in the caverns of the Dominican Republic. Try making your own rock art.

Materials for rock drawing
Rock
Pencil
Optional: Markers, pens, or chalk

Instructions
1. Begin by finding a smooth, oval rock about the size of your hand with an adequate surface for drawing.
2. Use a pencil to sketch the animal or design you'd like to make.
3. Then use a black felt tip pen to make it permanent. Add color by using colored felt tip pens or colored chalk.

En tu comunidad

Visit an arts and crafts store or a museum in your community. Look for any items that have been influenced by Spanish-speaking cultures.

Vocabulario

Describe Classroom Objects

el borrador	*eraser*	el pizarrón (*pl.* los pizarrones)	*board, chalkboard*
la calculadora	*calculator*		
el cuaderno	*notebook*	la pluma	*pen*
el escritorio	*desk*	la puerta	*door*
el lápiz (*pl.* los lápices)	*pencil*	el reloj	*clock; watch*
		la silla	*chair*
el mapa	*map*	la tiza	*chalk*
la mochila	*backpack*	la ventana	*window*
el papel	*paper*		

Say Where Things Are Located

al lado (de)	*next to*	dentro (de)	*inside (of)*
cerca (de)	*near (to)*	detrás (de)	*behind*
debajo (de)	*underneath, under*	encima (de)	*on top (of)*
delante (de)	*in front (of)*	lejos (de)	*far (from)*

Talk About How You Feel

cansado(a)	*tired*	nervioso(a)	*nervous*
contento(a)	*content, happy*	ocupado(a)	*busy*
deprimido(a)	*depressed*	tranquilo(a)	*calm*
emocionado(a)	*excited*	triste	*sad*
enojado(a)	*angry*		

Describe Classes

aburrido(a)	*boring*
divertido(a)	*fun*
interesante	*interesting*

Places in School

el baño	*bathroom*
la biblioteca	*library*
la cafetería	*cafeteria*
el gimnasio	*gymnasium*
la oficina del (de la) director(a)	*principal's office*
el pasillo	*hall*

Other Words and Phrases

¿(A)dónde?	*(To) Where?*
¿Cuándo?	*When?*
cuando	*when*
el problema	*problem*

Gramática

Nota gramatical: Conjugated verb before the subject to ask a question *p. 130*

The Verb estar

Use **estar** to indicate location and say how people feel.

estar *to be*			
yo	**estoy**	nosotros(as)	**estamos**
tú	**estás**	vosotros(as)	**estáis**
usted, él, ella	**está**	ustedes, ellos(as)	**están**

The Verb ir

Use **ir** to talk about where someone is going.

ir *to go*			
yo	**voy**	nosotros(as)	**vamos**
tú	**vas**	vosotros(as)	**vais**
usted, él, ella	**va**	ustedes, ellos(as)	**van**

Practice Spanish with Holt McDougal Apps!

¡AvanzaRap!
DVD
Sing and Learn

¡LLEGADA!

Now you can
- describe classes and classroom objects
- say where things are located
- say where you are going
- talk about how you feel

Using
- the verb **estar**
- the conjugated verb before the subject to ask a question
- the verb **ir**

To review
- the verb **estar** p. 128
- the conjugated verb before the subject to ask a question p. 130
- the verb **ir** p. 134

1 | Listen and understand

AUDIO

Copy this chart on a piece of paper. Listen to the phone messages and complete the chart. Write sentences using the information.

La hora	¿Dónde está Ana?	¿Adónde va Ana?
modelo: 8:00	delante de la clase de arte	clase de español
10:15		
12:30		
2:45		
4:10		

modelo: A las ocho Ana está delante de la clase de arte.
Ella va de la clase de arte a la clase de español.

To review
- the verb **estar** p. 128
- the conjugated verb before the subject to ask a question p. 130

2 | Talk about how you feel

Write questions to find out how these people are feeling.

 modelo: Bárbara
¿Está emocionada Bárbara?

1. Jorge y Pilar

2. las maestras

3. la directora

4. usted

5. tú

6. ustedes

To review
• the verb **ir** p. 134

3 | Say where you are going

Read Mario's e-mail message and complete it with the correct form of **ir.**

> Hola, Luis. Yo __1.__ a la clase de ciencias en quince minutos. Es una clase interesante, pero es difícil. A las doce y media mis amigos y yo __2.__ a la cafetería. Después Inés __3.__ al gimnasio y Jerónimo __4.__ a la oficina del director. A las cinco ellos __5.__ a la biblioteca para estudiar. ¿Adónde __6.__ tú después de las clases?

To review
• the verb **estar** p. 128

4 | Say where things are located

Write sentences telling where Señora Romero's students have put the erasers.

modelo: pizarrón (cerca / lejos)
Un borrador está cerca del pizarrón.

1. reloj (al lado / debajo)
2. silla (debajo / encima)
3. mochila (dentro / debajo)
4. ventana (delante / detrás)
5. escritorio (encima / delante)
6. maestra (lejos / detrás)

To review
• Comparación cultural pp. 120, 130, 137
• Lectura cultural pp. 142–143

5 | Mexico and the Dominican Republic

Comparación cultural

Answer these culture questions.

1. When do Mexican students attend school?
2. How did indigenous cultures influence Frida Kahlo?
3. What can you find in Mexico City's National Museum of Anthropology?
4. Why is tourism important in the Dominican Republic?

Get Help Online
my.hrw.com

Más práctica   Cuaderno *pp. 85–96*   Cuaderno para hispanohablantes *pp. 87–96*

México
Paraguay
República
Dominicana

AUDIO

Horarios y clases

Lectura y escritura

🌐 **WebQuest**
my.hrw.com

① **Leer** School subjects and daily schedules vary around the world. Read how Rafael, Andrea, and Juan Carlos spend a typical day at school.

② **Escribir** Using the three descriptions as models, write a short paragraph about your daily schedule.

> **STRATEGY** **Escribir**
> **Create a schedule** Draw two large clocks, one for a.m. and the other for p.m. Write your school schedule on these clocks.

actividad
clase
a.m.   p.m.

Step 1 Complete the two clocks by listing your classes and after-school activities. Use arrows to point to the correct times.

Step 2 Write your paragraph. Make sure to include all the classes, activities, and times. Check your writing by yourself or with help from a friend. Make final corrections.

Compara con tu mundo
Use the paragraph you wrote to compare your school schedule to the schedule of *one* of the three students. What are the similarities in the schedules? What are the differences?

Cuaderno *pp. 97–99*   Cuaderno para hispanohablantes *pp. 97–99*

Paraguay

Andrea

¿Qué tal? Me llamo Andrea y estudio en Asunción, Paraguay. Mis clases son en la tarde, de la una a las cinco. En la escuela los estudiantes tienen muchas clases. Todos los días, tengo clases de español, ciencias, historia y matemáticas. También tengo clase de guaraní[1]. Después de las clases, voy al gimnasio y practico deportes. De vez en cuando uso la computadora en la biblioteca.

[1] an indigenous language spoken in Paraguay

República Dominicana

Rafael

¡Hola a todos! Me llamo Rafael y estudio en una escuela en Santo Domingo. Tengo clases todos los días de las ocho de la mañana a la una de la tarde. A las diez tenemos un descanso de quince minutos. Luego, voy a la clase de historia. Es interesante y yo tomo muchos apuntes. En la tarde muchas veces paso un rato con los amigos.

México

Juan Carlos

¡Hola! Soy Juan Carlos. Soy estudiante en México, D.F. En la escuela necesito trabajar mucho porque tengo nueve clases. Las clases son de las siete de la mañana a las dos de la tarde. ¡Tengo que llegar muy temprano! Mi clase favorita es la clase de matemáticas. Es interesante y divertida. Después de las clases mis amigos y yo estudiamos en la biblioteca.

Repaso inclusivo
♻ Options for Review

¡AvanzaRap!
DVD
Sing and Learn

Digital
performance space

1 | Listen, understand, and compare

Escuchar

Javier interviewed teachers and administrators at his school for Teacher Appreciation Day. Listen to his report and answer the questions.

1. ¿Qué enseña el señor Minondo?
2. ¿Qué deporte practica el señor Minondo?
3. ¿Quién es la señora Cruz?
4. ¿Qué le gusta hacer a la señora Cruz?
5. ¿Cómo son los maestros?

Are your teachers and administrators like those at Javier's school? What kind of activities do your teachers like to do after classes?

2 | Give a school orientation

Hablar

You are giving a talk at an orientation meeting for students who are new to your school. Greet the new students, introduce yourself, and give them some background information about yourself: what classes you have, what you like to do after school, etc. Then tell them where the gym, cafeteria, and other locations around the school are. Finish by describing some of the classes that are available and what they have to do in each class. Your talk should be at least two minutes long.

3 | Talk with a school counselor

Hablar

Role-play a conversation with a school counselor. The counselor wants to know what your classes are like and what you like to do after classes. Answer your partner's questions, tell him or her what you do in each class, and ask a few questions of your own about the school. Your conversation should be at least two minutes long.

¿Cómo son tus clases?

Son difíciles. Estudio mucho.

4 | Write a brochure

Escribir

Create a brochure about your school that would be helpful to a new student from a Spanish-speaking country. Include some of the following: places in the school, classes offered, school supplies needed, teachers, and extracurricular activities. Copy this chart on a piece of paper and use it to organize your information. Your brochure should have illustrations and at least six sentences.

Lugares	Clases	Materiales	Maestros	Actividades

5 | Hold a press conference

**Hablar
Escribir**

Hold a mock press conference. You and your classmates are reporters and have to ask your teacher questions about his or her school schedule and favorite activities. Use the answers to write a short profile of your teacher that could appear in a Spanish edition of the school newspaper. The profile should have at least five sentences.

6 | Write a postcard

**Leer
Escribir**

You received the following postcard from your new pen pal in Mexico. Write back, answering all of your pen pal's questions and asking a few of your own. Your letter should have at least eight sentences.

PUEBLA

Hola. Me llamo Manuel Salazar. Soy de Puebla, México. Soy estudioso y atlético. Soy un estudiante organizado. Siempre saco buenas notas. ¿Cómo eres tú? ¿Cómo son tus clases? Tengo clases difíciles pero los maestros son muy simpáticos. Estudio mucho y también paso un rato con los amigos. Me gusta jugar al fútbol y andar en patineta. ¿Qué te gusta hacer con los amigos?

Tu amigo,

Manuel

MÉXICO
© Tarjetas Postales, S.A.

3

Puerto Rico

❦❦

Comer en familia

Océano Atlántico

Lección 1
Tema: **Mi comida favorita**

Lección 2
Tema: **En mi familia**

Golfo de México

Cuba

Puerto Rico

México

República Dominicana

Mar Caribe

Honduras

«¡Hola!

Somos Marisol y Rodrigo.
Somos de Puerto Rico.»

Guatemala

Nicaragua

Costa Rica

El Salvador

Panamá

Venezuela

Colombia

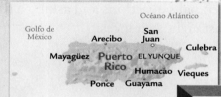

Océano Atlántico

Golfo de México

Arecibo

San Juan

Mayagüez

Puerto Rico

EL YUNQUE

Culebra

Humacao

Vieques

Ponce

Guayama

Mar Caribe

Población: 3.958.128

Área: 3.515 millas cuadradas

Capital: San Juan

Moneda: el dólar estadounidense

Idiomas: español, inglés (los dos son oficiales)

Comida típica: pasteles, arroz con gandules, pernil

Gente famosa: Julia de Burgos (poetisa), Roberto Clemente (beisbolista), Rosario Ferré (escritora), Luis Muñoz Marín (político)

Pasteles

Una familia come en la playa

◀ **Comidas al aire libre** Many Puerto Ricans enjoy informal gatherings at a beach or park, where families can spend the day together, barbecue, and listen to music. **Pinchos** (skewers of chicken or pork) are popular at barbecues and snack stands. *Where do people like to eat outdoors where you live?*

Casas de colores vivos San Juan is famous for its well-preserved colonial quarter, called **Viejo San Juan.** Its narrow streets are lined with brightly-colored houses with balconies. *What are some historic areas close to where you live?* ▶

Casas coloniales en el Viejo San Juan

La Cascada de la Coca en El Yunque

◀ **Un parque nacional** El Yunque is the only tropical rain forest in the care of the U.S. Forest Service. The park has many waterfalls, such as the Cascada de la Coca, and is home to the **coquí,** a tiny tree frog named for its distinctive song. *What are some features of other parks in the United States?*

Puerto Rico

Lección 1

Tema:
Mi comida favorita

¡AVANZA! **In this lesson you will learn to**
- talk about foods and beverages
- ask questions
- say which foods you like and don't like

using
- interrogative words
- **gustar** with nouns
- present tense of **-er** and **-ir** verbs
- the verb **hacer**

♻ ¿Recuerdas?
- **gustar** with an infinitive
- snack foods
- the verb **estar**
- telling time

Comparación cultural

In this lesson you will learn about
- traditional cooking
- historic landmarks in Puerto Rico
- grocery shopping in Puerto Rico

Compara con tu mundo
These teenagers are buying ice cream from a street vendor. Another popular cold treat in Puerto Rico is **la piragua,** a kind of shaved ice with fruit syrup. *What do you like to eat or drink during hot weather?*

¿Qué ves?
Mira la foto
¿Están contentos los chicos?

¿Están delante o detrás del señor?

¿Qué les gusta comer a los chicos?

La Plaza de Colón en el Viejo San Juan
San Juan, Puerto Rico

Presentación de VOCABULARIO

Goal: Learn about what Rodrigo and Marisol eat for breakfast, lunch, and dinner. Then practice what you have learned to talk about foods and beverages. *Actividades 1–2*

♻️ *¿Recuerdas?* **gustar** with an infinitive p. 44

VIDEO DVD

AUDIO

A ¡Hola! Me llamo Rodrigo y ella es Ana. Son las ocho de la mañana. **Es importante** comer **un desayuno nutritivo** todos los días.

el desayuno

los huevos

el pan

B Cuando **tengo hambre**, me gusta comer **huevos** y **pan**. Cuando **tengo sed**, bebo **jugo de naranja**. Me gusta mucho porque es **rico**. Nunca bebo **café** porque es **horrible**.

el cereal

el yogur

En Puerto Rico se dice...

In Puerto Rico the word for *orange juice* is **el jugo de china.**

las bebidas

el jugo de naranja

el café

la leche

C Es la una y **ahora** Marisol y yo comemos **el almuerzo**. En la cafetería **venden** muchas **comidas**: **sándwiches**, **hamburguesas** y **sopa**. También venden **bebidas**: **leche**, jugos y refrescos.

el almuerzo

el sándwich de jamón y queso

la hamburguesa

la sopa

Más vocabulario

¿Cómo? *How?*	**¿Quién(es)?** *Who?*
¿Cuál(es)? *Which?*	**compartir** *to share*
¿Por qué? *Why?*	**otro(a)** *other*
¿Qué? *What?*	*Expansión de vocabulario* p. R4

Continuará...

D Marisol y yo compramos fruta **para** mi papá: **manzanas, bananas** y **uvas.**
La cena es a las siete y **tengo ganas de** comer. Siempre como mucho
cuando mi mamá prepara la comida.

la manzana

las uvas

la banana

En **Puerto Rico** se dice...
The word for *banana* is
el guineo.

la cena

@**HOMETUTOR**
my.hrw.com

**Interactive
Flashcards**

¡A responder!   Escuchar

Write **desayuno** and **almuerzo** on separate pieces of paper. Listen to
the list of foods. Hold up the correct piece or pieces of paper to indicate
when you eat each food.

Práctica de VOCABULARIO

1 | ¡A jugar! Busca, busca

Escribir Find and write the names of the eight foods hidden in the cafeteria scene.

2 | ¿Qué te gusta más? ♻ *¿Recuerdas?* **gustar** with an infinitive p. 44

Hablar Talk with a partner about which foods and drinks you like more.

A ¿Te gusta más comer papas fritas o pizza?

B Me gusta más comer pizza.

Más práctica Cuaderno *pp. 101–103* Cuaderno para hispanohablantes *pp. 101–104*

🌐 **Get Help Online**
my.hrw.com

PARA Y PIENSA

Did you get it?
1. Name three breakfast foods.   2. Name three lunch foods.

VOCABULARIO en contexto

¡AVANZA! **Goal:** Identify the words Rodrigo and Marisol use to ask questions. Then practice these words to ask questions and give answers. *Actividades 3—4*

♻ *¿Recuerdas?* Snack foods p. 33

Telehistoria escena 1

 **HOMETUTOR** View, Read and Record
my.hrw.com

STRATEGIES

Cuando lees

List the question words As you read, list the words that indicate questions, such as **Qué** in **¿Qué amiga?** Save the list so that you can add more question words as you encounter them.

Cuando escuchas

Think about motives In this scene, Marisol asks questions repeatedly. Think of possible reasons why she does this. Which reason seems the most probable to you?

VIDEO DVD

AUDIO

Marisol

Rodrigo

Rodrigo and Marisol walk to the grocery store. Rodrigo is counting his money.

Marisol: ¿A la escuela? ¿Por qué vas a la escuela hoy? Es sábado.

Rodrigo: Trini Salgado llega hoy y necesito un autógrafo en una camiseta. Es importante.

Marisol: ¿En una camiseta? ¿Qué camiseta?

Rodrigo: Tengo una amiga...

Marisol: *(teasing him)* ¿Una amiga? ¿Qué amiga? ¿Cómo se llama?

Rodrigo: Se llama Alicia.

Marisol: ¿De dónde es?

Rodrigo: Es de Miami. *(He loses count and starts over, sighing.)*

Marisol: ¿Cuándo tienes que estar en la escuela?

Rodrigo: A las cuatro de la tarde. *(Rodrigo loses count.)* ¡Y por favor! ¡No más preguntas! *(He starts to count again.)*

Marisol: Quince, veinte, cuarenta...   **Continuará...** p. 166

También se dice

Puerto Rico Rodrigo uses the word **la camiseta** when he mentions Alicia's T-shirt. In other Spanish-speaking countries you might hear:
• **Argentina la remera**
• **Perú el polo**
• **Venezuela la franela**
• **México la playera**

3 | **Muchas preguntas** *Comprensión del episodio*

Escuchar
Leer

Complete each question with the appropriate interrogative word and choose the correct answer according to the episode.

cómo   **dónde**   **quién**

por qué   **qué**

1. ¿ _____ necesita Rodrigo?
2. ¿ _____ se llama la amiga de Rodrigo?
3. ¿De _____ es Alicia?
4. ¿ _____ va a la escuela Rodrigo?
5. ¿ _____ es Trini Salgado?

a. Es de Miami.
b. porque Trini Salgado está allí
c. un autógrafo
d. Alicia
e. una atleta famosa

4 | **¿Cómo es?** ♻ *¿Recuerdas?* Snack foods p. 33

Hablar

Work with a partner to describe the following foods and drinks in your school's cafeteria.

A ¿Cómo es la leche?

B La leche es buena.

Estudiante A

1. **2.** **3.** **4.**

5. **6.** **7.** **8.**

Estudiante B

nutritivo(a)
bueno(a)
malo(a)
horrible
rico(a)

🌐 **Get Help Online**
my.hrw.com

Presentación de GRAMÁTICA

¡AVANZA! **Goal:** Learn how to use **gustar** with nouns. Then practice using this verb to express what foods you like and don't like. *Actividades 5–11*

English Grammar Connection: In English, the phrase *I like* doesn't change. In Spanish, there are two ways to say it, depending on whether what you like is singular or plural. This is because the Spanish phrase **me gusta** literally means that something *is pleasing to me*.

Gustar with Nouns

ANIMATEDGRAMMAR
my.hrw.com

 ¿Recuerdas? You have already learned to use gustar with infinitives to say what people like to do (see p. 44).

To talk about the things that people like, use gustar + **noun**.

Here's how:

If what is liked is singular, use the **singular** form gusta.

If what is liked is plural, use the **plural** form gustan.

Singular
me gusta **la sopa**
te gusta **la sopa**
le gusta **la sopa**
nos gusta **la sopa**
os gusta **la sopa**
les gusta **la sopa**

Plural
me gustan **los jugos**
te gustan **los jugos**
le gustan **los jugos**
nos gustan **los jugos**
os gustan **los jugos**
les gustan **los jugos**

matches singular noun

Me gusta **el cereal.**
I like cereal.

matches plural noun

Me gustan **las uvas.**
I like grapes.

Notice that the singular and plural forms of gustar match what is liked, not the person who likes it.

Más práctica
Cuaderno *pp. 104–106*
Cuaderno para hispanohablantes *pp. 105–107*

@**HOMETUTOR** my.hrw.com
Leveled Practice

Práctica de GRAMÁTICA

5 | ¿Qué les gusta?

Hablar
Escribir

Tell whether the following people like or don't like the following foods and drinks.

> **modelo:** a Luis / el yogur
> A Luis **le gusta** el yogur.

1. a los maestros / el café
2. a nosotros / las papas fritas
3. a Adela / las manzanas
4. a mí / las hamburguesas
5. a mis amigos / los sándwiches

6. a ti / las uvas
7. a Jaime y a Rafael / la leche
8. a usted / el cereal
9. a ellos / las bananas
10. a ustedes / el jugo

6 | En el supermercado

Leer
Escribir

Indicate what these people like and don't like at the supermarket, according to the description.

> **modelo:** El yogur es horrible. (a Rodrigo)
> A Rodrigo no le gusta el yogur.

1. Las uvas son ricas. (a ti)
2. La sopa es buena. (a Marisol)
3. El cereal es malo. (a nosotros)

4. Los huevos son horribles. (a mí)
5. El café es muy bueno. (a usted)
6. Los jugos son nutritivos. (a ellos)

AUDIO

Pronunciación   Las letras **r** y **rr**

In Spanish, the letter **r** in the middle or the end of a word is pronounced by a single tap of the tongue against the gum above the upper front teeth. The letter **r** at the beginning of a word or **rr** within a word is pronounced by several rapid taps called a trill.

Listen and repeat.

| para | cereal | beber | yogur |
| rico | rubio | horrible | pizarrón |

El cereal y el yogur son ricos; no son horribles.

7 | Las comidas favoritas

Comparación cultural

Hablar

La cocina criolla

How do historical influences affect the food that people eat? Traditional cooking in **Puerto Rico,** known as *la cocina criolla,* combines Spanish, African, and indigenous influences. *Tostones* (fried plantains) are a common side dish. Popular snack foods are *alcapurrias* (fried plantains stuffed with meat) and *bacalaítos* (codfish fritters). In **El Salvador,** traditional cuisine blends indigenous and Spanish influences. A typical food is the *pupusa,* a corn tortilla filled with beans, pork, and cheese. *Pupusas* are often served with *curtido,* a spicy coleslaw. *Semita,* a sweet bread layered with pineapple marmalade, is also popular.

Tostones

Compara con tu mundo *Which of these dishes would you most like to try and why? What is the most interesting dish that you have ever tried?*

Pupusas

Use the information to talk with a partner about food preferences in Puerto Rico and El Salvador.

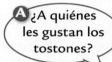

A ¿A quiénes les gustan los tostones?

B A los chicos de Puetro Rico les gustan.

8 | Opiniones

Hablar

Work in a group of three to talk about the foods and drinks you like and don't like.

la pizza   las uvas   la leche

las manzanas   el jugo de naranja   ¿ ?

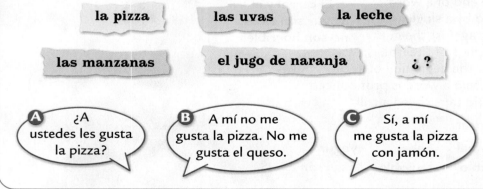

A ¿A ustedes les gusta la pizza?

B A mí no me gusta la pizza. No me gusta el queso.

C Sí, a mí me gusta la pizza con jamón.

9 | El menú

Leer Hablar

Ask a partner questions about which foods on the menu he or she likes more and why.

A ¿Te gusta más el desayuno uno o el desayuno dos?

B Me gusta más el desayuno dos porque me gusta el cereal y no me gustan los huevos.

Restaurante Borinquen

Desayunos (de 8:00 a 11:00)
1. *Huevos fritos o revoltillo con jamón* $4.00
2. *Cereal frío y fruta* $4.00
3. *Frutas frescas*
   (uvas, guineos, manzanas), yogur $3.50

Bebidas incluidas: jugo de china, café o leche

Almuerzos (de 12:00 a 3:00)
1. *Hamburguesa americana, papas fritas* $5.50
2. *Sándwich de jamón y queso, con fruta* $6.50
3. *Pizza con jamón y queso* $5.50
4. *Asopao de vegetales*
   (sopa tradicional de Puerto Rico) $4.00

Bebidas incluidas: jugos, refrescos o café
Postres incluidos: helado, flan o pastel del día

10 | ¿Y tú?

Hablar Escribir

Answer the questions in complete sentences.

1. ¿Qué comida te gusta cuando tienes mucha hambre?
2. ¿Qué bebida te gusta cuando tienes mucha sed?
3. ¿Cuál es una comida nutritiva?
4. ¿Qué comidas nutritivas te gustan y no te gustan?
5. ¿Qué comidas en la cafetería de la escuela te gustan?
6. ¿Qué comidas en la cafetería de la escuela no te gustan?

11 | Le gusta...

Escribir

Think of someone you know who leads an especially healthy lifestyle. Write a short description of that person's favorite activities and the foods he or she likes and doesn't like.

modelo: Mi amigo Javier es muy atlético. Le gusta practicar deportes. Le gustan las frutas, pero no le gusta la pizza porque no es nutritiva...

Más práctica Cuaderno *pp. 104–106* Cuaderno para hispanohablantes *pp. 105–107*

Get Help Online
my.hrw.com

Did you get it?

1. Tell a friend you like eggs for breakfast.
2. Say that José likes pizza with ham.
3. Ask a friend why he or she doesn't like fruit.

GRAMÁTICA en contexto

¡AVANZA!

Goal: Listen to how Marisol and Rodrigo use **gustar** to talk about what they like to eat. Then use **gustar** to talk about likes and dislikes.
Actividades 12–14

Telehistoria escena 2

@**HOME**TUTOR View, Read and Record
my.hrw.com

VIDEO DVD

AUDIO

STRATEGIES

Cuando lees
Organize with a chart To keep thoughts organized, make a chart listing Rodrigo's and Marisol's likes and dislikes about breakfast foods. Are your preferences more like Rodrigo's or more like Marisol's?

Cuando escuchas
Use mental pictures to remember words Listen for names of foods. For each name you hear, picture the food mentally. Remember these words by repeatedly linking them to the mental pictures.

Marisol: ¿Qué te gusta comer en el desayuno?

Rodrigo: Me gustan el cereal, el yogur, las frutas... Y a ti, Marisol, ¿qué te gusta comer en el desayuno?

Marisol: No me gusta el yogur y no me gustan los huevos.

Rodrigo: ¿Te gustan las frutas? ¿Las uvas, las manzanas?

Marisol: No me gusta comer mucho en el desayuno.

Rodrigo: ¡Tienes que comer bien en el desayuno! ¿Te gusta el pan? ¿O la leche?

Marisol: Me gustan las galletas. Tengo hambre.

Rodrigo: Sí. ¡Porque no te gusta comer mucho en el desayuno!

Continuará... p. 172

12 | ¿Un desayuno grande? *Comprensión del episodio*

Escuchar
Leer

Answer the questions about the episode.

1. ¿Qué le gusta comer a Rodrigo en el desayuno?
2. ¿A quién no le gustan los desayunos grandes?
3. ¿Qué le gusta comer a Marisol?
4. ¿Por qué tiene hambre Marisol?

13 | En el desayuno y el almuerzo

Escribir

Write a description of what foods and drinks you like and don't like for breakfast and lunch.

modelo: En el desayuno me gusta el pan. Para beber, me gusta el jugo de naranja. También me gustan las bananas. Es importante comer fruta. No me gustan los huevos. Son horribles. En el almuerzo...

14 | Una entrevista

Hablar
Escribir

Ask another student what he or she likes and doesn't like for lunch. Write the responses. Then compare your likes and dislikes, using a Venn diagram.

modelo: A Nicolás le gustan los sándwiches de queso en el almuerzo. También le gusta la fruta. No le gusta la pizza...

A mí — A Nicolás

Me gustan las hamburguesas. | Nos gusta la fruta. | No le gusta la pizza.

Get Help Online
my.hrw.com

PARA Y PIENSA

Did you get it? Complete each sentence based on the Telehistoria with the correct form of **gustar.**

1. A Marisol no le _____ la comida nutritiva.
2. A Rodrigo le _____ el cereal.
3. A Marisol le _____ las galletas.

Presentación de GRAMÁTICA

 Goal: Learn how to form **-er** and **-ir** verbs. Then use these verbs and **hacer** to talk about school activities and what you and others eat and drink. *Actividades 15–20*

♻ *¿Recuerdas?* The verb **estar** p. 128

English Grammar Connection: Remember that the **present tense** shows an action happening now (see p. 106).

Present Tense of -er and -ir Verbs

ANIMATEDGRAMMAR
my.hrw.com

Regular verbs that end in **-er** or **-ir** work a little differently than regular **-ar** verbs. How do you form the present tense of regular **-er** and **-ir** verbs?

Here's how:

The endings for **-er** and **-ir** verbs are the same except in the **nosotros(as)** and **vosotros(as)** forms. The letter change in these two forms matches the ending of the infinitive.

vender *to sell*			
yo	**vendo**	nosotros(as)	**vendemos**
tú	**vendes**	vosotros(as)	**vendéis**
usted, él, ella	**vende**	ustedes, ellos(as)	**venden**

-er verbs = **-emos**, **-éis**

Mario **vende** comida en la cafetería.
*Mario **sells** food in the cafeteria.*

compartir *to share*			
yo	**comparto**	nosotros(as)	**compartimos**
tú	**compartes**	vosotros(as)	**compartís**
usted, él, ella	**comparte**	ustedes, ellos(as)	**comparten**

-ir verbs = **-imos**, **-ís**

Compartimos las uvas.
***We are sharing** the grapes.*

Más práctica
Cuaderno *pp. 107–109*
Cuaderno para hispanohablantes *pp. 108–111*

@**HOMETUTOR** my.hrw.com
Leveled Practice
🌐 Conjuguemos.com

Práctica de GRAMÁTICA

15 | ¿Comer o beber?

Hablar
Escribir

Tell what these people eat or drink.

> **modelo:** Rodrigo (cereal)
> Rodrigo come cereal.

1. Rodrigo y Marisol (uvas)
2. tú (refrescos)
3. ustedes (pan)
4. Marisol y yo (sopa)
5. Ana (hamburguesas)
6. usted (sándwiches)
7. yo (jugo de naranja)
8. los maestros (café)

16 | ¿En la cafetería o en clase? ♻ *¿Recuerdas?* The verb **estar** p. 128

Hablar
Escribir

Tell what these people are doing and where they are right now.

> **modelo:** Marisol / vender fruta
> Marisol vende fruta. Ahora está **en la cafetería.**

1. yo / beber leche
2. ellas / leer un libro
3. tú / comer yogur
4. Rodrigo / aprender el español
5. ustedes / escribir en el pizarrón
6. tú y yo / compartir una pizza

17 | Actividades en el almuerzo

Escuchar
Escribir

Listen to the descriptions of Marisol and her friends, and take notes. Then write sentences saying who does what, using elements from each puzzle piece.

1. Marisol
2. la cafetería
3. Rodrigo y Mateo
4. Carmen
5. Raúl y David
6. Laura y Diana

The verb **hacer** is irregular in the present tense only in the **yo** form: **hago.** In the other forms, it follows the pattern for **-er** verbs. (See p. R12 for the complete conjugation.)

Hago un sándwich.	Carmen **hace** la tarea.
*I **am making** a sandwich.*	*Carmen **is doing** her homework.*

18 | ¿Con quién?

Hablar

Ask a partner with whom he or she does the following activities.

modelo: comer pizza

A ¿Con quién comes pizza?

B Como pizza con Alicia.

1. correr
2. compartir el almuerzo
3. hacer la tarea
4. comer ¿ ?
5. escribir correos electrónicos
6. beber ¿ ?

Comparación cultural

La Plaza de Colón

How do some cities reflect their historical colonial past? In Old San Juan you will find cobblestone streets, Spanish colonial buildings, and many plazas as part of **Puerto Rico's** Spanish heritage. The Plaza de Colón is popular with both tourists and locals. A statue of Christopher Columbus in the center of the square includes plaques commemorating the explorer's achievements.

Compara con tu mundo *What is a well-known landmark in your area? What does it represent? Why is it important?*

La Plaza de Colón

19 | En el café Buenavida

**Hablar
Escribir**

Look at the picture below and tell what the people are doing.

20 | Una encuesta

Hablar

Survey your classmates about the following activities.

modelo: leer: en la biblioteca, en la cafetería, en la clase de inglés

A ¿Lees en la biblioteca, en la cafetería o en la clase de inglés?

B Leo en la clase de inglés.

C Leo en la biblioteca y en la cafetería.

1. beber: leche, refrescos, jugo
2. hacer la tarea: en la clase, en la biblioteca, en la cafetería
3. escribir: en un cuaderno, en el pizarrón, en la computadora
4. comer: sándwiches, pizza, hamburguesas
5. aprender: historia, matemáticas, ciencias
6. compartir: pizza, uvas, papas fritas

Más práctica   Cuaderno *pp. 107–109*   Cuaderno para hispanohablantes *pp. 108–111*

🌐 **Get Help Online**
my.hrw.com

PARA Y PIENSA

Did you get it? Complete each sentence with the correct form of the verb in parentheses.

1. ¿Qué _____ ellas? (hacer) Ellas _____ el desayuno. (comer)
2. ¿Qué _____ tú? (hacer) Yo _____ un libro. (leer)
3. ¿Qué _____ Rafael? (hacer) Rafael _____ un refresco. (beber)

Todo junto

Goal: *Show what you know* Pay attention to the **-er** and **-ir** verbs Rodrigo and Marisol use to talk about eating healthy food. Then practice these verbs and **gustar** to talk about lunchtime in the cafeteria. *Actividades 21–25*

♻ *¿Recuerdas?* Telling time p. 99

Telehistoria completa

@HOMETUTOR my.hrw.com **View, Read and Record**

STRATEGIES

Cuando lees

Find the twist There is sometimes a "twist," or something unexpected, toward the end of a story or scene. Find the twist in this scene. What is it? Why is it unexpected?

Cuando escuchas

Listen for attitude changes To understand the scene fully, notice people's attitudes. At the beginning of the scene, what are Marisol's and Rodrigo's contrasting attitudes? Whose attitude changes during the scene? Why?

Escena 1 *Resumen*

Rodrigo necesita el autógrafo de Trini Salgado para Alicia. Tiene que estar en la escuela a las cuatro de la tarde.

Escena 2 *Resumen*

Rodrigo compra comida. Le gusta la comida nutritiva. Marisol tiene hambre porque no le gusta comer mucho en el desayuno.

Escena 3

 VIDEO DVD

 AUDIO

Marisol stops to order an ice cream.

Rodrigo: ¿Helado? ¿En el almuerzo?

Marisol: Sí, tengo ganas de comer helado. ¿Compartimos?

Rodrigo: El helado no es nutritivo.

Marisol: ¡Pero es muy rico!

Rodrigo: ¿Qué comes en la cena? ¿Una hamburguesa con papas fritas?

Marisol: ¿Venden papas fritas?

Rodrigo: Tienes que comer comidas buenas.

Marisol: Sí, sí. Yo como comida nutritiva de vez en cuando.

Rodrigo: ¿Sí? ¿Qué comes?

Marisol: Me gusta la sopa.

Rodrigo: La sopa es muy buena.

Marisol: Necesito una bebida.

Marisol walks away. Rodrigo sneaks a taste of her ice cream.

Rodrigo: El helado es muy rico.

21 | ¡A completar! *Comprensión de los episodios*

Escuchar
Leer

Complete the following sentences, based on the episodes.

1. Rodrigo necesita...
2. La amiga de Miami se llama...
3. En el desayuno Rodrigo come...
4. Marisol tiene hambre porque...
5. Marisol tiene ganas de...
6. Cuando Marisol compra una bebida, Rodrigo...

22 | Organiza la información *Comprensión de los episodios*

Escuchar
Leer

Write an article about Marisol or Rodrigo. Copy this map on a piece of paper and use it to organize the information.

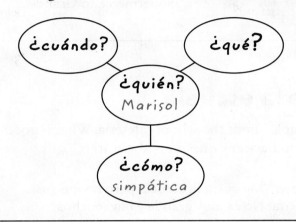

23 | ¿Qué hacen en la cafetería?

♻ **¿Recuerdas?** Telling time p. 99

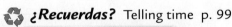

Hablar

STRATEGY Hablar

Think and practice in advance First write down words or phrases you want to say. Then practice pronouncing them aloud. Say them in sentences several times and you will be ready for your conversation!

Work in a group of three to talk about what you do in the cafeteria. Include what time you go and what they sell there. Also explain what you eat and drink and why.

A ¿A qué hora van ustedes a la cafetería? ¿Qué hacen?

B Como en la cafetería a la una. Los lunes como pizza y bebo jugo porque no me gusta la leche.

C Yo compro una manzana y leo un libro...

24 | Integración

Leer
Escuchar
Hablar

Read the newspaper ad for Supermercado Grande. Then listen to the radio ad for Supermercado Econo. Say what foods you like and where they sell them.

Fuente 1 Anuncio

Supermercado Grande

Uvas $149 lb. Reg. $1.95 lb.

Galletas dos por $100 Reg. $1.50

Manzanas 75¢ lb. Reg. 99¢ lb.

$499 Reg. $6.99

Pizza de queso

Fuente 2 Anuncio de radio

Listen and take notes
• ¿Qué comidas venden en el Supermercado Econo?
• ¿Qué venden en la cafetería?

modelo: A mí me gustan las uvas. Venden uvas en el Supermercado Grande...

25 | La cafetería de la escuela

Escribir

Write a letter to your principal about the school cafeteria. What is good and bad there? Why? Do you have any questions about it?

modelo: Sr. Hogan:

¿Cómo está usted? Me gusta la escuela pero no me gusta mucho la cafetería. No es muy grande y hay muchos estudiantes. ¿Por qué no venden...

Writing Criteria	Excellent	Good	Needs Work
Content	Your letter includes a lot of information.	Your letter includes some information.	Your letter includes little information.
Communication	Most of your letter is organized and easy to follow.	Parts of your letter are organized and easy to follow.	Your letter is disorganized and hard to follow.
Accuracy	Your letter has few mistakes in grammar and vocabulary.	Your letter has some mistakes in grammar and vocabulary.	Your letter has many mistakes in grammar and vocabulary.

Más práctica   Cuaderno *pp. 110–111*   Cuaderno para hispanohablantes *pp. 112–113*

Get Help Online
my.hrw.com

PARA
Y
PIENSA

Did you get it? Complete the first sentence with a form of **gustar,** and the second sentence with the correct form of **compartir** or **beber.**
1. A Rodrigo le _____ la fruta. Él _____ jugo de naranja.
2. A Rodrigo y a Ana les _____ los sándwiches. Siempre _____ un sándwich.

Juegos y diversiones

Review food vocabulary by playing a game of Fly Swatter.

MATAMOSCAS

The Setup

Your teacher will tape a number of picture cards on the board and divide the class into two teams.

Playing the Game

The first player from each team will go up to the board. Your teacher will give each player a fly swatter and then say a vocabulary word represented by one of the pictures. The player who "swats" the correct picture first gets a point.

Play continues with new players from each team.

The Winner!

The team with the most points at the end wins.

Materials
- picture cards representing vocabulary words
- two fly swatters
- tape

Lectura

¡AVANZA! **Goal:** Read a section from a supermarket ad and then a shopping list. Compare this information with the foods and beverages you eat and drink.

AUDIO

¡A comprar y a comer!

The following is a supermarket ad from Supermercados La Famosa and a shopping list.

STRATEGY Leer
Don't translate; use pictures!
Sketch and label pictures of the foods and beverages on the shopping list. Below each picture, write the brand or type of item you can buy at Supermercados La Famosa.

SUPERMERCADOS LA FAMOSA
TENEMOS BUENOS PRECIOS Y PRODUCTOS SUPERIORES

Hamburguesas El bohío, 1.5 lbs.
$4.29

$1.79 **Queso americano de sándwich Vitarroz 12 oz.** [1]

Jamón de sándwich Astor $5.79/LB.

Uvas de California $2.59/LB.

Yogur de mango La Yogurt $1.09

$1.29 **Queso crema La Cremosa 8 oz.**

Leche condensada La Fe 14 oz. .99¢

[1] onzas   [2] libra

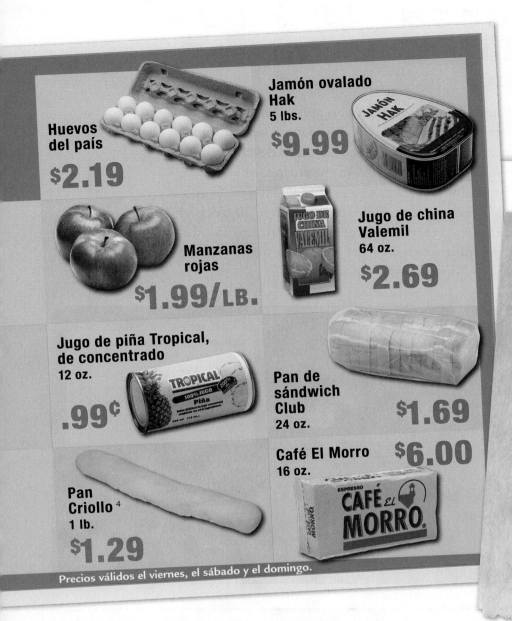

Huevos del país
$2.19

Jamón ovalado Hak
5 lbs.
$9.99

Manzanas rojas
$1.99/LB.

Jugo de china Valemil
64 oz.
$2.69

Jugo de piña Tropical, de concentrado
12 oz.
.99¢

Pan de sándwich Club
24 oz.
$1.69

Café El Morro
16 oz.
$6.00

Pan Criollo [4]
1 lb.
$1.29

Precios válidos el viernes, el sábado y el domingo.

Lista de compras

café
huevos
leche condensada
jugo de china
pan
yogur
cereal
jamón de sándwich
queso de sándwich
uvas
manzanas

---

[3] En Puerto Rico usan dólares estadounidenses.

[4] bread similar to French bread

PARA Y PIENSA

¿Comprendiste?

1. ¿Qué hay en la lista que no está en la circular?
2. ¿Qué venden en Supermercados La Famosa que no está en la lista?
3. ¿Qué frutas hay en la lista?

¿Y tú?

¿Qué comida en Supermercados La Famosa comes tú? ¿Qué bebes?

Conexiones   *Las ciencias*

Los huracanes

The Caribbean island of Puerto Rico is located in an area prone to hurricanes (**huracanes**). The word *hurricane* comes from the Taino word *hurákan*, which was used by the pre-Columbian inhabitants of the island to describe these storms (**tormentas**). Hurricanes draw energy from the surface of warm tropical waters and from moisture in the air. The extreme winds of 74 miles per hour or more can create storm surges—domes of water up to 20 feet high and 100 miles wide—and can spawn tornadoes, torrential rain, and floods. Research and write about the most severe weather condition where you live. Create a diagram or drawing to illustrate your report.

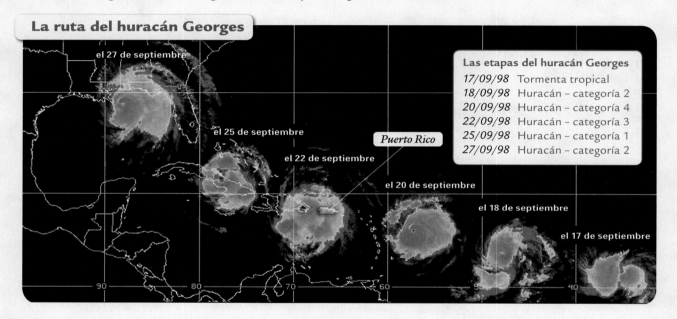

La ruta del huracán Georges

el 27 de septiembre

el 25 de septiembre

Puerto Rico

el 22 de septiembre

el 20 de septiembre

el 18 de septiembre

el 17 de septiembre

Las etapas del huracán Georges	
17/09/98	Tormenta tropical
18/09/98	Huracán – categoría 2
20/09/98	Huracán – categoría 4
22/09/98	Huracán – categoría 3
25/09/98	Huracán – categoría 1
27/09/98	Huracán – categoría 2

Proyecto 1 *Las matemáticas*

Hurricane Georges passed over Puerto Rico at a speed of about 24 kilometers per hour (**kilómetros por hora**). Find the distance from Humacao to Mayagüez in kilometers and calculate the time it took for the storm to move from one city to the other.

Proyecto 2 *La historia*

Research another major hurricane that has hit Puerto Rico in the past two decades. Draw a map showing the trajectory of the hurricane. Then write a paragraph describing the storm.

Proyecto 3 *La geografía*

Compare this map to the one on page xxxiii to name three other countries that were hit by Hurricane Georges. Make a chart in Spanish showing the three countries, the dates of the storm, and the category of the hurricane at the time it hit.

La playa Ocean Park, Puerto Rico, durante el huracán Georges

En resumen
Vocabulario y gramática

Vocabulario

Talk About Foods and Beverages

Meals

el almuerzo	lunch
la bebida	beverage, drink
la cena	dinner
compartir	to share
la comida	food; meal
el desayuno	breakfast
vender	to sell

For Breakfast

el café	coffee
el cereal	cereal
el huevo	egg
el jugo de naranja	orange juice
la leche	milk
el pan	bread
el yogur	yogurt

For Lunch

la hamburguesa	hamburger
el sándwich de jamón y queso	ham and cheese sandwich
la sopa	soup

Fruit

la banana	banana
la manzana	apple
las uvas	grapes

Describe Feelings

tener ganas de...	to feel like . . .
tener hambre	to be hungry
tener sed	to be thirsty

Ask Questions

¿Cómo?	How?
¿Cuál(es)?	Which?; What?
¿Por qué?	Why?
¿Qué?	What?
¿Quién(es)?	Who?

Other Words and Phrases

ahora	now
Es importante.	It's important.
horrible	horrible
nutritivo(a)	nutritious
otro(a)	other
para	for; in order to
rico(a)	tasty, delicious

Gramática

Notas gramaticales: Interrogative words *p. 161,* The verb **hacer** *p. 170*

Gustar with Nouns

To talk about the things that people like, use
gustar + **noun.**

Singular
me gusta **la sopa**
te gusta **la sopa**
le gusta **la sopa**
nos gusta **la sopa**
os gusta **la sopa**
les gusta **la sopa**

Plural
me gustan **los jugos**
te gustan **los jugos**
le gustan **los jugos**
nos gustan **los jugos**
os gustan **los jugos**
les gustan **los jugos**

Present Tense of -er and -ir Verbs

vend**er** *to sell*	
vend**o**	vend**emos**
vend**es**	vend**éis**
vend**e**	vend**en**

compart**ir** *to share*	
compart**o**	compart**imos**
compart**es**	compart**ís**
compart**e**	compart**en**

Repaso de la lección

 ¡LLEGADA!

Now you can
- talk about foods and beverages
- ask questions
- say which foods you like and don't like

Using
- interrogative words
- **gustar** with nouns
- present tense of **-er** and **-ir** verbs
- the verb **hacer**

To review
- **gustar** with nouns p. 162
- present tense of **-er** and **-ir** verbs p. 168

1 | Listen and understand

AUDIO

Lola never eats traditional meals. Listen to the radio interview. Write **el desayuno, el almuerzo,** or **la cena,** according to when she eats or drinks each item.

1. huevos   **3.** leche   **5.** banana   **7.** pan
2. café   **4.** hamburguesas   **6.** refresco   **8.** cereal

---

To review
- present tense of **-er** and **-ir** verbs p. 168
- the verb **hacer** p. 170

2 | Talk about foods and beverages

Write what these people are doing in the cafeteria.

modelo: Daniel / comer
Daniel come pan.

1. Irene / beber

2. ustedes / compartir

3. yo / hacer

4. nosotros / vender

5. yo / comer

6. tú / hacer

7. los estudiantes / beber

8. Trinidad y yo / compartir

3 | Ask questions

To review
• interrogative words p. 161

Gilberto is a new student. It's lunchtime, and he is in the cafeteria with Julia. Complete the conversation with interrogative words.

> **modelo:** ¿<u>Cuál</u> es el sándwich del día?
> Es el sándwich de jamón y queso.

Gilberto: ¿ **1.** está el yogur?

Julia: Está al lado de las frutas.

Gilberto: ¿ **2.** no venden pizza?

Julia: Porque hoy no es viernes.

Gilberto: ¿ **3.** venden los martes?

Julia: Venden hamburguesas.

Gilberto: ¿ **4.** es la sopa?

Julia: Es muy rica.

Gilberto: ¿ **5.** prepara la comida?

Julia: La señora Aguirre.

Gilberto: ¿ **6.** personas trabajan en la cafetería?

Julia: Nueve o diez.

Gilberto: ¿ **7.** compramos la bebida?

Julia: Ahora, con la comida.

Gilberto: ¿ **8.** vamos después del almuerzo?

Julia: A la clase de inglés.

4 | Say which foods you like and don't like

To review
• **gustar** with nouns p. 162

These people are in the supermarket and are talking about foods and drinks. Write sentences about what they like and don't like, according to what they say.

> **modelo:** la señora Medina: «El yogur es bueno.»
> A la señora Medina le gusta el yogur.

1. ustedes: «No, el yogur es horrible.»
2. Adán y Susana: «Necesitamos manzanas. Son nutritivas.»
3. el señor Chávez: «El café es bueno.»
4. nosotros: «No, el café es malo.»
5. yo: «Tengo ganas de comer uvas.»
6. tú: «Las hamburguesas son ricas.»

5 | Puerto Rico and El Salvador

To review
• El Yunque p. 153
• Comparación cultural pp. 154, 164, 170

Comparación cultural

Answer these culture questions.

1. What is El Yunque and what can you find there?
2. What is a popular cold treat in Puerto Rico?
3. What can you find in Plaza de Colón?
4. Describe some popular foods from Puerto Rico and El Salvador.

Más práctica Cuaderno *pp. 112–123* Cuaderno para hispanohablantes *pp. 114–123*

Get Help Online
my.hrw.com

Lección

2

Tema:

En mi familia

¡AVANZA!

In this lesson you will learn to
- talk about family
- ask and tell ages
- express possession
- give dates
- make comparisons

using
- **de** to show possession
- possessive adjectives
- comparatives

♻ ¿Recuerdas?
- the verb **tener,** describing others
- numbers from 11 to 100
- after-school activities

Comparación cultural

In this lesson you will learn about
- government elections
- portraits and instruments from Puerto Rico and Peru
- **quinceañeras** in Puerto Rico and Peru
- meals in Puerto Rico, El Salvador, and Peru

Compara con tu mundo
In many Spanish-speaking countries, families share time together at the table long after a meal is over. This custom is called **la sobremesa.** *Does your family have any traditions involving mealtimes? What are they?*

¿Qué ves?

Mira la foto

¿Tiene sed Rodrigo?

¿Qué beben los señores, café o refrescos?

¿Cómo es la chica?

Una familia come en casa
San Juan, Puerto Rico

Presentación de VOCABULARIO

Goal: Learn about Rodrigo's family. Then practice what you have learned to talk about families and express possession. *Actividades 1–2*

VIDEO DVD

AUDIO

A Soy Rodrigo. Vivo en Puerto Rico con mis padres. Ellos tienen dos hijos. Yo soy su hijo y mi hermana Ana es su hija. Te presento a las otras personas en nuestra familia.

los abuelos

la abuela   el abuelo

María y Cristóbal

los padres

la madre   el padre

Celia y José

los tíos

la tía   el tío

Camila y Pablo

los hermanos

el hermano   la hermana

Rodrigo y Ana

el perro

Capitán

el gato

Príncipe

los primos

el primo   la prima

Tito y Éster

B ¿**Cuántos años tienes tú?** Yo **tengo** quince **años.** Ana, mi hermana **menor,** tiene nueve años. Soy su **hermano mayor.**

C ¿**Cuál es la fecha?** Hoy **es el primero de abril.** Es mi **cumpleaños.** ¿Cuándo es **tu** cumpleaños?

¡Feliz cumpleaños!

los meses

enero

febrero

marzo

abril

mayo

junio

julio

agosto

septiembre

octubre

noviembre

diciembre

Continuará...

Presentación de VOCABULARIO

(continuación)

Los números de 101 a 1.000.000

101
ciento uno(a)

102
ciento dos

200
doscientos(as)

300
trescientos(as)

400
cuatrocientos(as)

500
quinientos(as)

600
seiscientos(as)

700
setecientos(as)

800
ochocientos(as)

900
novecientos(as)

1,000
mil

1,000,000
un millón (de)

Más vocabulario

la madrastra *stepmother*	**la fecha de nacimiento** *birth date*
el padrastro *stepfather*	**ya** *already*

Expansión de vocabulario p. R4

@**HOME**TUTOR
my.hrw.com
**Interactive
Flashcards**

¡A responder! Escuchar

Listen to the sentences about Rodrigo's family. If the sentence is true, raise your left hand. If it is false, raise your right hand.

Práctica de VOCABULARIO

1 | La familia de Rodrigo

Hablar
Escribir

Tell how each person is related to Rodrigo. Use the family tree on page 184 to help you.

modelo: José es el padre.

1.

2.

3.

4.

5.

6.

7.

Nota gramatical

In Spanish, **'s** is never used. To show possession, use **de** and the **noun** that refers to the owner/possessor.

el gato **de Marisa**   *Marisa's cat*   los primos **de Juan**   *Juan's cousins*

---

2 | La familia de Marisol

Leer

Match the columns to describe the relationship between various members of Marisol's family.

1. El padre de mi madre es...   **a.** mi hermana.
2. Las hermanas de mi padre son...   **b.** mi madre.
3. La hija de mi padre es...   **c.** mis tías.
4. Los hijos de mis padres son...   **d.** mi abuelo.
5. Las hijas de mi tía son...   **e.** mis primas.
6. La hermana de mi tía es...   **f.** mis hermanos.

Más práctica   Cuaderno *pp. 124–126*   Cuaderno para hispanohablantes *pp. 124–127*

PARA Y PIENSA

Get Help Online
my.hrw.com

Did you get it? Fill in the blank with the correct vocabulary word.
1. El _____ de tus tíos es tu primo.
2. Los _____ de tus padres son tus abuelos.
3. Las _____ de tu madre son tus tías.

VOCABULARIO *en contexto*

Goal: Identify the words Marisol and Rodrigo use to talk about birthdays and other family members. Then practice the words you have learned to ask and tell a person's age. *Actividades 3–4*

♻ *¿Recuerdas?* The verb **tener** p. 100, numbers from 11 to 100 p. 94

Telehistoria escena 1

@HOMETUTOR View, Read and Record
my.hrw.com

STRATEGIES

Cuando lees
Analyze the scene This scene starts out calmly and ends with a problem. What do the characters talk about at the beginning? What is the problem, and whose problem is it?

Cuando escuchas
Remember, listen, and predict
Before listening, remember why Rodrigo wanted Alicia's T-shirt. What happens to the T-shirt in this scene? After listening, predict what will happen next.

VIDEO DVD

AUDIO

Rodrigo · Marisol · Sra. Vélez · Ana

Rodrigo and Marisol arrive in Rodrigo's kitchen.

Marisol: Señora Vélez, ¿es su cumpleaños?

Sra. Vélez: No, es el cumpleaños de Ana.

Marisol: ¡Feliz cumpleaños! ¿Cuántos años tienes?

Ana: Hoy tengo nueve años. Mañana, ¡diez!

Marisol: ¿Mañana? ¿El veintiocho de febrero?

Rodrigo: No. El primero de marzo.

Marisol: El cumpleaños de mi abuela es el primero de marzo.

Ana: Ah, ¿sí? ¿Cuántos años tiene?

Marisol: Tiene sesenta y ocho años.

Rodrigo: Mamá, ¿dónde está la camiseta? Trini Salgado está en la escuela a las cuatro.

Continuará... p. 194

También se dice

Puerto Rico Marisol uses the word **abuela** to talk about her grandmother. In other Spanish-speaking countries you might hear:
• **Perú, Argentina** **la mamama**

3 | Un cumpleaños *Comprensión del episodio*

Tell if the sentences are true or false. Correct the false statements to make them true.

1. Es el cumpleaños de la señora Vélez.
2. Mañana es el veintiocho de febrero.
3. El cumpleaños de Ana es en el mes de febrero.
4. El cumpleaños de la abuela de Marisol es el primero de marzo.

Nota gramatical ♻ *¿Recuerdas?* The verb **tener** p. 100

Use the verb **tener** to talk about how old a person is.

¿Cuántos años **tiene** tu amiga?   ¿Violeta? **Tiene** quince años.
How old is your friend?   *Violeta? She's fifteen years old.*

---

4 | ¿Cuántos años tienen? ♻ *¿Recuerdas?* Numbers from 11 to 100 p. 94

Hablar

Talk with a partner about how old the members of Rodrigo's family are. If you need help, look at the family tree on page 184.

A ¿Cuántos años tiene la madre de Rodrigo?   **B** Tiene cuarenta y cinco años.

45 años

1. 10 años

2. 3 años

3.  66 años

4.  14 años

5.  38 años

6.  47 años

7. 39 años

8.  64 años

---

Get Help Online
my.hrw.com

PARA Y PIENSA

Did you get it? Give each age, using **tener** and the word for each number in parentheses.

1. Marisol _____ _____ años. (14)
2. El gato de la familia Vélez _____ _____ años. (8)
3. Los padres de Marisol _____ _____ años. (52)

Presentación de GRAMÁTICA

¡AVANZA!

Goal: Learn to express possession. Then practice using possessive adjectives to talk about your family members and to give dates. **Actividades 5–9**

♻ *¿Recuerdas?* After-school activities p. 32, describing others p. 60

English Grammar Connection: Possessive adjectives tell you who owns something or describe a relationship between people or things. The forms of possessive adjectives do not change in English, but they do change in Spanish.

They are **my** cousins.   Ellos son **mis** primos.

Possessive Adjectives

ANIMATEDGRAMMAR
my.hrw.com

In Spanish, **possessive adjectives** agree in number with the nouns they describe.

Here's how:

Singular Possessive Adjectives	
mi *my*	**nuestro(a)** *our*
tu *your (familiar)*	**vuestro(a)** *your (familiar)*
su *your (formal)*	**su** *your*
su *his, her, its*	**su** *their*

Plural Possessive Adjectives	
mis *my*	**nuestros(as)** *our*
tus *your (familiar)*	**vuestros(as)** *your (familiar)*
sus *your (formal)*	**sus** *your*
sus *his, her, its*	**sus** *their*

Es **mi** tía.
*She is **my** aunt.*

Son **mis** tías.
*They are **my** aunts.*

Nuestro(a) and **vuestro(a)** must also agree in gender with the nouns they describe.

agrees

Nuestra abuela tiene 70 años.
***Our** grandmother is 70 years old.*

agrees

Nuestros abuelos viven en San Francisco.
***Our** grandparents live in San Francisco.*

Más práctica
Cuaderno *pp. 127–129*
Cuaderno para hispanohablantes *pp. 128–130*

@**HOMETUTOR** my.hrw.com
Leveled Practice

Práctica de GRAMÁTICA

5 | Las familias

Leer | Marisol is talking about families and their pets. Choose the correct possessive adjective to express what she says.

1. Nosotros tenemos tres primas. (Nuestros / Nuestras) primas son altas.
2. Ustedes tienen un abuelo. (Su / Nuestro) cumpleaños es el dos de abril.
3. Mi familia y yo tenemos una gata vieja. (Nuestra / Su) gata es Rubí.
4. Yo tengo dos hermanos mayores. (Mi / Mis) hermanos son estudiosos.
5. Mis abuelos tienen un perro. (Su / Mi) perro es perezoso.
6. ¡Feliz cumpleaños! Hoy tienes quince años. Es (tu / su) cumpleaños.

6 | ¿Qué hacen? ♻ *¿Recuerdas?* After-school activities p. 32

Leer
Escribir | Use a possessive adjective and tell what activities these people do.

> **modelo:** La hermana de Alicia es inteligente. (sacar buenas notas)
> **Su hermana saca buenas notas.**

1. Los abuelos de nosotros no son muy serios. (escuchar música rock)
2. Los tíos de ustedes son trabajadores. (trabajar mucho)
3. La prima de Marisol no es perezosa. (hacer la tarea)
4. La madre de Rodrigo es atlética. (practicar deportes)
5. La hermana de nosotros es muy estudiosa. (leer muchos libros)
6. El padrastro de Luz es simpático. (pasar un rato con la familia)

AUDIO

Pronunciación La letra j

The **j** in Spanish sounds similar to the English *h* in the word *hello*.

Listen and repeat.

jamón mujer
dibujar joven
junio hija

La mujer pelirroja es joven.
El cumpleaños del hijo es en julio.

Soy Javier, el hijo de la mujer pelirroja. Mi cumpleaños es en julio.

To give the date, use the following phrase: **Es el** + **number** + **de** + **month**.

Hoy **es el diez de** diciembre. *Today is the **tenth of December**.*

Only the first of the month does not follow this pattern.

Es el primero de diciembre. *It is **December first**.*

The year is expressed in **thousands** and **hundreds**.

mil cuatrocientos noventa y dos *1492*

In Spanish-speaking countries, the date is written with the number of the day first, then the number of the month: el dos de mayo = 2/5.

7 | Unos puertorriqueños famosos

Hablar

Work with a partner. Use the timeline to give the birth dates of these famous Puerto Ricans.

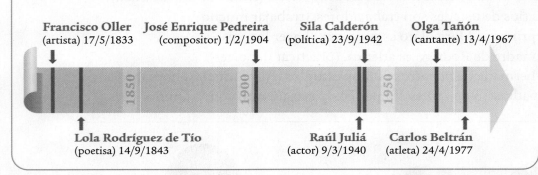

A ¿Cuál es la fecha de nacimiento de Carlos Beltrán?

B Su fecha de nacimiento es el veinticuatro de abril de mil novecientos setenta y siete.

Francisco Oller (artista) 17/5/1833   José Enrique Pedreira (compositor) 1/2/1904   Sila Calderón (política) 23/9/1942   Olga Tañón (cantante) 13/4/1967

1850   1900   1950

Lola Rodríguez de Tío (poetisa) 14/9/1843   Raúl Juliá (actor) 9/3/1940   Carlos Beltrán (atleta) 24/4/1977

8 | ¿Cómo son? ♻ *¿Recuerdas?* Describing others p. 60

Hablar

Talk with another student about the people and pets in your family.

modelo: serio(a)

A ¿Hay una persona seria en tu familia?

B Sí, mi tío David es muy serio.

1. atlético(a)
2. cómico(a)
3. desorganizado(a)
4. inteligente
5. perezoso(a)
6. artístico(a)
7. simpático(a)
8. trabajador(a)
9. ¿ ?

9 | Las fechas de nacimiento

Escribir

Write sentences with the names and birth dates of five of your family members and friends.

madre/madrastra   abuelo(a)   hermano(a)

padre/padrastro   amigo(a)   ¿?

modelo: Mi madre se llama Julia. Su fecha de nacimiento es el veintitrés de marzo de mil novecientos sesenta y dos...

Comparación cultural

Las elecciones en Puerto Rico

What do elections reveal about a culture?
Puerto Rico is a commonwealth of the United States. Puerto Ricans have U.S. citizenship and those living on the mainland can vote in presidential elections. On the island, Puerto Ricans vote for their governor and local legislature. Voter turnout is high, often over 80 percent. Puerto Rico has three main political parties: the *Partido Popular Democrático* favors the current political status, the *Partido Nuevo Progresista* wants Puerto Rico to become the 51st state, and the *Partido Independentista Puertorriqueño* supports independence from the U.S.

Compara con tu mundo *What issues would motivate you to vote when you are 18? Have you ever voted in any school elections?*

Residencia y oficina del gobernador, Viejo San Juan

Más práctica   Cuaderno *pp. 127–129*   Cuaderno para hispanohablantes *pp. 128–130*

Get Help Online
my.hrw.com

PARA Y PIENSA

Did you get it? Fill in the correct possessive adjective and dates.
1. El cumpleaños de _____ (my) madrastra es _____ . (6/9)
2. El cumpleaños de _____ (our) hermano es _____ . (25/1)
3. El cumpleaños de _____ (his) amigo es _____ . (17/4)

GRAMÁTICA en contexto

¡AVANZA!

Goal: Listen to the possessive adjectives Marisol and Rodrigo use to talk about the members of his family. Then use possessive adjectives to talk about your family and the birthdays of people you know. *Actividades 10–12*

Telehistoria escena 2

@**HOMETUTOR** my.hrw.com **View, Read and Record**

STRATEGIES

Cuando lees
List and practice words While reading, list the words for family members, such as **madre.** Then practice! Say these words aloud several times. Say them in sentences and create questions with them.

Cuando escuchas
Track the people and actions
While listening, identify the people involved and the actions. What does each one say? Who helps solve the key problem? What new problem arises?

VIDEO DVD

AUDIO

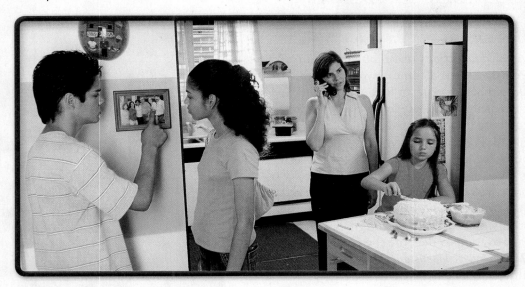

Rodrigo:	¿Dónde está la camiseta?
Sra. Vélez:	¡Ah, tus primos! *(She picks up the phone and dials.)*
Rodrigo:	*(explaining to Marisol)* Ellos comen con nosotros todos los viernes. A nuestros primos les gusta jugar al fútbol.
Sra. Vélez:	*(on the phone)* ¿Camila? Es Celia. Tengo una pregunta…
Rodrigo:	Es mi tía Camila. La tía Camila es la madre de Éster y Tito. Mis primos tienen catorce y diez años.
Marisol:	*(pointing to a family portrait)* ¿Es tu familia?
Rodrigo:	Mi madre tiene dos hermanas: Inés y Mónica. Mi padre tiene un hermano, Sergio, y una hermana, Camila.
Sra. Vélez:	Rodrigo, tu primo Tito tiene la camiseta de tu amiga Alicia.
Rodrigo:	*(to Marisol)* Mi primo tiene perros muy grandes. ¡No me gustan los perros de Tito!

Continuará… p. 200

10 | Una familia grande *Comprensión del episodio*

Escuchar
Leer

Complete the sentences to describe the episode.

1. La madre de Rodrigo
   a. no tiene la camiseta.
   b. no tiene hermanas.

2. Los primos de Rodrigo
   a. comen en su casa todos los días.
   b. comen en su casa todos los viernes.

3. A los primos de Rodrigo
   a. les gusta jugar al fútbol.
   b. les gusta hablar por teléfono.

4. La tía Camila
   a. es la madre de Tito y Éster.
   b. es la hermana de Inés y Mónica.

5. El padre de Rodrigo
   a. tiene dos hermanas.
   b. tiene una hermana.

6. A Rodrigo
   a. no le gusta la camiseta.
   b. no le gustan los perros.

11 | ¿Cuál es tu fecha de nacimiento?

Hablar

Find out the birth dates of eight classmates and make a chart. Share the results with the class.

A ¿Cuál es tu fecha de nacimiento?

B Mi fecha de nacimiento es el quince de enero de...

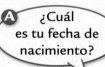

enero	febrero	marzo
Sandy 15/1/...	Lillian 24/2/...	
Doug 21/1/...		

12 | Tu familia

Escribir

Write a paragraph about your family. Include the answers to the following questions.

- ¿Es grande o pequeña tu familia?
- ¿Cuántos hermanos y hermanas tienes?
- ¿Cómo son las personas de tu familia?
- ¿Cuántos años tienen las personas de tu familia?

modelo: Mi familia es grande. Tengo tres hermanos y una hermana. Mi madre tiene treinta y siete años. Es...

Get Help Online
my.hrw.com

PARA Y PIENSA

Did you get it? Using complete sentences, tell the birthdays of the following people.
1. Camila (12/6)   **2.** Éster (1/10)   **3.** Tito (28/3)   **4.** Celia (17/1)

Presentación de GRAMÁTICA

¡AVANZA!

Goal: Learn to make comparisons. Then use them to describe your family, your friends, and yourself. *Actividades 13–18*

English Grammar Connection: Comparatives are expressions used to compare two people or things. In English, comparative adjectives are formed by adding *-er* to the end of a word or by using *more, less,* and *as.*

Rodrigo is **taller** than his sister.   Rodrigo es **más alto** que su hermana.

Comparatives

ANIMATED GRAMMAR
my.hrw.com

There are several phrases in Spanish used to make comparisons.

Here's how: Use the following phrases with an **adjective** to compare two things. The adjectives agree with the first noun.

agrees

más... que *more . . . than*	Mi abuel**a** es **más artística** que mi padre. *My grandmother is **more** artistic **than** my father.*
menos... que *less . . . than*	La clase de ciencias es **menos divertida** que la clase de inglés. *Science class is **less** fun **than** English class.*
tan... como *as . . . as*	Tus hermanas son **tan serias como** la maestra. *Your sisters are **as** serious **as** the teacher.*

When a comparison does not involve an adjective, use these phrases.

más que... *more than . . .*	Me gusta ir a la biblioteca **más que** al gimnasio. *I like to go to the library **more than** to the gym.*
menos que... *less than . . .*	Me gustan las hamburguesas **menos que** los tacos. *I like hamburgers **less than** tacos.*
tanto como... *as much as . . .*	¿Te gusta hablar **tanto como** escuchar? *Do you like to talk **as much as** listen?*

There are a few irregular comparative words. They agree in number with the first noun.

mayor	**menor**	**mejor**	**peor**
older	*younger*	*better*	*worse*

agrees

Mis tío**s** son **mayores** que mi tía.
*My uncles are **older** than my aunt.*

Más práctica
Cuaderno *pp. 130–132*
Cuaderno para hispanohablantes *pp. 131–134*

@HOMETUTOR my.hrw.com
Leveled Practice

Práctica de GRAMÁTICA

13 | Sus familias

Escribir

Complete the sentences with **que** or **como** to describe the families of Rodrigo and Marisol.

1. Marisol es tan simpática _____ su madrastra.

2. Ana es menor _____ Rodrigo.

3. Marisol corre tanto _____ sus padres.

4. Rodrigo tiene menos hermanos _____ José.

5. El tío Pablo toca la guitarra mejor _____ la tía Camila.

6. Éster es mayor _____ Tito.

14 | Comparaciones

Hablar
Escribir

Look at the drawings and make comparisons using **más... que, menos... que, tan... como,** or **tanto como.**

modelo: Nicolás / grande / Sara
Nicolás es más grande que Sara.

1. Nora / alto(a) / Patricia

2. Marcos / serio(a) / José

3. Ana / perezoso(a) / Alí

4. Pablo / desorganizado(a) / Pedro

5. María / atlético(a) / David

6. a Elena / gustar / correr / escuchar música

15 | ¿Son diferentes?

Marta and her friend Clara have some things in common and some differences. Make comparisons between the two girls.

> **modelo:** Marta estudia todos los días. Clara estudia de vez en cuando.
> Marta es más estudiosa que Clara.

1. Marta tiene doce años. Clara tiene trece años.
2. Marta es baja. Clara es alta.
3. Marta trabaja mucho. Clara trabaja mucho también.
4. Marta es muy desorganizada. Clara es un poco desorganizada.
5. Marta tiene dos hermanos. Clara tiene tres hermanos.
6. Marta es cómica. Clara es cómica también.

16 | Las diferencias

Escribir

Look at the drawing and write sentences with as many differences and similarities as you can find between the members of each pair.

> **modelo:** La señora Suárez es más baja que Raquel Suárez.

17 | Capitán y Príncipe

Escuchar
Escribir

Ana is talking about her pets, Capitán and Príncipe. Listen to her description and indicate whether the following sentences are true or false.

1. La familia de Ana tiene más perros que gatos.
2. Príncipe es tan simpático como Capitán.
3. Capitán es más grande que Príncipe.
4. A Príncipe le gusta comer más que descansar.
5. Príncipe es menor que Capitán.
6. Capitán es más perezoso que Príncipe.

18 | Compara a las personas

Escribir

Comparación cultural

Los retratos

How do portraits represent the people in a country? Rafael Tufiño was born in New York and moved to **Puerto Rico,** his parents' homeland, as a child. Much of his work reflects the people and culture of Puerto Rico. In addition to paintings like *Lavandera*, he painted many portraits of his mother, giving them the title *Goyita*. These portraits came to represent not just his mother, but Puerto Rican women overall. Fernando Sayán Polo, an artist from **Peru,** also reflects the people of his country through his artwork. His painting *Niña campesina sonriente* depicts a young wearing traditional Andean dress.

Lavandera *(1960),*
Rafael Tufiño

Niña campesina
sonriente *(2005),*
Fernando Sayán Polo

Compara con tu mundo *If you had to paint a portrait of someone famous, which person would you choose and why? How would you portray him or her? What colors or objects would you include?*

Write five sentences comparing the people in the paintings.

> **modelo:** La mujer es mayor que la chica.
> La chica es más...

Más práctica   Cuaderno *pp. 130–132*   Cuaderno para hispanohablantes *pp. 131–134*

PARA
Y
PIENSA

Get Help Online
my.hrw.com

Did you get it? **1.** Say that your brother is taller than your father.
2. Say that you like apples as much as bananas.
3. Say that math class is better than art class.

Lección 2
ciento noventa y nueve **199**

Todo junto

Goal: *Show what you know* Notice the comparative words Marisol and Rodrigo use to talk about why Rodrigo doesn't like Tito's dogs. Then use comparative words and possessive adjectives to describe your family and friends. ***Actividades 19–23***

Telehistoria completa

@HOMETUTOR **View, Read and Record**
my.hrw.com

STRATEGIES

Cuando lees
Work with comparisons This scene contains comparisons of animals and of people. How many comparisons do you see? Write down the "comparison words." Practice them in sentences.

Cuando escuchas
Remember, listen, and predict At the beginning of this scene, Marisol is calm. How does she change and why? Does this happen suddenly or slowly? How do you know?

Escena 1 *Resumen*
Mañana es el cumpleaños de Ana, la hermana de Rodrigo. Rodrigo está nervioso porque no tiene la camiseta de Alicia.

Escena 2 *Resumen*
Tito, el primo de Rodrigo, tiene la camiseta. A Rodrigo no le gustan los perros de Tito.

VIDEO DVD

AUDIO

Escena 3

Tito

Rodrigo and Marisol are walking to Tito's house.

Marisol: ¿No te gustan los perros? Son simpáticos.

Rodrigo: Me gustan más los gatos. Son más simpáticos que los perros.

Marisol: Los perros son menos perezosos que los gatos.

Rodrigo: Los perros de Tito son perezosos y muy grandes. ¡Son tan grandes como tú!

They stop outside the gate and look around. Tito appears, wearing Alicia's T-shirt, which is filthy.

Tito: ¡Hola, Rodrigo! Tu camiseta.

Suddenly the dogs begin growling. Rodrigo and Marisol run away frightened.

19 | ¿Rodrigo, Marisol o Tito? *Comprensión de los episodios*

Escuchar
Leer

Tell whether each sentence refers to Rodrigo, Marisol, or Tito.

Rodrigo

Tito

Marisol

1. Pasa un rato con su tía Celia.
2. Tiene perros muy grandes.
3. El cumpleaños de su abuela es el primero de marzo.
4. Necesita la camiseta de su amiga Alicia.
5. Come con la familia de Rodrigo todos los viernes.
6. Es menor que Rodrigo.
7. No le gustan los perros.
8. Tiene la camiseta de Alicia.

20 | ¿Comprendiste? *Comprensión de los episodios*

Escuchar
Leer

Answer the questions according to the episodes.

1. ¿Cuándo es el cumpleaños de Ana?
2. ¿A qué hora está Trini Salgado en la escuela?
3. ¿A quién le gustan más los gatos, a Rodrigo o a Marisol?
4. ¿Cuántos años tienen los primos de Rodrigo?
5. ¿Cuántas hermanas tiene la madre de Rodrigo?
6. ¿Quién tiene la camiseta de Alicia?

21 | La familia ideal

Digital **performance space**

Hablar

STRATEGY Hablar

Consider your beliefs Before the conversation, consider your beliefs about families. What is an ideal family? Describe it on paper and then aloud. Do you know such a family?

Work in a group of three to express opinions about the ideal family. Include your answers to the following questions.

Para organizarte

- ¿Es grande o pequeña la familia? ¿Dónde vive?
- ¿Cuántas personas hay en la familia?
- ¿Cómo son las personas de la familia? ¿Qué hacen?
- ¿Cuántos años tienen las personas de la familia?

A Una familia pequeña es buena.

B Una familia grande es mejor que una familia pequeña porque es más interesante.

C No, una familia cómica es mejor...

Read the flyer from a family looking for a new home for their dog. Then listen to the radio ad by an animal shelter. Match each dog to someone in your family and explain your choices.

Fuente 1 Cartel

Es tan inteligente como su madre y... ¡más activo!

Le gusta correr, nadar y jugar al fútbol. ¡es más atlético que yo!☺

Vamos a New York en enero y Rayo no va con nosotros. ☹

Si necesitas un amigo, Rayo necesita una familia.

Rayo

Labrador marrón.
Tiene un año.

Llámanos: 555-8231

Fuente 2 Anuncio de radio

Listen and take notes
- ¿Cómo es Dino?
- ¿Qué le gusta hacer a Dino?

modelo: Rayo es un buen perro para mi primo Alberto. Rayo es menos tranquilo que Dino y a mi primo le gusta correr...

---

23 | **Un amigo nuevo**

Write a letter to an exchange student from Puerto Rico who is going to stay with your family. Use comparatives to describe the members of your family.

modelo: ¡Hola! Te presento a mi familia. Tengo dos hermanos. Yo soy mayor que mis hermanos. Mi hermano Lance es menor que...

Writing Criteria	Excellent	Good	Needs Work
Content	Your letter includes a lot of information.	Your letter includes some information.	Your letter includes little information.
Communication	Most of your letter is organized and easy to follow.	Parts of your letter are organized and easy to follow.	Your letter is disorganized and hard to follow.
Accuracy	Your letter has few mistakes in grammar and vocabulary.	Your letter has some mistakes in grammar and vocabulary.	Your letter has many mistakes in grammar and vocabulary.

Más práctica   Cuaderno *pp. 133–134*   Cuaderno para hispanohablantes *pp. 135–136*

🌐 **Get Help Online**
my.hrw.com

PARA Y PIENSA

Did you get it? Create sentences based on the Telehistoria using possessive adjectives and comparatives.
1. los perros (de Tito) / tan grande / Marisol
2. el primo (de Rodrigo) / menor / él
3. los perros (de Tito) / más perezoso(a) / los gatos

Juegos y diversiones

Review possessive adjectives and possession using **de** by playing a game.

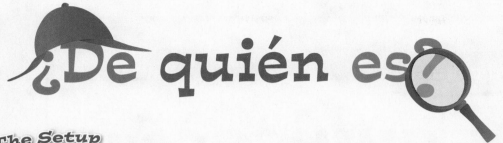

¿De quién es?

The Setup

Your teacher will ask you to bring in two items that represent vocabulary words that you have learned. All the items will be put in a box.

Playing the Game

You and your classmates will take turns picking an item out of the box and trying to guess who owns it by asking questions using possessive adjectives.

The Winner!

The winner is the student who has guessed the owner of the most items.

Materials
• items collected from students
• box

Juan, ¿es tu pluma?

No, no es mi pluma. Es la pluma de Lorena.

Lectura cultural

Additional readings at **my.hrw.com**
SPANISH
InterActive Reader

Goal: Read about the **quinceañera** celebrations in Peru and Puerto Rico. Then compare the parties and talk about the activities at the birthday parties you go to.

Comparación cultural

AUDIO

La quinceañera

STRATEGY Leer

Compare and contrast Draw a Venn diagram like this one. Use it to compare the **quinceañera** celebrations of Peru and Puerto Rico.

Perú   Puerto Rico

La fiesta[1] de quinceañera es muy popular en muchos países de Latinoamérica. Es similar al *Sweet Sixteen* de Estados Unidos. Muchas veces hay una ceremonia religiosa y una fiesta con banquete. En la fiesta hacen un brindis[2] en honor a la quinceañera y después todos bailan un vals[3].

La chica que celebra su cumpleaños también se llama la quinceañera. En Perú (y otros países) la quinceañera tiene catorce o quince damas de honor[4]: una por cada[5] año que tiene. No hay un menú especial de banquete, pero en Perú es común comer comida típica del país, bailar y escuchar música tradicional.

---

[1] party   [2] toast   [3] **bailan...** dance a waltz
[4] **damas...** maids of honor   [5] **por...** for each

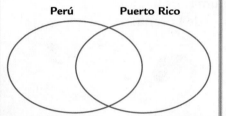

Perú

Comidas tradicionales: lomo saltado, chupe, mondongo y guiso

Una quinceañera en Puerto Rico con familia y amigos

Puerto Rico

En Puerto Rico, la celebración se llama el quinceañero. Muchas veces las chicas tienen la gran fiesta en su cumpleaños número dieciséis (por influencia del *Sweet Sixteen*) y no en el cumpleaños de los quince años.

En el banquete de una quinceañera de Puerto Rico es normal comer comida típica del país, como arroz con pollo[6]. Todos bailan y escuchan música del Caribe: salsa, merengue, reggaetón y el hip-hop cubano.

_____
[6] chicken and rice dish

PARA Y PIENSA

¿Comprendiste?
1. ¿Qué fiesta en Estados Unidos es similar a la fiesta de quinceañera?
2. ¿Cuántas damas de honor tiene una quinceañera en Perú?
3. ¿Cuándo tienen la fiesta las chicas de Puerto Rico?

¿Y tú?
¿Te gustan las fiestas de cumpleaños? ¿Qué haces en las fiestas?

Proyectos culturales

Instrumentos de Puerto Rico y Perú

How do certain instruments and music become associated with a particular region? Percussion instruments that produce strong beats and rhythms are the base of much of the music of **Puerto Rico.** In **Peru,** the **zampoña** is a wind instrument that adds a deep and distinctive sound to traditional Andean music.

Proyecto 1 Percussion

Puerto Rico Make your own rhythm on a homemade percussion instrument.

Materials for your own percussion instrument
An object that can be used as a "found" percussion instrument, such as:
- coffee or juice can
- yogurt cup with pebbles, sand or seeds, secured inside with a lid on top
- wooden, plastic, or metal spoons
- pan lid and long-handled brush
- upside-down basket

Instructions
Practice making a rhythm pattern you can repeat on your "found" percussion instrument. Try creating different tones by striking the instrument in different places or with different objects.

Proyecto 2 Zampoña

Perú Use these simple materials to create your own **zampoña.**

Materials for zampoña
4 or more plastic or glass bottles, all the same size
Water

Instructions
1. Bring to class four or more bottles (all the same size) and add water so that they all have different amounts, ranging from empty to two thirds full.
2. Put your mouth to the top of each bottle and blow as if playing the flute. Because each bottle contains a different amount of air and water, you should hear various pitches.
3. Add tape so that the bottles are connected in a row. Arrange the bottles according to their pitch, from low to high.

En tu comunidad

Find out if any Andean music groups play in your community, perhaps at a cultural heritage fair or at a local university. Share your findings with the class.

LECCIÓN 2

En resumen
Vocabulario y gramática

ANIMATED GRAMMAR
Interactive Flashcards
my.hrw.com

Vocabulario

Talk About Family

la abuela	grandmother	la madrastra	stepmother
el abuelo	grandfather	la madre	mother
los abuelos	grandparents	el padrastro	stepfather
la familia	family	el padre	father
la hermana	sister	los padres	parents
el hermano	brother	el (la) primo(a)	cousin
los hermanos	brothers, brother(s) and sister(s)	los primos	cousins
		la tía	aunt
		el tío	uncle
la hija	daughter	los tíos	uncles, uncle(s) and aunt(s)
el hijo	son		
los hijos	son(s) and daughter(s), children		

Ask, Tell, and Compare Ages

¿Cuántos años tienes?	How old are you?	mayor	older
		menor	younger
Tengo... años.	I am . . . years old.		

Give Dates

¿Cuál es la fecha?	What is the date?
Es el... de...	It's the . . . of . . .
el primero de...	the first of . . .
el cumpleaños	birthday
¡Feliz cumpleaños!	Happy birthday!
la fecha de nacimiento	birth date

Pets

el (la) gato(a)	cat
el (la) perro(a)	dog

Other Words and Phrases

vivir	to live
ya	already

Numbers from 101 to 1,000,000 p. 186

Months p. 185

Gramática

Notas gramaticales: de to express possession p. 187, **tener... años** p. 189, Giving dates p. 192

Possessive Adjectives

In Spanish, **possessive adjectives** agree in number with the nouns they describe. **Nuestro(a)** and **vuestro(a)** must also agree in gender with the nouns they describe.

Singular Possessive Adjectives

mi _my_	nuestro(a) _our_
tu _your (familiar)_	vuestro(a) _your (familiar)_
su _your (formal)_	su _your_
su _his, her, its_	su _their_

Plural Possessive Adjectives

mis _my_	nuestros(as) _our_
tus _your (familiar)_	vuestros(as) _your (familiar)_
sus _your (formal)_	sus _your_
sus _his, her, its_	sus _their_

Comparatives

Use the following phrases with an adjective to compare two things.

more... que
menos... que
tan... como

When a comparison does not involve an adjective, use these phrases.

más que...
menos que...
tanto como...

There are a few irregular comparative words.

mayor	menor	mejor	peor
older	younger	better	worse

Practice Spanish with Holt McDougal Apps!

Repaso de la lección

¡AvanzaRap!
DVD
Sing and Learn

¡LLEGADA!

Now you can
- talk about family
- ask and tell ages
- express possession
- give dates
- make comparisons

Using
- **de** to express possession
- possessive adjectives
- comparatives

To review
- **de** to express possession p. 187
- possessive adjectives p. 190

AUDIO

1 | Listen and understand

Marcos has a family photo and is explaining who everyone is. Listen to Marcos and then indicate each person's relationship to him.

modelo: Pedro
Pedro es el hermano de Marcos.

1. Elena y Rosa
2. Julio
3. Norma
4. Alberto
5. Diego y Felipe
6. Carmen

To review
- possessive adjectives p. 190

2 | Talk about family

Write sentences describing what family members these people have, and what their ages are. Use possessive adjectives.

modelo: yo / hermano menor (5 años)
Yo tengo un hermano menor. Mi hermano tiene cinco años.

1. Bárbara / hermana mayor (19 años)
2. tú / dos primos (7 y 11 años)
3. nosotros / abuelo (67 años)
4. Manuel y Óscar / padre (34 años)
5. yo / perro (5 años)
6. ustedes / madre (36 años)
7. tú y yo / dos tíos (48 y 44 años)
8. usted / abuela (81 años)
9. ellas / dos gatos (2 años)
10. yo / tía (30 años)

To review
• comparatives
  p. 196

3 | Make comparisons

Josefina is describing her cat, Memo, and her dog, Sancho. Read the description and choose the appropriate words.

Memo, mi gato, y Sancho, mi perro, viven con mi familia. Memo tiene diez años y Sancho tiene cinco. Memo es __1.__ (menor / mayor) que Sancho. Pero Sancho es __2.__ (tan / más) grande que Memo y come más __3.__ (como / que) él. Memo come __4.__ (mejor / menor) comida que Sancho porque come buena comida para gatos. Sancho come comida __5.__ (mayor / menos) nutritiva porque muchas veces come pizza y papas fritas. Memo y Sancho son muy perezosos. Memo es __6.__ (tanto / tan) perezoso como Sancho. Descansan mucho. A Memo le gusta descansar __7.__ (tanto / más) como a Sancho. Pero Memo y Sancho no son aburridos. También les gusta jugar un poco todos los días. Jugar con ellos es más divertido __8.__ (como / que) mirar la televisión.

To review
• **de** to express
  possession p. 187

4 | Give dates

Write sentences giving these people's birthdays.

> **modelo:** el señor Gómez: 13/4
> **El cumpleaños del señor Gómez es el trece de abril.**

1. Berta: 23/12
2. Emilio y Emilia: 1/2
3. la señora Serrano: 14/1

4. Olga: 5/8
5. Germán: 15/10
6. el director: 11/6

7. la maestra: 30/9
8. Luis: 27/3
9. Víctor: 12/11

To review
• Comparación
  cultural pp. 182,
  193, 199
• Lectura cultural
  pp. 204–205

5 | Puerto Rico and Peru

Comparación cultural

Answer these culture questions.

1. What do people do during **la sobremesa**?
2. Which political positions do people vote for in Puerto Rico?
3. Who does Rafael Tufiño portray in *Goyita*?
4. What are some **quinceañera** traditions? Describe at least three.

Más práctica Cuaderno *pp. 135–146* Cuaderno para hispanohablantes *pp. 137–146*

Perú

El Salvador

Puerto Rico

AUDIO

¿Qué comemos?

Lectura y escritura

WebQuest
my.hrw.com

① **Leer** Meals vary for people around the world. Read how María Luisa, Silvia, and José enjoy a meal on Sundays.

② **Escribir** Using the three descriptions as models, write a short paragraph about a typical Sunday meal.

STRATEGY   Escribir
Make a mind map To write about a real or imaginary Sunday meal, make a mind map like the one shown.

La comida del domingo

¿Dónde?

¿Qué?

¿Con quién?

Step 1 Complete the mind map of your Sunday meal by adding details to the categories of place (where you eat), foods (what you eat), and people (with whom you eat).

Step 2 Write your paragraph. Make sure to include all the information from your mind map. Check your writing by yourself or with help from a friend. Make final corrections.

Compara con tu mundo

Use the paragraph you wrote to compare your Sunday meal to a meal described by *one* of the three students. In what ways is your meal similar? In what ways is it different?

Cuaderno *pp. 147–149*   Cuaderno para hispanohablantes *pp. 147–149*

El Salvador

María Luisa

Hola, soy María Luisa. Yo soy de El Salvador. Los domingos, voy con mi hermana mayor y mi prima a Metrocentro[1]. Después de pasear unas horas, vamos a un café porque estamos cansadas y tenemos sed y hambre. En el café venden sándwiches, refrescos y jugos de papaya, mango, melón y otras frutas. A mí me gusta más la horchata[2]. Es una bebida muy rica.

[1] popular mall in San Salvador

[2] beverage made of rice, water, and milk

Perú

Silvia

Yo soy Silvia y vivo en Lima, Perú. Todos los domingos comemos la cena con mis tíos. Mi tío Ricardo siempre prepara su comida favorita, el ceviche[3]. A mí me gusta más el ají de gallina[4] que hace mi abuela. ¡Es mejor que el ceviche de mi tío! Después de la cena, mis padres y mis tíos beben café y hablan. Mis primos y yo comemos helado y escuchamos música.

[3] fish marinated in lime juice   [4] spicy chicken and potato dish

Puerto Rico

José

¿Qué tal? Me llamo José. Vivo en San Juan, Puerto Rico. Todos los domingos, mi familia y yo comemos el almuerzo en un restaurante. Nos gusta comer carne asada[5]. Es muy, muy buena. También me gustan los tostones[6]. ¡Pero los tostones de mi madre son más ricos que los tostones en un restaurante!

[5] barbecued   [6] fried plantains

Repaso inclusivo
♻ Options for Review

¡AvanzaRap!
DVD
Sing and Learn

1 | Listen, understand, and compare

Escuchar

Listen to this episode from a call-in radio show giving advice to teens. Then answer the questions.

1. ¿Cómo es Diana? ¿Qué problema tiene?
2. ¿Por qué tiene que estudiar Diana?
3. ¿Qué le gusta hacer a Diana? ¿Y a Óscar?
4. ¿Óscar es mayor o menor que Diana? ¿Cuántos años tienen?
5. ¿Qué va a hacer Diana?

Do you have siblings or cousins? Do you have a lot in common or are you very different? Explain.

2 | Present a friend

Hablar

Bring in a photo or drawing of your best friend or a person you admire. Introduce the person to the class and talk about what personality traits, favorite activities, and favorite foods you have in common. Then mention your differences. Prepare to talk for at least two minutes.

3 | Get to know a new student

Hablar

Role-play a conversation in which you are an exchange student from Puerto Rico, and your partner is your host brother or sister. Introduce yourself and ask about his or her classes, likes and dislikes, and what his or her family is like. Then answer his or her questions for you. Your conversation should be at least three minutes long.

¿Cómo es tu familia?

Mi familia es grande.

4 | Plan a family reunion

Escribir

Your family is hosting a reunion with all of your extended family members. You are in charge of organizing a breakfast for everyone. Create a seating chart, and label each seat with the person's name, age, and relation to you. Write what breakfast foods and drinks each person likes and doesn't like.

5 | Display your family tree

Hablar
Escribir

Work with a partner to create a poster of your family tree or that of a TV family. Use photos or make drawings of each family member. Copy this chart on a piece of paper and use it to organize your information. Label each person's name, age, birthday, favorite activity, and favorite food. Use the family tree to describe your family to your partner, making comparisons between family members. Then present your partner's family to the class.

Nombre	Edad	Cumpleaños	Actividad favorita	Comida favorita

6 | Compare twins

Leer
Escribir

Read this chart from a magazine article about Manolo and Martín Santos, twins that were recently reunited after being separated at birth. Then write a paragraph comparing the two men. Include at least six comparisons.

MUCHAS COINCIDENCIAS

Manolo

Nacimiento: 30/7, a las 2:20 de la tarde
Personalidad: serio, muy artístico
Profesión: Maestro de español. Enseña cuatro clases. Trabaja 45 horas en la semana.
Familia: dos hijos (Enrique y Arturo) y una hija (Rebeca)
Actividades: Le gusta practicar deportes: correr, montar en bicicleta, jugar al fútbol.

Martín

Nacimiento: 30/7, a las 2:22 de la tarde
Personalidad: cómico, muy artístico
Profesión: Maestro de español. Enseña seis clases. Trabaja 52 horas en la semana.
Familia: dos hijos (Eduardo y Ángel) y dos hijas (Rebeca y Rosa)
Actividades: Le gusta practicar deportes: andar en patineta, jugar al fútbol, jugar al golf.

La historia increíble de los hermanos Santos

Correr, montar en bicicleta, jugar al fútbol, andar en patineta, jugar al fútbol

España

En el centro

Lección 1
Tema: ***¡Vamos de compras!***

Lección 2
Tema: ***¿Qué hacemos esta noche?***

Islas Canarias

«¡Hola!

Somos Maribel y Enrique.
Vivimos en Madrid, la capital.»

Francia

España

León

Salamanca

Andorra

Portugal

Madrid ★

Barcelona

Valencia

Islas Baleares

Océano
Atlántico

Sevilla

Granada

Mar Mediterráneo

Ceuta

Melilla

Argelia

Marruecos

Población: 40.491.052

Área: 194.897 millas
cuadradas

Capital: Madrid

Moneda: el euro (comparte
con otros 11 países)

Idiomas: castellano
(español), catalán, gallego, vasco

Comida típica: tortilla española, paella, gazpacho

Gente famosa: Carmen Amaya (bailaora), Francisco
de Goya (artista), Ana María Matute (escritora),
Severo Ochoa (bioquímico)

Paella

◀ **Aficionados del fútbol** Official songs, or **himnos oficiales,** are an important part of the Spanish soccer experience. Fans of the Real Madrid team sing **¡Hala Madrid!** *(Let's go, Madrid!),* especially during games against rival team FC Barcelona, known as **El Barça.** *What teams have sports rivalries where you live?*

Un jugador de fútbol del Real Madrid

El arte y la literatura Pablo Picasso, one of the 20th century's greatest artists, portrayed traditional Spanish themes in his work. He made this print of fictional characters Don Quijote and Sancho Panza exactly 350 years after Cervantes wrote his famous novel, *El ingenioso hidalgo Don Quijote de la Mancha. What other works of Picasso are you familiar with?* ▶

Don Quijote (1955), Pablo Picasso

◀ **Las costumbres regionales** During the **Feria de Abril** celebration, girls wear Seville's traditional costume, **el traje de sevillana. Sevillanas** are similar to **flamenco,** which involves singing, dance, and guitar as well as rhythmic clapping or foot taps. *What type of music and dress would be considered typically American?*

Bailarinas de flamenco en Sevilla

Tema:

¡Vamos de compras!

¡AVANZA!

In this lesson you will learn to
- talk about what clothes you want to buy
- say what you wear in different seasons

using
- **tener** expressions
- stem-changing verbs: **e → ie**
- direct object pronouns

♻ ¿Recuerdas?
- numbers from 11 to 100
- the verb **tener**
- after-school activities

Comparación cultural

In this lesson you will learn about
- surrealism and Salvador Dalí
- climates around the world
- Spanish poet and novelist Antonio Colinas

Compara con tu mundo
These teenagers are shopping for clothes in Madrid, Spain. While there are department stores (**almacenes**) and some shopping centers (**centros comerciales**) in Madrid, many people also shop at small stores like the one pictured here. *Where do you like to shop for clothes?*

¿Qué ves?
Mira la foto
¿La chica está al lado del chico?

¿Quién es más alto, el chico o la chica?

¿Cómo están ellos?

Una tienda de ropa
Madrid, España

Presentación de VOCABULARIO

Goal: Learn about the clothes Enrique and Maribel like to wear. Then practice what you have learned to talk about clothes and how much they cost. *Actividades 1–2*

♻ *¿Recuerdas?* Numbers from 11 to 100 p. 94

VIDEO
DVD

AUDIO

A ¡Hola! Me llamo Enrique. **Voy de compras** al **centro comercial** con mi amiga, Maribel. **Queremos comprar ropa nueva.** A Maribel le gusta ir a todas **las tiendas.**

la tienda

ir de compras

el centro comercial

B Voy a comprar **una camisa** y **unos jeans. Cuestan** treinta **euros. El vestido** de Maribel **cuesta** veinte euros. Es un buen **precio.**

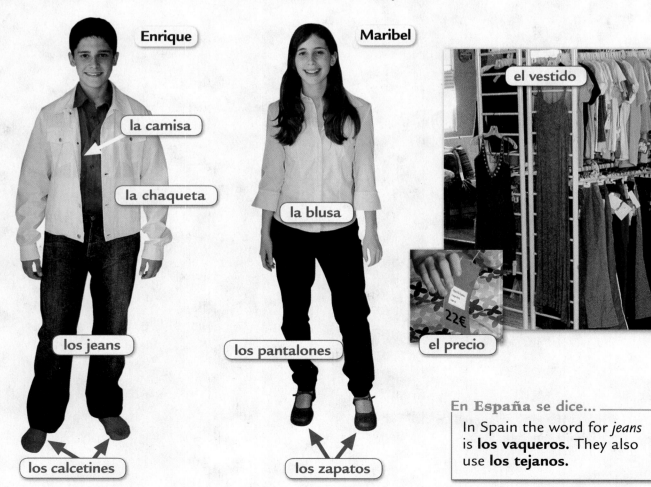

Enrique

Maribel

la camisa

la chaqueta

la blusa

el vestido

los jeans

los pantalones

el precio

22€

los calcetines

los zapatos

En España se dice...

In Spain the word for *jeans* is **los vaqueros.** They also use **los tejanos.**

C Me gusta **llevar** ropa **blanca, roja** y **marrón**. A Maribel le gusta llevar **una camiseta verde** y **unos pantalones cortos azules**.

roja

verde

amarilla

anaranjada

la camiseta

marrones

azules

blancos

negros

los pantalones cortos

D Maribel **piensa** que **el vestido** es un poco **feo**. Ella **tiene razón**; no es muy bonito. Ella compra otro vestido que le gusta más.

pensar

pagar

los euros

el dinero

Continuará...

Presentación de VOCABULARIO
(continuación)

E En España hay cuatro **estaciones**. Maribel siempre **tiene calor** durante el **verano**. Me gusta **el invierno**, pero siempre **tengo frío**.

las estaciones

la primavera

el verano

el otoño

el invierno

Más vocabulario

cerrar *to close*
¿Cuánto cuesta(n)?
  *How much does it
  (do they) cost?*
el dólar *dollar*
empezar *to begin*
entender *to understand*
preferir *to prefer*
tener suerte *to be lucky*
Expansión de vocabulario
  p. R5

tener calor

el sombrero

tener frío

el gorro

@HOMETUTOR
my.hrw.com
Interactive Flashcards

¡A responder! Escuchar

Listen to the following descriptions of clothes. Raise your hand if you are wearing that item.

Práctica de VOCABULARIO

1 | Los precios de la ropa
♻ **¿Recuerdas?** Numbers from 11 to 100 p. 94

Hablar
Escribir

Tell how much the clothing items cost.

> **modelo:** la camisa
> La camisa cuesta veintiocho euros.

1. el vestido
2. los jeans
3. los zapatos
4. la chaqueta
5. la camiseta
6. los pantalones cortos
7. la blusa

2 | Ropa de muchos colores

Hablar

Ask a partner what color the clothing items are.

A ¿De qué color son los zapatos?

B Los zapatos son rojos.

1.

2.

3.

4.

5.

6.

7.

8.

Más práctica   Cuaderno *pp. 151–153*   Cuaderno para hispanohablantes *pp. 151–154*

🌐 **Get Help Online**
my.hrw.com

PARA Y PIENSA

Did you get it? Ask how much the following items cost.
1. the white socks
2. the blue dress
3. the orange jacket
4. the red shorts

VOCABULARIO *en contexto*

¡AVANZA!

Goal: Pay attention to the different articles of clothing Enrique and Maribel talk about. Then practice these words and **tener** expressions to say what you wear in different seasons. *Actividades 3–4*

♻ *¿Recuerdas?* The verb **tener** p. 100, after-school activities p. 32

Telehistoria escena 1

@HOMETUTOR my.hrw.com — View, Read and Record

STRATEGIES

Cuando lees

Scan for details Before reading, quickly scan the scene to discover basic details: Who's in the scene? What are they doing? Where are they? What time is it? What's the season?

Cuando escuchas

Listen for wishes Listen to Maribel and Enrique express where they want to go. Who gets his or her way in this scene? How does this happen?

VIDEO DVD

AUDIO

Enrique

Maribel

Maribel is opening a package from Alicia.

Enrique: ¿Es una camiseta?

Maribel: *(reading a flyer from the package)* Sí. Y Trini está en el centro comercial del Parque de las Avenidas de las doce a la una de la tarde.

Enrique: ¿Dónde está el Parque de las Avenidas?

Maribel: Necesito un mapa. ¿Vamos?

They start walking. Enrique stops and points at a store.

Enrique: ¡Una tienda de ropa! ¡Y yo necesito comprar una chaqueta! ¡Tengo frío!

Maribel: ¡Eres muy cómico! En el verano, cuando hace calor, ¿necesitas una chaqueta?

Enrique: ¿Hace calor? Yo no tengo calor.

Maribel: En el invierno, cuando hace frío, llevas pantalones cortos. Y durante la primavera, ¡nunca llevas calcetines!

Enrique: ¡Me gusta ser diferente! ¿No necesitas unos zapatos nuevos?

Maribel: *(reluctantly)* ¡Vale! Diez minutos. **Continuará...** p. 228

Continuará... p. 228

También se dice

España Maribel uses the word **vale** to say *OK*. In other Spanish-speaking countries you might hear:
- **México** órale, sale, ándale
- **Cuba** dale

3 | La ropa apropiada *Comprensión del episodio*

Escuchar
Leer

Complete the sentences by choosing the correct word or phrase, according to the episode.

1. Maribel tiene _____ .
2. Trini está en _____ .
3. Enrique necesita comprar _____ .
4. Enrique lleva _____ en el invierno.
5. Enrique nunca lleva _____ en la primavera.
6. A Enrique le gusta ser _____ .

a. pantalones cortos
b. diferente
c. calcetines
d. una camiseta
e. el centro comercial
f. una chaqueta

Nota gramatical   ♻️ *¿Recuerdas?* The verb **tener** p. 100

Tener is used to form many expressions that in English would use the verb *to be*.

tener **calor**	*to be hot*	tener **razón**	*to be right*
tener **frío**	*to be cold*	tener **suerte**	*to be lucky*

En el invierno tengo **frío,** y en el verano tengo **calor.**
In winter, I'm cold, and in summer, I'm hot.

---

4 | ¿Qué ropa llevas? ♻️ *¿Recuerdas?* After-school activities p. 32

Hablar

Ask a partner what he or she wears in these situations.

A ¿Qué ropa llevas cuando paseas?

B Llevo pantalones, una camiseta y un sombrero.

Estudiante A
1. montar en bicicleta
2. tener calor
3. practicar deportes
4. tener frío
5. ir a la escuela
6. ¿ ?

Estudiante B
gorro
pantalones cortos
chaqueta
camiseta
vestido
¿ ?

Get Help Online
my.hrw.com

PARA Y PIENSA

Did you get it? Enrique likes to be different. Complete each sentence with the correct form of **tener calor** or **tener frío.**
1. En el verano, Enrique _____ y lleva una chaqueta.
2. En el invierno, él lleva pantalones cortos porque _____ .
3. Cuando Maribel tiene calor, Enrique _____ .

Presentación de GRAMÁTICA

Goal: Learn how to form **e → ie** stem-changing verbs. Then use these verbs to talk about clothes you and others want to buy. *Actividades 5–10*

English Grammar Connection: There are no stem-changing verbs in the present tense of English.

Stem-Changing Verbs: e → ie

ANIMATEDGRAMMAR
my.hrw.com

In Spanish, some verbs have a stem change in the present tense. How do you form the present tense of **e → ie** stem-changing verbs?

Here's how:

Stem-changing verbs have regular **-ar, -er,** and **-ir** present-tense endings. For **e → ie** stem-changing verbs, the **e** of the stem changes to **ie** in all forms except **nosotros(as)** and **vosotros(as).**

stem changes to

querer   **qui**e**r**o

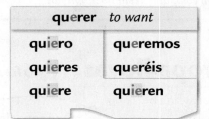

querer	*to want*
quiero	queremos
quieres	queréis
quiere	quieren

Other **e → ie** stem-changing verbs you have learned are **cerrar, empezar, entender, pensar,** and **preferir.** In stem-changing verbs, it is the next-to-last syllable that changes.

> Paula **prefiere** el vestido azul.
> *Paula **prefers** the blue dress.*

Notice that when one verb follows another, the **first verb** is conjugated and the second is in its **infinitive** form.

> ¿**Quieres mirar** la televisión o leer un libro?
> ***Do you want** to watch television or read a book?*

Más práctica
Cuaderno *pp. 154–156*
Cuaderno para hispanohablantes *pp. 155–157*

@HOMETUTOR my.hrw.com
Leveled Practice
Conjuguemos.com

Práctica de GRAMÁTICA

5 | Después de las clases

Leer Enrique is talking to his parents after school. Match the sentences that he would logically say together.

1. La clase de matemáticas es difícil.

2. Tengo hambre.

3. No me gusta andar en patineta.

4. Tenemos sed.

5. Hace calor.

6. Queremos unos zapatos nuevos.

a. Prefiero montar en bicicleta.

b. Preferimos llevar pantalones cortos.

c. Quiero un sándwich.

d. No cuestan mucho dinero.

e. Queremos un refresco.

f. No entiendo la tarea.

6 | Todos quieren ropa

Escribir Enrique and Maribel are looking at a clothes catalog. Use the pictures to write sentences about what clothing items they and other people want.

modelo: la madre de Enrique
La madre de Enrique quiere la blusa anaranjada.

1. Maribel

2. tú

3. vosotros

4. usted

5. yo

6. los amigos de Maribel

7. mis amigos y yo

8. ustedes

7 | El regalo de cumpleaños

Leer
Escribir

Maribel wants to buy a present for her sister. Complete what she says with the correct form of the appropriate verb.

| querer | cerrar | preferir |
| entender | pensar | empezar |

Mañana celebramos el cumpleaños de mi hermana mayor. Voy a la tienda de ropa porque ella **1.** una chaqueta nueva. Ya tiene dos chaquetas, pero ella **2.** que los otras chaquetas son feas. Mis padres no **3.** por qué necesita tres chaquetas. Pero ahora el otoño **4.** y a ella no le gusta tener frío. Mis hermanos y yo vamos a la tienda Moda 16. Yo **5.** otra tienda pero ellos tienen el dinero. Tenemos que llegar antes de las ocho porque la tienda **6.** a las ocho.

8 | ¿Tiene suerte en la tienda?

Escuchar
Escribir

Enrique is at the mall. Listen to what he says, and answer the questions.

1. ¿Qué estación empieza?
2. ¿Qué quiere comprar Enrique?
3. ¿Prefiere tener frío o calor él?
4. ¿Qué quiere comprar Micaela?
5. ¿Qué no entiende Enrique?
6. ¿Quién tiene suerte?

Pronunciación **La letra c con a, o, u**

AUDIO

Before **a**, **o**, or **u**, the Spanish **c** is pronounced like the /k/ sound in the English word *call*. Listen and repeat.

> Soy Carlos. Compro una camiseta.

ca →	camisa	calor
	tocar	nunca
co →	comprar	corto
	poco	blanco
cu →	cumpleaños	cuando
	cuaderno	escuela

Carmen compra pantalones cortos.
Carlos tiene calor; quiere una camiseta.

Before a consonant other than **h**, it has the same sound: **clase, octubre.**

9 ¿Qué piensas de la ropa?

Hablar

Talk with a classmate about your opinions on clothes.

A ¿Quieres comprar un sombrero marrón?

B No, pienso que los sombreros marrones son feos. Prefiero los sombreros negros. (Sí, quiero comprar un sombrero marrón.)

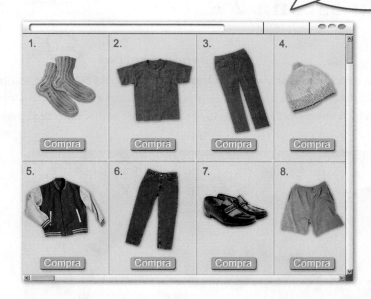

1.
2.
3.
4.
5.
6.
7.
8.

Compra

10 ¿Y tú?

Hablar
Escribir

Answer the following questions in complete sentences.

modelo: ¿Qué piensas hacer este fin de semana?
Pienso montar en bicicleta y leer un libro.

1. ¿A qué hora empieza tu clase de español?
2. ¿Qué entiendes mejor, las matemáticas o las ciencias?
3. ¿Qué quieres hacer después de las clases hoy?
4. ¿Qué colores prefieren tú y tus amigos?
5. ¿Piensas que ir de compras es divertido o aburrido?
6. ¿Qué estación prefieres? ¿Por qué?

Más práctica   Cuaderno *pp. 154–156*   Cuaderno para hispanohablantes *pp. 155–157*

🌐 **Get Help Online**
my.hrw.com

PARA Y PIENSA

Did you get it? Complete each sentence with the correct form of the appropriate verb: **empezar, cerrar,** or **pensar.**

1. Yo _____ que la blusa amarilla es bonita.
2. Ya hace frío cuando _____ el invierno.
3. El centro comercial _____ a las nueve de la noche.

GRAMÁTICA en contexto

Goal: Listen to the **e → ie** stem-changing verbs that Enrique and Maribel use while they are shopping for clothes. Then use the stem-changing verbs to talk about your clothing preferences. *Actividades 11–12*

Telehistoria escena 2

@HOMETUTOR View, Read
my.hrw.com and Record

STRATEGIES

Cuando lees
Look for color words In this scene, Enrique and Maribel discuss colors and types of clothing. Which color words do you find?

Cuando escuchas
Disregard stereotypes Who wants to keep looking at clothes and who is worried about being late? Is this expected? Why or why not?

VIDEO
DVD

AUDIO

Maribel: Tenemos que estar en el centro comercial a las doce, ¿entiendes?

Enrique: Sí, entiendo. Dos minutos más. ¿Prefieres los vaqueros negros o los pantalones verdes?

Maribel: Prefiero ir al centro comercial, ¡ahora!

Enrique: Quiero la camisa blanca.

Vendedora: Tenemos camisas en color azul y en verde. ¿Queréis ver?

Maribel: *(to the clerk)* No, gracias. *(to Enrique, frustrated)* Pero Enrique, ¿una tienda de ropa? ¿No prefieres ir de compras al centro comercial?

Enrique: No. No quiero comprar la ropa en el centro comercial. Los precios no son buenos. *(still shopping)* ¿Te gustan los pantalones cortos azules?

Maribel: *(rushing him)* Sí, sí. Y me gustan los calcetines rojos, la camisa amarilla y los zapatos marrones...

Enrique: No, no, no. ¿Rojo, amarillo y marrón? No, no me gustan.

Continuará... p. 234

11 | En la tienda de ropa *Comprensión del episodio*

Escuchar
Leer

Who prefers the following things: Maribel or Enrique?

1. ir de compras en una tienda de ropa
2. la camisa amarilla
3. la camisa blanca
4. los calcetines rojos
5. los zapatos marrones
6. ir al centro comercial temprano

Maribel

Enrique

12 | La ropa y las estaciones

Hablar

Talk with a partner about what you prefer to wear and not wear during each season.

A ¿Qué prefieres llevar durante el verano?

B Prefiero llevar pantalones cortos. Nunca llevo chaqueta durante el verano.

Comparación cultural

El arte surrealista de España

How might dreams influence an artist's work? Artist Salvador Dalí from **Spain** is well known for his surrealist paintings. In surrealist art, the imagery reflects an artist's imagination and is often inspired by dreams. *La persistencia de la memoria,* considered one of Dalí's masterpieces, shows pocket watches that appear to be melting. Many interpret this painting as a commentary about the nature of time. What do you think Dalí's message is?

La persistencia de la memoria *(1931),* Salvador Dalí

Compara con tu mundo *Can you think of a dream you had that would make an interesting painting? What would your painting look like?*

🌐 **Get Help Online**
my.hrw.com

PARA Y PIENSA

Did you get it? Complete each sentence based on the Telehistoria with the correct form of the verb in parentheses.
1. Enrique _____ que van al centro comercial. (entender)
2. Maribel _____ ir al centro comercial. (preferir)
3. Enrique _____ comprar la camisa blanca. (querer)

Presentación de GRAMÁTICA

Goal: Learn how to use direct object pronouns. Then practice using them to talk about the clothes you wear and those you want to buy. *Actividades 13–18*

English Grammar Connection: Direct objects receive the action of the verb in a sentence. They answer the question *whom?* or *what?* about the verb. The direct object can be a **noun** or a **pronoun.**

Luisa is buying the **blouse.** Luisa is buying **it.**   Luisa compra la **blusa.** Luisa **la** compra.

 noun   **pronoun**   **noun**   **pronoun**

Direct Object Pronouns

ANIMATEDGRAMMAR
my.hrw.com

Direct object **pronouns** can be used to replace direct object nouns.

Here's how:

	Singular		Plural	
	me	*me*	**nos**	*us*
	te	*you (familiar)*	**os**	*you (familiar)*
masculine	**lo**	*you (formal), him, it*	**los**	*you, them*	*masculine*
feminine	**la**	*you (formal), her, it*	**las**	*you, them*	*feminine*

The **direct object noun** is placed *after* the **conjugated verb.**

The **direct object pronoun** is placed directly *before* the **conjugated verb.**

replaced by

Quiero la **camisa** azul.   **La quiero.**

*I want the blue **shirt.***   *I want **it.***

When an **infinitive** follows the **conjugated verb,** the **direct object pronoun** can be placed *before* the **conjugated verb** or be *attached* to the **infinitive.**

replaced by

Quiero comprar **zapatos** negros.   Y **los quiero** comprar hoy.

*I want to buy black **shoes.***   *or* Y **quiero comprarlos** hoy.

*And I want to buy **them** today.*

Más práctica
Cuaderno *pp. 157–159*
Cuaderno para hispanohablantes *pp. 158–161*

@HOMETUTOR my.hrw.com
Leveled Practice

Práctica de GRAMÁTICA

13 | Ropa para una fiesta

Leer Maribel and her friend are talking about the clothes they want to buy for a party on Saturday. Complete their instant messages with the correct direct object pronouns.

> ### mensajero instantáneo
>
> **pelirroja16:** Quiero comprar un vestido azul pero no tengo mucho dinero. ¿ __1.__ (Lo/La) compro?
>
> **busco_rebaja:** Mmm... __2.__ (me/te) entiendo. Bueno, ¿cuánto cuesta el vestido?
>
> **pelirroja16:** Veintinueve euros. Y tú, ¿qué necesitas comprar? ¿Una blusa blanca?
>
> **busco_rebaja:** Ya __3.__ (la/los) tengo. Necesito unos zapatos. Los zapatos negros son más elegantes. ¿ __4.__ (Me/Os) entiendes?
>
> **pelirroja16:** Sí, tienes razón. Si quieres zapatos negros, __5.__ (nos/los) venden en la Tienda Betún.
>
> **busco_rebaja:** ¡Vale! También venden vestidos azules. __6.__ (Nos/Los) tienen por veinte euros.

14 | Lo que Enrique quiere

Escribir Use direct object pronouns to tell what Enrique wants or doesn't want to buy.

> **modelo:** No le gustan **los zapatos anaranjados.**
> No **los** quiere comprar. (No quiere comprar**los.**)

1. Los pantalones son feos.

2. No le gusta la camiseta.

3. Le gustan mucho las camisas.

4. Prefiere los calcetines verdes.

5. El sombrero es horrible.

6. Prefiere los zapatos azules.

7. No necesita pantalones cortos.

8. Prefiere la chaqueta blanca.

9. Le gusta el gorro rojo.

10. Los jeans son feos.

15 | Unos modelos cómicos

Hablar

Enrique and Maribel are trying on all kinds of clothes at the store. Ask a partner about what they are wearing.

modelo: gorro

A ¿Quién lleva el **gorro verde**?

B Enrique **lo** lleva.

1. zapatos
2. camisa
3. chaqueta

4. pantalones cortos
5. jeans
6. ¿ ?

16 | En la tienda de ropa

Hablar

Ask a partner about what people are buying or wearing in the picture. Your partner will use direct object pronouns to answer.

A ¿Compra el señor Costa un sombrero rojo?

B Sí, el señor Costa lo compra.

17 | ¿Cuándo lo usas?

Hablar

Work with a partner to name as many situations as you can in which you use the following items.

modelo: un lápiz

A ¿Cuándo usas un lápiz?

B Lo uso cuando hago la tarea y cuando escribo.

1. una chaqueta
2. el dinero
3. los pantalones cortos
4. un sombrero
5. una computadora

6. un gorro
7. el teléfono
8. un libro
9. una calculadora
10. un cuaderno

18 | ¿Qué llevas en julio?

Hablar

Comparación cultural

Climas diferentes

How does geography affect a country's climate? Countries near the equator have rainy and dry seasons, but have warm temperatures year-round. Countries in the northern and southern hemispheres have opposite seasons. For example, in **Spain,** July is a summer month and the weather is often hot, but in **Chile** it is a winter month. Chile's varied terrain, from beaches to mountains, and length (over 2,600 miles) create many different climates.

Compara con tu mundo *How does the geography of your area affect the climate? Is there a large body of water or a mountain range that influences the weather?*

Barcelona, España

Los Andes en Chile

Ask a partner about the clothing items he or she wears in the following places in July: Chile, Mexico, Spain, Puerto Rico, Argentina, and New York.

A ¿Llevas una camiseta en Chile en julio?

B No, no la llevo. Llevo una chaqueta y...

Más práctica Cuaderno *pp. 157–159* Cuaderno para hispanohablantes *pp. 158–161*

 Get Help Online
my.hrw.com

PARA Y PIENSA

Did you get it? In each sentence, use the correct direct object pronoun.
1. Luisa quiere los pantalones blancos. Ella _____ compra.
2. No quiero la blusa nueva. ¿ _____ quieres tú?
3. Nosotros preferimos las camisas azules. _____ compramos.

Todo junto

Goal: ***Show what you know*** Listen to Maribel and Enrique talk to the salesclerk about what Enrique wants to buy. Then use **e → ie** stem-changing verbs and direct object pronouns to talk about clothing preferences. *Actividades 19–23*

Telehistoria completa

 @HOMETUTOR View, Read and Record
my.hrw.com

STRATEGIES

Cuando lees
Discover what's forgotten Enrique forgets something in this scene. Find out what he forgot. How does this create a problem?

Cuando escuchas
Take the "emotional temperature" Find out who has the greatest intensity of feeling by listening to voices. Who is the most upset and why?

 **Escena 1** *Resumen*
Maribel tiene que ir al centro comercial porque necesita el autógrafo de Trini. Pero Enrique quiere ir de compras en una tienda.

 **Escena 2** *Resumen*
Enrique y Maribel están en una tienda, y Enrique quiere comprar mucha ropa. Maribel prefiere ir al centro comercial.

 VIDEO DVD AUDIO

Escena 3

Enrique: Tienes razón. La chaqueta... la necesito. *(to the salesclerk)* ¿Vende chaquetas?

Vendedora: ¿En verano? No. Las vendo en el otoño.

Enrique: ¿Cuánto cuesta todo?

Vendedora: Los pantalones cuestan treinta euros, la camisa cuesta veinticinco, y el gorro, quince. Son setenta euros.

Enrique: ¡Mi dinero! ¡No lo tengo!

Maribel: Enrique, tienes que pagar. Son las once y media.

Enrique: Un gorro verde. ¡Lo quiero comprar! ¡Tengo que comprarlo!

Maribel: Enrique, ¡pero tú ya tienes un gorro verde!

Enrique: Sí, pero nunca lo llevo.

Maribel: Quieres una chaqueta, ¿no?

Maribel: ¡No te entiendo! ¿Quieres ir de compras y no tienes dinero?

Enrique: Está en mi mochila. ¿Dónde está mi mochila? ¿Tienes dinero? En el centro comercial yo compro la comida.

Maribel: ¿Con qué piensas pagar? No tienes dinero.

19 | ¿Cierto o falso? *Comprensión de los episodios*

Escuchar Leer

Read the sentences and say whether they are true or false. Correct the false statements.

1. Enrique piensa que los precios son buenos en el centro comercial.
2. Maribel prefiere llegar al centro comercial a las doce.
3. Maribel necesita comprar una chaqueta.
4. Enrique tiene setenta euros para comprar su ropa.
5. A Maribel le gusta ser diferente.
6. Enrique prefiere llevar una chaqueta en el invierno.
7. Enrique compra una chaqueta en la tienda de ropa.

20 | Analizar la historia *Comprensión de los episodios*

Escuchar Leer

Answer the questions about the episodes in complete sentences.

1. ¿Qué estación es?
2. ¿Dónde quiere comprar ropa Enrique?
3. ¿De qué color es el gorro?
4. ¿Cuánto cuestan los pantalones? ¿La camisa? ¿El gorro?
5. ¿Qué problema tiene Enrique?

21 | ¡A jugar! Un juego de quién

Digital performance space

Hablar

> **STRATEGY Hablar**
>
> **Prepare and don't stress out** Create a list of useful questions and possible answers. Include various types of clothes. Review your verb endings. Then just talk!

Work in a group of three. Give a clue about someone in your Spanish class. The other members of your group will ask you yes/no questions to identify who it is. Follow the model.

A Lleva jeans azules.

Sí, lo tiene. (No, no lo tiene.)

B ¿Tiene el sombrero verde?

Sí, los lleva. (No, no los lleva.)

C ¿Lleva zapatos blancos?

¿Es David?

Sí, ¡tienes razón! (No, no tienes razón.)

22 | Integración

Leer
Escuchar
Hablar

Read the discount coupon and listen to the store ad. Describe four items you want to buy for your friends and how much each item costs.

Fuente 1 Cupón

ALTA MODA
¡Descuentos de otoño!

Ropa de chicos
• pantalones
• chaquetas
• jeans
Descuento de **5€**

Ropa de chicas
• zapatos
• blusas
• vestidos
Descuento de **10€**

Calle Toro, 38 • Avenida de las Américas, 440   Madrid

Fuente 2 Anuncio

Listen and take notes
• ¿Qué venden en la tienda?
• ¿Cuánto cuesta la ropa?

modelo: Quiero comprar un vestido verde para Emily. Cuesta...

23 | Un poema de la estación

Escribir

Write a poem about one of the seasons. Include the following elements.

Para organizarte:
• *el nombre de la estación* ——————→ verano
• *dos colores que describen la estación* ——→ verde, azul
• *tres cosas que quieres* ——————————→ quiero zapatos, helado, camisetas
• *cuatro actividades que prefieres hacer* ——→ prefiero jugar, pasear, leer, descansar
• *una descripción de cómo estás* ——————→ tengo calor

modelo:

Writing Criteria	Excellent	Good	Needs Work
Content	Your poem includes all of the elements.	Your poem includes some of the elements.	Your poem includes a few of the elements.
Communication	Most of your poem is easy to follow.	Parts of your poem are easy to follow.	Your poem is hard to follow.
Accuracy	Your poem has very few mistakes in grammar and vocabulary.	Your poem has some mistakes in grammar and vocabulary.	Your poem has many mistakes in grammar and vocabulary.

Más práctica   Cuaderno *pp. 160–161*   Cuaderno para hispanohablantes *pp. 162–163*

 **Get Help Online**
my.hrw.com

PARA Y PIENSA

Did you get it? Answer each question based on the Telehistoria with **sí**, using direct object pronouns.
1. ¿Necesita Enrique la chaqueta?
2. ¿Prefiere Enrique el gorro verde?
3. ¿Quiere comprar Enrique la comida?

Juegos y diversiones

Review vocabulary by playing a game.

Pasa la bola

The Setup

Everyone should stand up and form a circle.

Playing the Game

First: One of you will start by saying a vocabulary word from this lesson and tossing a small foam ball to another player. The player catching the ball will have five seconds to think of a word in the same category as the one just said (another color, clothing item, shopping word, or season). Your teacher will be the timekeeper and judge.

Then: Once the player has thought of a word and said it correctly, he or she will toss the ball to another player. That player then has to come up with another word in the same category as the first player's word. Players who cannot think of a valid answer in the allotted time must sit down.

The Winner!

The winner is the last person standing.

dinero

precio

Lectura

¡AVANZA! **Goal:** Read a poem by a Spanish poet. Then talk about what you have read and describe winter in your region.

AUDIO

Las memorias del invierno

Antonio Colinas is a poet and novelist from León, in northern Spain. He published the following poem in 1988.

STRATEGY Leer

Find the feelings Find phrases that show the poet's feelings and write them in a chart like the one below. Write the feeling after each phrase.

Emotions in *Invierno tardío* by Colinas

- **Phrase:** es como primavera temprana
  Feeling: happiness
- **Phrase:**
  Feeling:
- **Phrase:**
  Feeling:

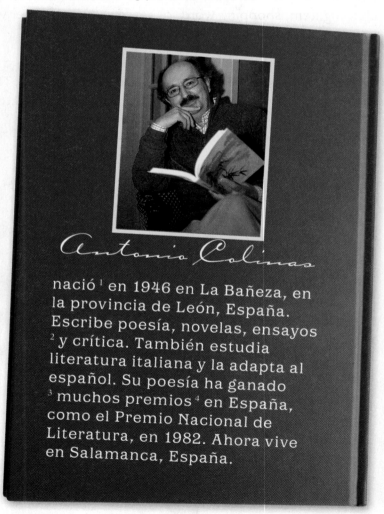

Antonio Colinas

nació[1] en 1946 en La Bañeza, en la provincia de León, España. Escribe poesía, novelas, ensayos[2] y crítica. También estudia literatura italiana y la adapta al español. Su poesía ha ganado[3] muchos premios[4] en España, como el Premio Nacional de Literatura, en 1982. Ahora vive en Salamanca, España.

---

[1] was born   [2] essays   [3] has won   [4] awards

Invierno tardío

No es increíble cuanto ven mis ojos [5]:

nieva sobre el almendro florido [6],

nieva sobre la nieve.

Este invierno mi ánimo [7]

es como primavera temprana,

es como almendro florido

bajo la nieve.

Hay demasiado [8] frío

esta tarde en el mundo [9].

Pero abro la puerta a mi perro

y con él entra en casa [10] calor,

entra la humanidad.

---

[5] **ven...** my eyes see

[6] **sobre...** on the flowery almond tree

[7] spirit   [8] too much   [9] world   [10] house

<56>

PARA Y PIENSA

¿Comprendiste?

1. ¿De dónde es Antonio Colinas? ¿Qué escribe? ¿Dónde vive ahora?
2. ¿Dónde está la persona en el poema? ¿Qué mira? En tu opinión, ¿está triste o contenta la persona?
3. ¿Piensas que el perro es un buen amigo? ¿Por qué?

¿Y tú?

¿Cómo es el invierno en tu región? ¿Qué te gusta hacer?

Conexiones   *El arte*

Los árabes en España

For almost 800 years, from 711 to 1492, the Moors, Arab Muslims from northern Africa, occupied an area in southern Spain called **Al-Andalus,** now known as **Andalucía.** This was a period of rich cultural exchange in the arts, sciences, mathematics, agriculture, and architecture.

The Alhambra palace in Granada is a notable example of Moorish architecture in Spain. The interior is exquisitely detailed, bright, and airy. Ornately carved pillars and arches open onto sunny courtyards. The walls and ceilings are decorated with intricate geometric designs.

Design a courtyard based on the architectural styles illustrated in these pictures of the Alhambra. Create a drawing or model to show your design.

El patio de los leones

Un arco musulmán

La Alhambra

Los jardines del Generalife

Proyecto 1 *La música*

Moorish civilization had a lasting influence on the music of Spain. The guitar may be derived from the oud, a type of lute and a classic Arab instrument. The word **guitarra** comes from the Arabic *qithara.* Some contemporary music is similar to the music played during the Moorish rule. Research and write about the musical group *Al-Andalus.* Include the members of the group, the places where they perform, and a description of their music.

Proyecto 2 *La salud*

Olives have always been a part of Spanish tradition. Olive seeds that date back 8,000 years have been found in Spain. The majority of olive trees grown in the country are found in **Andalucía.** Spain is also one of the world's foremost producers of olive oil. Research and write about the health and beauty benefits of olives and olive oil. Describe how they are used on a daily basis.

Proyecto 3 *El lenguaje*

The Moors brought many concepts and inventions to Spain. The Arabic words for many of these things still exist in Spanish. Often these words begin with **al-** or **a-.** Some examples are **almohada, álgebra, algodón,** and **ajedrez.** Using a Spanish-English dictionary, write the meanings of these words. Then find three more Spanish words that begin with **al-,** write their English definitions, and use the Internet or the library to find out if they have Arabic origin.

Talk About Shopping

el centro comercial	shopping center, mall	el dólar	dollar
¿Cuánto cuesta(n)?	How much does it (do they) cost?	el euro	euro
Cuesta(n)...	It costs . . . (They cost . . .)	ir de compras	to go shopping
		pagar	to pay
		el precio	price
el dinero	money	la tienda	store

Describe Clothing

la blusa	blouse	nuevo(a)	new
los calcetines	socks	los pantalones	pants
la camisa	shirt	los pantalones cortos	shorts
la camiseta	T-shirt		
la chaqueta	jacket	la ropa	clothing
feo(a)	ugly	el sombrero	hat
el gorro	winter hat	el vestido	dress
los jeans	jeans	los zapatos	shoes
llevar	to wear		

Colors

amarillo(a)	yellow	marrón (pl. marrones)	brown
anaranjado(a)	orange		
azul	blue	negro(a)	black
blanco(a)	white	rojo(a)	red
		verde	green

Expressions with tener

tener calor	to be hot
tener frío	to be cold
tener razón	to be right
tener suerte	to be lucky

Discuss Seasons

la estación (pl. las estaciones)	season
el invierno	winter
el otoño	autumn, fall
la primavera	spring
el verano	summer

Other Words and Phrases

durante	during
cerrar (ie)	to close
empezar (ie)	to begin
entender (ie)	to understand
pensar (ie)	to think, to plan
preferir (ie)	to prefer
querer (ie)	to want

Gramática

Nota gramatical: tener expressions *p. 223*

Stem-Changing Verbs: e → ie

For e → ie stem-changing verbs, the e of the stem changes to ie in all forms except **nosotros(as)** and **vosotros(as).**

querer *to want*	
quiero	queremos
quieres	queréis
quiere	quieren

Direct Object Pronouns

Direct object pronouns can be used to replace direct object nouns.

Singular		Plural	
me	me	nos	us
te	you (familiar)	os	you (familiar)
lo	you (formal), him, it	los	you, them
la	you (formal), her, it	las	you, them

Repaso de la lección

¡LLEGADA!

Now you can
- talk about what clothes you want to buy
- say what you wear in different seasons

Using
- **tener** expressions
- stem-changing verbs: **e → ie**
- direct object pronouns

To review
- stem-changing verbs: **e → ie** p. 224
- direct object pronouns p. 230

1 | # Listen and understand

AUDIO

Listen to Paula talk about clothes. Tell whether she wants to buy each article of clothing or not. Use direct object pronouns.

1. 　　**2.** 　　**3.**

4. 　　**5.** 　　**6.**

To review
- stem-changing verbs: **e → ie** p. 224

2 | # Talk about what clothes you want to buy

Fernando is going shopping with his parents. What does he say?

preferir　　cerrar　　entender

empezar　　pensar　　querer

Las clases __**1.**__ el lunes y necesito ropa. Yo __**2.**__ comprar unas camisetas y unos pantalones pero no tengo mucho dinero. Yo __**3.**__ las camisetas a las camisas. Yo no __**4.**__ por qué una camiseta cuesta más en el centro comercial que en otras tiendas. Mi amiga Carla __**5.**__ que hay ropa más bonita y menos cara en la tienda Moda Zaragoza. Necesito ir hoy porque la tienda __**6.**__ los domingos.

To review
- **tener** expressions p. 223
- stem-changing verbs: **e → ie** p. 224

3 | Talk about what clothes you want to buy

Tell whether these people are hot or cold, based on what they are thinking about buying.

> **modelo:** Ana / blusa de verano
> Ana piensa comprar una blusa de verano porque tiene calor.

1. Juan y yo / gorros
2. yo / pantalones cortos
3. tú / chaqueta
4. Laura y Carlos / camisetas de verano
5. ustedes / calcetines de invierno
6. Pilar / vestido de primavera

To review
- direct object pronouns p. 230

4 | Say what you wear in different seasons

Write sentences telling who prefers to wear these clothing items.

> **modelo:** los zapatos negros (Juan)
> Juan los prefiere llevar. (Juan prefiere llevarlos.)

1. los pantalones cortos (Rosa)
2. las camisas azules (ellas)
3. el sombrero rojo (yo)
4. la camiseta anaranjada (Carlos)
5. el gorro negro (ellos)
6. la blusa amarilla (nosotros)
7. los calcetines blancos (ustedes)
8. la chaqueta marrón (tú)
9. los zapatos marrones (usted)
10. el vestido verde (Amanda)

To review
- **Sevillanas** p. 215
- Comparación cultural pp. 229, 233
- Lectura pp. 238–239

5 | Spain and Chile

Comparación cultural

Answer these culture questions.

1. What are the characteristics of **sevillanas**?
2. How do the climates of Spain and Chile differ in July and why?
3. What are some characteristics of surrealist art?
4. What season is represented in Antonio Colinas' poem? How does the speaker of the poem feel and why?

Más práctica Cuaderno *pp. 162–173*   Cuaderno para hispanohablantes *pp. 164–173*

Get Help Online
my.hrw.com

España

Tema:

¿Qué hacemos esta noche?

¡AVANZA!

In this lesson you will learn to
- describe places and events in town
- talk about types of transportation
- say what you are going to do
- order from a menu

using
- the verb **ver, ir a** + infinitive
- stem-changing verbs: **o → ue**
- stem-changing verbs: **e → i**

♻ ¿Recuerdas?
- present tense of **-er** verbs
- the verb **ir, tener** expressions
- direct object pronouns

Comparación cultural

In this lesson you will learn about
- local markets
- art from Spain and Chile
- weekend activities in Spain, Guatemala, and Chile

Compara con tu mundo
Maribel and Enrique are near the Teatro de la Comedia, where many traditional Spanish plays are performed. *What do you and your friends like to do on weekends?*

¿Qué ves?

Mira la foto

¿Es viejo el teatro?

¿Lleva pantalones o un vestido Maribel?

¿De qué color es la camisa de Enrique?

El castigo sin vengar

**El Teatro de la Comedia
en la calle Príncipe**
Madrid, España

Presentación de VOCABULARIO

 ¡AVANZA!

Goal: Learn about what Enrique and Maribel do when they go out. Then practice what you have learned to describe places and events in town. *Actividades 1–2*

♻ *¿Recuerdas?* Present tense of **-er** verbs p. 168

VIDEO DVD

AUDIO

A En **el centro** de Madrid hay muchos **lugares** para comer. Maribel y yo queremos ir a **la calle** de Alcalá para **encontrar** un buen **restaurante**. ¿Vamos **a pie, en coche** o **en autobús**?

a pie · en coche · en autobús

B En **el menú** hay muchos **platos principales**. Si te gusta **la carne,** hay **bistec**. Si no, también hay **pescado**.

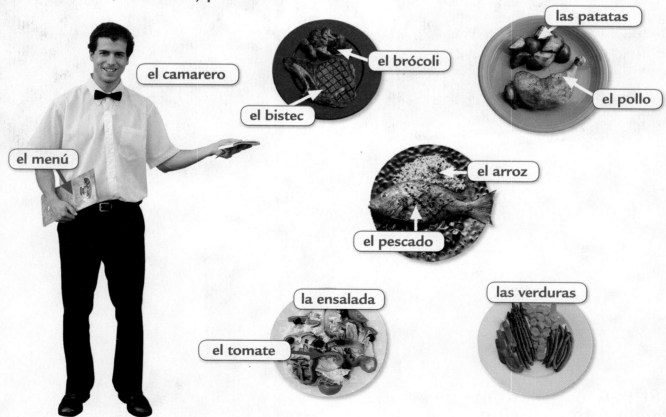

el camarero · el bistec · el brócoli · las patatas · el pollo · el menú · el arroz · el pescado · la ensalada · el tomate · las verduras

C **La cuenta** es veinticinco euros. ¿Cuánto dinero necesitamos para **la propina**?

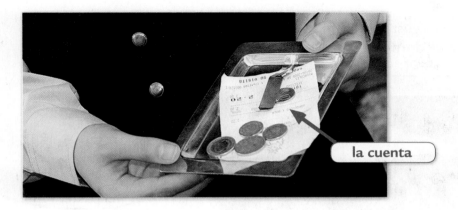

la cuenta

D **Tomamos** el autobús para ir al **cine**. Vamos al Cine Ideal para ver una película.

el cine

la ventanilla

las entradas

E **Aquí** en Madrid también hay **teatros** y **parques** pero yo prefiero ir a **un concierto** para escuchar música.

el teatro

el parque

el concierto

Continuará...

Presentación de VOCABULARIO
(continuación)

F Vamos a **un café. De postre** nos gusta **pedir un pastel.** Después, Maribel está muy cansada. Es la hora de **dormir.**

el café

la mesa

el pastel

En España se dice...

In Spain the word for *cake* is **la tarta.** The word for *beans* is **las alubias.**

dormir

Más vocabulario

allí *there*
almorzar *to eat lunch*
costar *to cost*
los frijoles *beans*
la música rock *rock music*
poder *to be able, can*
servir *to serve*
tal vez *perhaps, maybe*
volver *to return, to come back*
Expansión de vocabulario p. R5

@HOMETUTOR
my.hrw.com
Interactive Flashcards

¡A responder! Escuchar

Listen to the server. Write the food that she mentions.

Práctica de VOCABULARIO

1 | Diversiones en el centro

Leer | Read each description and look for the matching word.

1. Es una persona que trabaja en un café.
2. Es el lugar adonde vas para comer.
3. Vas aquí para ver una película.
4. La necesitas para ir a un concierto.
5. Lo comes después del plato principal.
6. Compras entradas aquí.

a. la ventanilla
b. el restaurante
c. la camarera
d. la entrada
e. el cine
f. el postre

Nota gramatical ♻ **¿Recuerdas?** Present tense of **-er** verbs p. 168

Ver has an irregular **yo** form in the present tense: **veo.**

   Veo muchos autobuses en el centro.   *I **see** a lot of buses downtown.*

2 | ¿Qué ves en el restaurante?

Hablar | Señor and Señora Ortiz are at the restaurant Los Reyes. Ask a partner what he or she sees.

A ¿Qué ves en el restaurante?

B Allí veo una silla.

Más práctica   Cuaderno *pp. 174–176*   Cuaderno para hispanohablantes *pp. 174–177*

🌐 **Get Help Online**
my.hrw.com

PARA Y PIENSA

Did you get it?
1. Name three things you would find in a restaurant.
2. Name three places where you and your friends might go to have fun.

VOCABULARIO en contexto

Goal: Focus on how Maribel and Enrique talk about where they go and how they get there. Then practice these words and **ir a** + infinitive to talk about types of transportation and what you are going to do. *Actividades 3–4*

♻ *¿Recuerdas?* The verb **ir** p. 134

Telehistoria escena 1

@**HOMETUTOR** View, Read and Record
my.hrw.com

STRATEGIES

Cuando lees

Think about timing Consider timing while reading. How long will Enrique's plan take? Will they see Trini? Why or why not?

Cuando escuchas

Enter the scene As you listen to Enrique's travel plan, enter the scene. If you were Maribel, would you feel calm or nervous about Enrique's ideas? Why?

Enrique · Maribel

Enrique: ¿Trini Salgado está en el centro comercial del Parque de las Avenidas a las doce?

Maribel: Sí. Y ya es tarde. Enrique, ¡por favor!

Enrique: ¡Vale! ¿Y cómo vamos a llegar allí? ¿En autobús?

Enrique puts the T-shirt in his bag so that Maribel can open the map.

Maribel: Podemos empezar aquí en el parque. El centro comercial está allí. ¿Cuál es la calle?

Enrique: Calle Poveda. ¡Es fácil! Tomamos el autobús al centro. Vamos a pie a la biblioteca —aquí. Mi madre está allí. Ella tiene coche. ¡Llegamos al centro comercial en coche!

Maribel: ¡Pero, Enrique! Son las once y cuarenta y cinco. Vamos a llegar tarde. ¿Qué voy a hacer?

Enrique: ¡Ah! El autobús setenta y cuatro va al centro comercial. Llega aquí a las doce y llega al centro comercial a las doce y media.

Maribel: ¡Vale!

Continuará... p. 256

También se dice

España Enrique says **el autobús** to talk about taking the bus. In other Spanish-speaking countries you might hear:
· **Puerto Rico, República Dominicana, Cuba** la guagua
· **México** el camión
· **muchos países** el colectivo, el micro

3 ¿Cómo piensan llegar? *Comprensión del episodio*

Escuchar Leer

Read the sentences and tell whether they are true or false.

1. Maribel y Enrique no tienen mapa.
2. La madre de Enrique está en la biblioteca.
3. El centro comercial está en la calle Poveda.
4. Enrique quiere ir a pie al centro comercial.
5. El autobús llega al centro comercial a las doce.

Nota gramatical   ♻ **¿Recuerdas?** The verb **ir** p. 134

To talk about what you are going to do, use a form of **ir a** + **infinitive**.

¿Qué van a **hacer** ustedes?   Vamos a **mirar** una película.
What are you going to do?   *We're going to watch a movie.*

Vamos a can also mean *Let's.*

4 ¿Qué vas a comer?

Hablar

Ask a partner what he or she is going to eat this week. Your partner should explain his or her answers.

A ¿Vas a comer carne?

B Sí, voy a comer carne. Es rica. (No, no voy a comer carne. Es horrible.)

1.
2.
3.
4.

5.
6.
7.
8.

🌐 **Get Help Online**
my.hrw.com

PARA Y PIENSA

Did you get it? Complete each sentence with the correct phrase to tell what form of transportation is used.
1. Maribel va a la escuela _____ ; va a tomar el cuarenta y dos.
2. Enrique y su hermano van a ir _____ al parque; les gusta pasear.
3. Maribel y su mamá van al concierto _____ porque no quieren llegar tarde.

Presentación de GRAMÁTICA

¡AVANZA! **Goal:** Learn how to form **o → ue** stem-changing verbs. Then practice using these verbs to talk about going out with friends. *Actividades 5–10*

English Grammar Connection: Remember that there are no stem-changing verbs in the present tense of English (see p. 224). In Spanish, **o → ue** stem changes happen in all three classes of verbs: **-ar, -er,** and **-ir.**

Stem-Changing Verbs: o → ue

Some verbs have an **o → ue** stem change in the present tense. How do you form the present tense of these verbs?

Here's how:

Remember that stem-changing verbs have regular **-ar, -er,** and **-ir** endings. For **o → ue** stem-changing verbs, the last **o** of the stem changes to **ue** in all forms except **nosotros(as)** and **vosotros(as).**

p**o**der *to be able, can*	
p**ue**do	p**o**demos
p**ue**des	p**o**déis
p**ue**de	p**ue**den

Carmen p**ue**de ir al concierto.
*Carmen **can** go to the concert.*

Other verbs you know that have this stem change are **alm**o**rzar, c**o**star, d**o**rmir, enc**o**ntrar,** and **v**o**lver.**

Almue**rzo** a la una.
***I eat lunch** at one o'clock.*

Antonio, ¿cuándo **v**ue**lves**?
*Antonio, when **are you coming back**?*

Más práctica
Cuaderno *pp. 177–179*
Cuaderno para hispanohablantes *pp. 178–180*

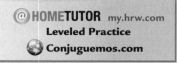
@HOMETUTOR my.hrw.com
Leveled Practice
Conjuguemos.com

Práctica de GRAMÁTICA

5 | Un concierto de música rock

Leer
Escribir

Maribel is talking with her friend Toni about when they can go to a concert. Complete what she says with forms of **poder,** and use the poster to answer her question.

Nosotros queremos ir a un concierto el viernes o el sábado, pero ¿cuándo? Yo no __1.__ ir el viernes en la noche porque tengo que trabajar. Manolo no __2.__ ir el sábado en la noche. Ana y Miguel no __3.__ ir el viernes en la noche y el sábado en la tarde no van a estar aquí. Enrique y su hermano no __4.__ ir el sábado en la tarde porque van a un restaurante con su primo. Y Toni, tú no __5.__ ir el sábado en la noche. ¿Cuándo __6.__ ir todos nosotros?

6 | ¿Quieres ir?

Leer
Escribir

Complete the conversation between Enrique and Maribel by choosing the correct verb and conjugating it in the appropriate form.

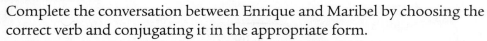

Enrique: Yo __1.__ (dormir / almorzar) en el café Mariposa hoy. La comida es muy rica y no __2.__ (volver / costar) mucho. ¿Quieres ir?

Maribel: Gracias, pero yo no __3.__ (encontrar / poder) comer ahora. Mis padres __4.__ (volver / dormir) de sus vacaciones en México. Necesito ir a la tienda ahora para comprar comida.

Enrique: Tú __5.__ (poder / dormir) ir a pie porque la tienda está cerca de aquí.

Maribel: Mis padres quieren comer unas verduras y nosotros siempre __6.__ (costar / encontrar) buenas verduras allí.

Enrique: ¿Tú y tus padres __7.__ (poder / volver) ir al cine esta noche? Yo voy a las siete y media.

Maribel: Gracias, Enrique, pero mis padres siempre están muy cansados después de sus vacaciones y __8.__ (dormir / almorzar) mucho.

7 | Las actividades en el centro

  Combine phrases from the three puzzle pieces to describe activities downtown. Use the correct verb forms to write your sentences.

> **modelo:** el camarero / no poder trabajar / en el restaurante
> El camarero no puede trabajar en el restaurante.

las entradas para el concierto	almorzar	en el mapa
yo	costar	con amigos en el parque
vosotros	encontrar la calle	después de comer mucho
tú	poder jugar al fútbol	quince euros
usted	dormir bien	en el café con mi familia
nosotros	volver al centro	en autobús

8 | Todos tienen excusas

Hablar Talk with another student about the activities that you can't do this weekend. Say that you can't do something and make up an excuse.

> **modelo:** ir a un concierto

A ¿Vas a ir a un concierto?

B No, no puedo ir a un concierto. Voy a ir al cine con mi hermano.

1. ir al teatro
2. dormir diez horas
3. practicar deportes
4. almorzar en un café
5. pasar un rato con los amigos
6. ver una película en el cine
7. ir al centro
8. comprar ropa
9. montar en bicicleta
10. preparar la comida

9 | ¡Vamos a ir de compras!

Hablar

Comparación cultural

Chichicastenango,
Guatemala

Los mercados

How do local markets reflect the culture of an area? Every Sunday, tourists and locals head to El Rastro, one of the oldest flea markets in Madrid, **Spain,** to search for bargains amid the hundreds of stalls. Vendors offer a wide variety of items such as antiques, secondhand clothing, CDs, books, maps, and art.

In **Guatemala,** the town of Chichicastenango hosts a popular market in which you can find handicrafts from the Maya-Quiché culture. Many vendors wear the traditional dress of their region and sell colorful textiles including Mayan blouses called *huipiles.* Other common items include fruits and vegetables, masks, baskets, candles, and flowers.

El Rastro en Madrid, España

Compara con tu mundo *What type of souvenir might a visitor to your community purchase? Why is it popular?*

Ask a partner where you can find books, CDs, fruit, art, vegetables, maps, and **huipiles.**

A ¿Dónde puedo encontrar libros?

B Encuentras libros en El Rastro.

10 | ¿Y tú?

Hablar
Escribir

Answer the following questions in complete sentences.

1. ¿A qué hora almuerzas?
2. ¿Cuánto cuesta el almuerzo en la cafetería de tu escuela?
3. ¿A qué hora vuelves de la escuela?
4. ¿Cuándo puedes pasar un rato con los amigos?
5. ¿Cuántas horas duermes los sábados?
6. ¿En qué tiendas encuentras tu ropa?

Más práctica   Cuaderno *pp. 177–179*   Cuaderno para hispanohablantes *pp. 178–180*

🌐 **Get Help Online**
my.hrw.com

PARA Y PIENSA

Did you get it? Complete each sentence with the correct form of the appropriate verb: **poder, costar, almorzar,** or **dormir.**

1. El pescado _____ diez dólares.
2. Nosotros _____ a la una en el café.
3. Yo _____ ocho horas.
4. Ellos no _____ contestar.

GRAMÁTICA en contexto

¡AVANZA! **Goal:** Identify the **o → ue** stem-changing verbs Enrique and Maribel use to talk about things to do in the city. Then practice using these verbs to talk about where you go. *Actividades 11–12*

Telehistoria escena 2

@**HOMETUTOR** View, Read
my.hrw.com and Record

STRATEGIES

Cuando lees

Compare scenes As you read this scene, compare it to Scene 1. How are these scenes alike in terms of Enrique's promises and his behavior? What trends do you find?

Cuando escuchas

Identify causes A negative feeling can have more than one cause. Listen for the causes of Maribel's anxiety and concerns. How many causes are there? What are they?

VIDEO
DVD

AUDIO

Enrique: ¿Qué vas a hacer hoy por la tarde?

Maribel: Después de ir de compras, quiero volver al centro. Hay un concierto de música rock, o puedo ir al cine a ver una película... ¡o puedo ir al teatro!

Enrique: ¡Un concierto de rock! ¿Puedo ir?

Maribel: Mmm... ¡quiero ir al teatro! Vamos al teatro.

Enrique: ¿Al teatro? Pero las entradas cuestan mucho, y...

After the trouble he caused, Enrique decides to go along with Maribel's idea.

Enrique: ¡Vale! Vamos al teatro.

Maribel: *(amused)* No, vamos al concierto.

Enrique: ¡Muy bien! Voy a comprar las entradas.

Maribel: ¡Pero, Enrique! El autobús...

Enrique: La ventanilla está allí, cerca del café. Vuelvo en dos minutos.

As he runs to buy the tickets, Maribel sees the bus approaching. She decides to go alone, but realizes she no longer has the T-shirt.

Maribel: ¡La camiseta! ¡No encuentro la camiseta! ¡Enrique!

Continuará... p. 262

11 | Planes para la tarde *Comprensión del episodio*

Escuchar
Leer

Match phrases to complete the sentences.

1. Después de ir de compras, Maribel quiere...
2. Enrique no quiere ir al teatro porque...
3. Maribel y Enrique van...
4. El autobús llega...
5. Enrique va a comprar las entradas...

a. cuando Enrique va a comprar las entradas.
b. volver al centro.
c. a un concierto de música rock en la tarde.
d. y tiene la camiseta.
e. las entradas cuestan mucho.

12 | ¿Qué encuentras?

Hablar

Talk with a partner about what you find in these places.

A ¿Qué encuentras en una biblioteca?

B Encuentro libros y computadoras allí.

1.

2.

3.

4.

5.

6.

Get Help Online
my.hrw.com

PARA Y PIENSA

Did you get it? Complete each sentence based on the Telehistoria with the correct form of the verb in parentheses.
1. Maribel _____ ir al cine o al teatro. (poder)
2. Maribel no _____ la camiseta. (encontrar)
3. Enrique _____ tarde y los dos no van al centro comercial. (volver)

Presentación de GRAMÁTICA

 ¡AVANZA!

Goal: Learn how to form **e → i** stem-changing verbs. Then practice using these verbs to order from a menu. *Actividades 13–18*

♻ *¿Recuerdas?* Direct object pronouns p. 230, **tener** expressions p. 223

English Grammar Connection: Remember that there are no stem-changing verbs in the present tense of English (see p. 224). There are, however, a number of stem-changing verbs in Spanish.

ANIMATEDGRAMMAR
my.hrw.com

Stem-Changing Verbs: e → i

Some **-ir** verbs have an **e → i** stem change in the present tense. How do you form the present tense of these verbs?

Here's how:

For **e → i** stem-changing verbs, the last **e** of the stem changes to **i** in all forms except **nosotros(as)** and **vosotros(as).**

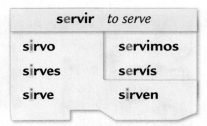

servir	*to serve*
sirvo	**se**rvimos
sirves	**se**rvís
sirve	**si**rven

El camarero **si**rve la comida.
*The waiter **serves** the food.*

Another verb you know with this stem change is **pedir.**

¿**Pi**des una ensalada?
*Are you **ordering** a salad?*

Siempre **pe**dimos pollo.
*We always **order** chicken.*

Más práctica
Cuaderno *pp. 180–182*
Cuaderno para hispanohablantes *pp. 181–184*

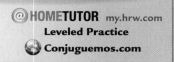
@**HOMETUTOR** my.hrw.com
Leveled Practice
🌐 Conjuguemos.com

Práctica de GRAMÁTICA

13 | ¿Qué piden?

Hablar
Escribir

Tell what these people are ordering.

modelo: yo
Yo pido carne.

1. tú

2. mis amigas

3. yo

4. vosotros

5. mi madre

6. Maribel

7. mis abuelos y yo

8. ustedes

14 | ¿Quién sirve la comida? ♻ ¿*Recuerdas?* Direct object pronouns p. 230

Hablar
Escribir

Tell what these people ask for and who serves it.

modelo: Maribel: bebida (la camarera)
Maribel pide una bebida y la camarera la sirve.

1. yo: ensalada (Enrique)
2. mi amigo: pollo (sus padres)
3. tú: pescado (yo)
4. mis amigas y yo: verduras (vosotros)
5. usted: patatas (nosotros)
6. vosotros: postre (el camarero)

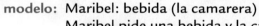

AUDIO

Pronunciación **La letra c con e, i**

Before **e** and **i**, the Spanish **c** is pronounced like the *c* in *city*.

Listen and repeat.

ce → cero   centro
       cerrar   quince

ci → cien   cine
       precio   estación

In many regions of Spain, the **c** before **e** and **i** is pronounced like the *th* of the English word *think*.

Necesitamos cinco lápices para hacer la tarea de ciencias.

15 | Una cena especial

**Hablar
Escribir**

Enrique and his family are going out to dinner. Complete what he says with the correct form of **servir** or **pedir.**

Mi familia __1.__ una mesa cerca de la ventana. Mis padres __2.__ ensaladas y pollo con arroz. Yo __3.__ bistec. Los camareros __4.__ las ensaladas y los platos principales. Todos nosotros __5.__ helado. El camarero __6.__ los postres.

16 | ¿Qué sirven en el café?

**Escuchar
Escribir**

Enrique is in a café and is talking to the waiters and waitresses. Write sentences to tell what these people are serving.

1. los camareros   **3.** el camarero   **5.** Luis y José

2. el señor Fuentes   **4.** la camarera   **6.** Ana

17 | En el restaurante

**Hablar
Escribir**

Look at the restaurant scene below. Tell what the people are ordering or serving.

Tomás

Diana

Gabriel

el Sr. Rivera

18 ¿Qué pides del menú?

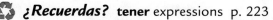 **¿Recuerdas?** tener expressions p. 223

Hablar

Ask a partner what he or she orders in a restaurant in the following situations.

modelo: bebida / en el almuerzo

 **A** ¿Qué bebida pides en el almuerzo?

 **B** Pido leche o un refresco.

1. comida / en el almuerzo
2. bebida / cuando tienes frío
3. bebida / en el desayuno
4. comida / cuando tienes calor
5. comida / cuando tienes hambre
6. bebida / cuando tienes mucha sed

Comparación cultural

Las meninas

Why might an artist create a version of another artist's masterpiece? Diego Velázquez served as the official painter for King Philip IV of **Spain** and painted many portraits of the royal family. *Las meninas* shows the *Infanta* (princess) and her attendants. Velázquez included himself in the painting. Three centuries later, Pablo Picasso, also from Spain, completed 58 interpretations of this painting. What similarities and differences do you notice?

Las meninas *(1656), Diego Velázquez*

Las meninas (Infanta Margarita) *(1957), Pablo Picasso*

Compara con tu mundo

What famous artwork would you like to try to re-create and why? How would your version be different from the original?

Más práctica   Cuaderno *pp. 180–182*   Cuaderno para hispanohablantes *pp. 181–184*

 **Get Help Online**
my.hrw.com

PARA Y PIENSA

Did you get it? Complete each sentence with the correct form of **pedir** or **servir**.

1. En la cena los camareros _____ arroz con pollo.
2. Mi madre hace un pastel y lo _____ de postre.
3. Nosotros no _____ mucho porque no tenemos mucha hambre.

Todo junto

¡AVANZA!

Goal: *Show what you know* Pay attention to how Maribel and Enrique tell the waiter what they would like to eat. Then practice using **o → ue** and **e → i** stem-changing verbs to order food and give your opinion on restaurants. *Actividades 19–23*

Telehistoria completa

@HOMETUTOR View, Read and Record
my.hrw.com

STRATEGIES

Cuando lees

Analyze the communication Analyze this scene's communication by answering these questions: Why does Maribel order so much food? What is the effect?

Cuando escuchar

Listen for contrasts Listen for contrasts during the scene. Examples: What do Maribel and Enrique order? Who promises to pay, and who actually pays?

Escena 1 *Resumen*
Enrique y Maribel pueden tomar el autobús setenta y cuatro al centro comercial. Piensan llegar a las doce y media.

Escena 2 *Resumen*
Enrique va a comprar las entradas para un concierto. El autobús llega pero Enrique no está. Maribel no tiene la camiseta.

VIDEO
DVD

AUDIO

Escena 3

They arrive at an outdoor restaurant.

Enrique: Es un restaurante muy bonito.

Maribel: Pero no tengo el autógrafo de Trini.

Enrique: Vamos a pedir la comida. ¡Yo pago!

Maribel: Ah, ¿pagas tú? Ahora pido toda la comida del menú.

The waiter arrives.

Maribel: Señor, ¿sirven pescado hoy?

Camarero: No, hoy no tenemos pescado.

Maribel: Quiero empezar con una ensalada. De plato principal quiero el pollo con verduras y... Sí, y filete con patatas.

Camarero: ¿Dos platos principales? ¿Filete y pollo?

Enrique: Es mucho, ¿no?

Maribel: Sí. Y de postre quiero un arroz con leche.

Enrique: *(nervously)* Pan y agua, por favor.

Maribel: Él va a pagar la cuenta.

Enrique: *(nods, then remembers)* ¡Maribel! ¡Mi mochila! ¡No tengo dinero!

Maribel: *(smiling)* Ay, Enrique, yo sí tengo dinero.

19 | ¿Quién lo hace? *Comprensión de los episodios*

Escuchar Leer

Read these sentences and tell whether they are about Enrique or Maribel.

1. Quiere volver al centro después de ir de compras.
2. Piensa que las entradas cuestan mucho.
3. No encuentra la camiseta.
4. Piensa que el restaurante es muy bonito.
5. Pide mucha comida.

20 | Problemas en el centro *Comprensión de los episodios*

Escuchar Leer

Answer the questions according to the episodes.

1. ¿Cómo quieren ir Maribel y Enrique al centro comercial?
2. ¿Adónde va el autobús setenta y cuatro?
3. ¿Por qué no quiere ir al teatro Enrique?
4. ¿Por qué está enojada Maribel?
5. ¿Qué pide Maribel en el restaurante?

21 | Clientes y camareros

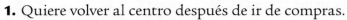
Digital **performance** **space**

Hablar

> **STRATEGY**
>
> **Plan the whole scene** Plan the whole scene from start to finish. What would the waiter or waitress say before, during, and after the meal? What would the customers say at each stage?

Work in a group of three. Prepare a scene in a café with customers and a waiter or waitress. Present your scene to the class.

Para organizarte:
- qué comidas y bebidas piden
- qué sirve el (la) camarero(a)
- cuánto cuesta la comida (la cuenta y la propina)

Camarero(a) Buenas tardes. ¿Quieren ver el menú?

Ustedes pueden pedir el pollo con patatas. Es mucha comida.

Cliente 1 Buenas tardes. Sí, por favor. Tenemos mucha hambre.

Cliente 2 Tal vez, pero hoy tengo ganas de comer...

22 | Integración

Digital performance space

Leer
Escuchar
Hablar

Read the pamphlet and listen to the guide. Describe five activities you are going to do, where, and how you can get there.

Fuente 1 Folleto del hotel

Lugares de interés

TRANSPORTE

	🚶	🚗	🚌
Biblioteca Nacional	■		45
Café Almagro			7
Centro Comercial ABC Serrano		■	19
Cine Ábaco		■	
Parque del Buen Retiro	■		
Plaza de la Moncloa		■	133
Restaurante Oberón	■	■	
Teatro Marquina	■		

PUERTA DEL SOL, 2 MADRID

Fuente 2 Anuncio del guía turístico

Listen and take notes

• ¿Qué actividades menciona el guía?
• ¿En qué lugares puedes hacer las actividades?

modelo: Voy a comer pescado. Voy al Restaurante Oberón. Puedo ir a pie o en coche...

23 | Una crítica culinaria

Digital performance space

Escribir

You are a newspaper food critic. Write a short review of your favorite restaurant. Explain what the waiters are like, what they serve, what you order, what the food is like, and how much it costs.

modelo: El restaurante Salazar es muy bueno. Los camareros son trabajadores. De plato principal sirven...

Writing Criteria	Excellent	Good	Needs Work
Content	Your review includes a lot of information.	Your review includes some information.	Your review includes little information.
Communication	Most of your review is organized and easy to follow.	Parts of your review are organized and easy to follow.	Your review is disorganized and hard to follow.
Accuracy	Your review has few mistakes in grammar and vocabulary.	Your review has some mistakes in grammar and vocabulary.	Your review has many mistakes in grammar and vocabulary.

Más práctica Cuaderno *pp. 183–184* Cuaderno para hispanohablantes *pp. 185–186*

Get Help Online
my.hrw.com

PARA Y PIENSA

Did you get it? Choose the correct verb to make each sentence logical according to the Telehistoria.

1. Maribel y Enrique (almuerzan / encuentran) en un restaurante bonito.
2. Maribel (sirve / pide) mucha comida.
3. Enrique no (puede / vuelve) pagar.

Juegos y diversiones

Review vocabulary by playing a game.

CUATRO RINCONES

The Setup

Your teacher will label a poster for each corner of the room: **el restaurante, el cine, el parque,** and **el centro.** Form two teams.

Playing the Game

Your teacher will give each of you in turn an index card with a Spanish word or phrase on it. Go to the corner of the room for the place related to the word or phrase on your card. Then use the word(s) on your card and the location name in a sentence.

Your team will receive one point for each player who goes to the correct corner and a second point for each player to use the words correctly in a sentence.

The Winner!

The team with the most points at the end wins.

Materials

- index cards with Spanish words and phrases
- four posters representing places in a city

Hay tiendas en el centro.

EL CENTRO

tiendas

¡AVANZA!

Goal: Read about weekend activities in Spain and Chile. Then talk about what each city offers and compare these activities with what you do on weekends.

Comparación cultural

AUDIO

El fin de semana en España y Chile

STRATEGY Leer

List attractions and places

Use a table like the one below to list attractions and the places where they can be found.

	conciertos	zoológico	botes
Madrid	Parque del Buen Retiro		
Santiago de Chile			

España

Los habitantes de Madrid, España, y Santiago de Chile hacen muchas actividades en el fin de semana. Van a parques, restaurantes, teatros, cines y otros lugares divertidos. También van de compras.

En Madrid hay muchos lugares interesantes para pasar los fines de semana. La Plaza Mayor tiene muchos cafés y restaurantes. Hay un mercado de sellos[1] los domingos. El Parque del Buen Retiro es un lugar perfecto para descansar y pasear. En este parque hay jardines[2], cafés y un lago[3] donde las personas pueden alquilar botes. Hay conciertos allí en el verano. Otro parque popular es la Casa de Campo. Hay un zoológico, una piscina[4], un parque de diversiones[5] y un lago para botes.

Hay muchas tiendas en el centro. El almacén[6] más grande es El Corte Inglés: allí los madrileños[7] pueden comprar ropa, comida y mucho más.

---

[1] **mercado...** stamp market [2] gardens [3] lake
[4] swimming pool [5] **parque...** amusement park
[6] department store [7] people of Madrid

El Parque del Buen Retiro en Madrid

En Santiago de Chile las personas pasan los fines de semana en muchos lugares. Siempre hay mucha actividad en la Plaza de Armas, la parte histórica de Santiago. Hay conciertos allí los domingos.

El parque del Cerro Santa Lucía es perfecto para pasear. Los santiaguinos[8] pueden ver jardines y el panorama de Santiago. El Cerro San Cristóbal en el Parque Metropolitano es un lugar favorito para comer, correr y montar en bicicleta. Hay jardines, piscinas, un zoológico, cafés y restaurantes en el parque.

Los santiaguinos van a tiendas en el centro y a centros comerciales como Alto Las Condes. En el Mercado Central pueden comprar pescado y frutas y comer en restaurantes con precios baratos[9].

---

[8] people of Santiago, Chile   [9] inexpensive

La Plaza de Armas

Chile

Cerro San Cristóbal

PARA Y PIENSA

¿Comprendiste?

1. ¿Qué hay en la Plaza Mayor y la Plaza de Armas los domingos?
2. ¿A qué parques van los madrileños y los santiaguinos?
3. ¿Dónde pueden ir de compras los habitantes de Madrid y Santiago?

¿Y tú?

¿Cuál(es) de estos lugares en Madrid y Santiago quieres visitar? ¿Adónde vas los fines de semana donde vives? ¿Qué haces allí?

Proyectos culturales

Comparación cultural

Pinturas de España y Chile

What messages can an artist communicate through a painting? When you look at a painting, you might see something different than what the artist originally intended when he or she painted it. In fact, a single work of art can have a number of different interpretations.

España *Landscape near El Escorial (1932), Ignacio Zuloaga y Zabaleta*

Chile La Siesta
(1872), Pedro Lira

Proyecto 2 *Your own painting*

Now try your hand at being an artist.

Materials for your own painting
Construction paper
Charcoal pencil, colored pencils or pens, watercolor paint, paintbrushes

Instructions
Create a landscape scene on construction paper. Use the paintings above as an inspiration.

Proyecto 1 *Interpret and investigate*

Interpreting the two paintings above from **Spain** and **Chile**.

Instructions
1. After looking at each painting, describe it to yourself. What message do you get from it? As you scan the painting, does any particular point draw your attention?
2. Use the Internet or your school's library to learn more about the two paintings. You might look up information about the artists and whether the paintings reflect personal events in their lives.

En tu comunidad

Visit the website of a museum in your community or area that contains works of art from a Spanish-speaking country. What can you learn about that country by examining the artwork? Record your impressions in a journal.

En resumen
Vocabulario y gramática

Vocabulario

Describe Places in Town

el café	café
el centro	center, downtown
el cine	movie theater; the movies
el parque	park
el restaurante	restaurant
el teatro	theater

Describe Events in Town

el concierto	concert
las entradas	tickets
la música rock	rock music
la película	movie
la ventanilla	ticket window

Getting Around Town

a pie	by foot
la calle	street
en autobús	by bus
en coche	by car
encontrar (ue)	to find
tomar	to take

In a Restaurant

el (la) camarero(a)	(food) server
costar (ue)	to cost
la cuenta	bill
de postre	for dessert
el menú	menu
la mesa	table
el plato principal	main course
la propina	tip

Ordering from a Menu

pedir (i)	to order, to ask for
servir (i)	to serve

For Dinner

el arroz	rice
el bistec	beef
el brócoli	broccoli
la carne	meat
la ensalada	salad
los frijoles	beans
el pastel	cake
la patata	potato
el pescado	fish
el pollo	chicken
el tomate	tomato
las verduras	vegetables

Other Words and Phrases

allí	there
almorzar (ue)	to eat lunch
aquí	here
dormir (ue)	to sleep
el lugar	place
poder (ue)	to be able, can
tal vez	perhaps, maybe
ver	to see
volver (ue)	to return, to come back

Gramática

Notas gramaticales: The verb **ver** *p. 249*, **ir a** + infinitive *p. 251*

Stem-Changing Verbs: o → ue

For o → ue stem-changing verbs, the last o of the stem changes to ue in all forms except **nosotros(as)** and **vosotros(as)**.

poder *to be able, can*	
puedo	podemos
puedes	podéis
puede	pueden

Stem-Changing Verbs: e → i

For e → i stem-changing verbs, the last e of the stem changes to i in all forms except **nosotros(as)** and **vosotros(as)**.

servir *to serve*	
sirvo	servimos
sirves	servís
sirve	sirven

Repaso de la lección

@HOMETUTOR
my.hrw.com

¡LLEGADA!

Now you can
- describe places and events in town
- talk about types of transportation
- say what you are going to do
- order from a menu

Using
- ir a + infinitive
- stem-changing verbs: o → ue
- stem-changing verbs: e → i

¡AvanzaRap!
DVD
Sing and Learn

To review
- stem-changing verbs: o → ue p. 252
- ir a + infinitive p. 251
- stem-changing verbs: e → i p. 258

1 | Listen and understand

AUDIO

Listen to the conversation in a restaurant. Then answer the questions.

1. ¿Cuántas personas van a comer?
2. ¿Cómo son los platos principales?
3. ¿Qué pide Raúl con el bistec?
4. ¿Qué pide Raúl para beber?
5. ¿Qué pide Tere de plato principal?
6. ¿Quién pide el pastel de postre?

To review
- ir a + infinitive p. 251

2 | Say what you are going to do

Tell what people are going to do on Saturday and how they plan to get there.

modelo: Angélica / almorzar en un restaurante
Angélica va a almorzar en un restaurante.
Va a ir en autobús.

1. Gilberto / pasear en el parque

2. yo / volver al centro

3. las chicas / beber refrescos en un café

4. tú / ver una película en el cine

5. nosotros / escuchar música rock

6. vosotros / ir al teatro

3 | Describe places and events in town

To review
• stem-changing verbs: o → ue p. 252

Tomás is describing his activities. Complete his e-mail message with the correct form of the appropriate verb.

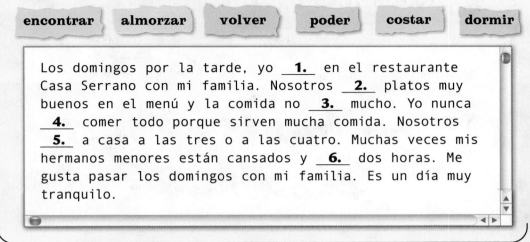

| encontrar | almorzar | volver | poder | costar | dormir |

Los domingos por la tarde, yo __1.__ en el restaurante Casa Serrano con mi familia. Nosotros __2.__ platos muy buenos en el menú y la comida no __3.__ mucho. Yo nunca __4.__ comer todo porque sirven mucha comida. Nosotros __5.__ a casa a las tres o a las cuatro. Muchas veces mis hermanos menores están cansados y __6.__ dos horas. Me gusta pasar los domingos con mi familia. Es un día muy tranquilo.

4 | Order from a menu

To review
• stem-changing verbs: e → i p. 258

Describe the problems in the restaurant.

modelo: Leonor: carne / el camarero: pescado
Leonor pide carne, pero el camarero sirve pescado.

1. tú: agua / la camarera: leche
2. yo: brócoli / el camarero: patatas
3. ustedes: bistec / los camareros: pollo
4. Nicolás: ensalada / el camarero: tomates
5. nosotros: arroz / los camareros: verduras
6. vosotros: pastel / la camarera: helado

5 | Spain, Guatemala, and Chile

To review
• Comparación cultural pp. 244, 255, 261
• Lectura cultural pp. 266–267

Comparación cultural

Answer these culture questions.

1. What is featured at Madrid's Teatro de la Comedia?
2. What can you find at Madrid's Rastro and Chichicastenango's market?
3. Who is depicted in *Las meninas*?
4. What can you see and do in Madrid's Parque del Buen Retiro and Santiago's Parque Metropolitano?

Más práctica Cuaderno *pp. 185–196* Cuaderno para hispanohablantes *pp. 187–196*

Get Help Online
my.hrw.com

Guatemala

España

Chile

Comparación cultural

AUDIO

¿Adónde vamos el sábado?

Lectura y escritura

WebQuest
my.hrw.com

① **Leer** Activities that young people do vary around the world. Read what Anita, Rodrigo, and Armando do for fun on Saturdays.

② **Escribir** Using the three descriptions as models, write a short paragraph about what you like to do on Saturdays.

> **STRATEGY** **Escribir**
> **Create an activity chart**
> To write about what you do for fun on Saturdays, use an activity chart like the one shown.
>
> | Categoría | Detalles |
> |---|---|
> | lugares | |
> | ropa | |
> | actividades | |

Step 1 Complete the chart with details about where you go, what you wear, and what you do for fun on Saturdays.

Step 2 Write your paragraph. Make sure to include all the information from your chart. Check your writing by yourself or with help from a friend. Make final corrections.

Compara con tu mundo

Use the paragraph you wrote to compare the activities you do for fun to the activities described by *one* of the three students. How are the activities similar? How are they different?

Cuaderno *pp. 197–199*   Cuaderno para hispanohablantes *pp. 197–199*

Guatemala

Anita

¿Qué tal? Soy Anita y me gusta escuchar música folklórica. El sábado mis amigos y yo pensamos ir a un concierto de marimba[1] en el centro. Las entradas no cuestan mucho y los conciertos son muy buenos. ¿Qué ropa voy a llevar? Quiero llevar un vestido porque es primavera y hace calor. Mis amigos prefieren llevar camisetas y jeans.

[1] musical instrument resembling a xylophone

España

Rodrigo

¡Hola! Me llamo Rodrigo y vivo en Madrid. El sábado quiero ir de compras con mi hermano. Siempre necesito comprar camisetas y calcetines. Muchas veces los encuentro en el centro comercial. Se llama Xanadú y tiene tiendas, restaurantes y ¡un parque de nieve! Allí puedes practicar deportes de invierno durante todo el año. A mi hermano le gusta la nieve en el verano, pero a mí no. En el verano ¡prefiero tener calor!

Chile

Armando

¡Hola! Me llamo Armando y soy de Santiago, Chile. En septiembre puedes ir a muchos rodeos porque hay muchas fiestas nacionales en Chile. El sábado voy a ir a un rodeo con mis amigos para ver a los huasos[2]. Pienso llevar unos jeans nuevos y una chaqueta porque no quiero tener frío. Quiero llevar un sombrero de vaquero[3], pero no puedo. ¡Cuestan mucho!

[2] Chilean cowboys   [3] cowboy

Repaso inclusivo
♻ Options for Review

¡AvanzaRap!
DVD
Sing and Learn

Digital performance space

1 | Listen, understand, and compare

Escuchar

Listen to Mrs. Estrada and her son, Carlitos, order a meal at a restaurant. Then answer the questions.

1. ¿Qué tiene ganas de comer Carlitos?
2. ¿Qué pide para empezar? ¿Y de plato principal?
3. ¿Qué plato pide la señora Estrada para empezar?
4. ¿Qué no sirven hoy en el restaurante?
5. ¿Qué van a beber ellos?

Which order most resembles what you like to eat? What foods and drinks do you order when you go to restaurants?

2 | Present a family outing

Hablar

Prepare a presentation about a family outing to a restaurant. Bring in a photo of your own or one from a magazine. Talk about the clothes each person is wearing, what food the restaurant serves, what each person orders, and how much it costs. You should talk for at least two minutes.

3 | Compare school days

Hablar

Interview a partner about his or her day at school. Ask about the classes your partner prefers, what he or she eats for lunch and at what time, and what he or she is going to do after school today. Finish by comparing your days. Your conversation should be at least three minutes long.

¿A qué hora almuerzas?

Almuerzo a las doce.

4 Help find a lost child

Hablar

Role-play a situation in which you are a mall employee in customer service. Your partner is at the mall with a younger cousin, but can't find him or her. Ask your partner about age, physical characteristics, and clothing. Copy this chart on a piece of paper and use it to organize your information. Your conversation should be at least two minutes long.

Edad	
Características físicas	
Ropa	

5 Create a fashion show

**Hablar
Escribir**

Work in a group of five. Individually, write a description of the clothes you are wearing. Include color, where you can buy each item, how much they cost, and in what season(s) you can wear them. Your description should have at least eight sentences. Then perform the fashion show for the class, reading each other's descriptions as each "model" walks down the runway.

6 Plan a weekend with family

**Leer
Escribir**

You are studying in Barcelona, Spain, for the summer and your parents are coming to visit. Read this newspaper supplement to find out about the weekend's events. Then write an e-mail to your parents, and suggest what you can do and where you can go together or separately during the weekend. Keep in mind everyone's likes and dislikes. Your e-mail should have at least six suggestions.

Suplemento especial – fin de semana

GUÍA DEL OCIO - BARCELONA

VIERNES
Cena especial
Comida española típica, con música de flamenco.
Restaurante Casals (de las 21.30 a las 23.30 h)

Concierto
Los hermanos Pujols tocan música rock.
Plaza Cataluña (a las 14.30 h)

SÁBADO

Películas
Terror en el centro
Hollywood. Película de terror. Dos chicos de Nueva York van en autobús cuando llegan unos extraterrestres horribles.
Cines Maremagnum (a las 16.00 y 18.30 h)

Mi tía loca
España. Película cómica. La historia de una chica y su tía favorita.
Cine Diagonal Mar (a las 13.30 y 21.00 h)

Comprar y pasear
La calle que lo tiene todo: libros, ropa, comida ¡y más!
Las Ramblas (todo el día)

DOMINGO

Eliminar el cáncer
Puedes pasear y donar dinero para combatir el cáncer.
Parque Güell (a las 10.00 h)

Compras
Los mejores precios del verano en las tiendas de ropa.
Centro Comercial Barcelona Glorias (de las 10.30 a las 20.30 h)

Concierto de Beethoven
La orquesta de Barcelona toca música clásica. Un concierto para toda la familia.
Teatro Liceu (a las 20.00 h)

¿?Entre dos

Pair Activities

¿Qué les gusta hacer?

Estudiante A

Ricardo

Ricardo and Isabel like to do many things. Look at the pictures on the right to find out what Ricardo likes to do. (Your partner has pictures showing what Isabel likes to do.) Take turns asking each other questions to discover what Ricardo and Isabel like to do.

Estudiante A: A Ricardo le gusta... ¿Y a Isabel?

Estudiante B: A Isabel también le gusta... ¿A Ricardo le gusta...?

What activities do Ricardo and Isabel both like to do?

¿Qué les gusta hacer?

Estudiante B

Isabel

Ricardo and Isabel like to do many things. Look at the pictures on the right to find out what Isabel likes to do. (Your partner has pictures showing what Ricardo likes to do.) Take turns asking each other questions to discover what Ricardo and Isabel like to do.

Estudiante A: A Ricardo le gusta... ¿Y a Isabel?

Estudiante B: A Isabel también le gusta... ¿A Ricardo le gusta...?

What activities do Ricardo and Isabel both like to do?

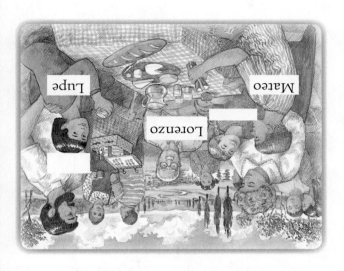

Who in the picture do you think is artístico(a)? Why?

¿Cómo se llaman?

Estudiante A

You and your partner want to know the names of the people in the picture. Your picture has the names of three people and your partner's picture has the names of three other people. Take turns asking each other questions and describing people to find out the names of all the people.

Estudiante A: ¿Cómo se llama la chica rubia?

Estudiante B: ¿La chica pequeña y joven?

Estudiante A: Sí.

Estudiante B: Se llama Gabi.
¿Cómo se llama...?

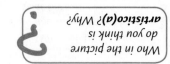

¿Cómo se llaman?

Estudiante B

You and your partner want to know the names of the people in the picture. Your picture has the names of three people and your partner's picture has the names of three other people. Take turns asking each other questions and describing people to find out the names of all the people.

Estudiante A: ¿Cómo se llama la chica rubia?

Estudiante B: ¿La chica pequeña y joven?

Estudiante A: Sí.

Estudiante B: Se llama Gabi.
¿Cómo se llama...?

Who in the picture do you think is artístico(a)? Why?

Horario de clases

Estudiante B

You and your partner want to compare class schedules. Look at your class schedule on the right. Your partner has a different schedule. Ask each other questions to find out what classes you have at various times of the day.

Estudiante A: A las... tengo... ¿Y tú?
Estudiante B: Yo (también) tengo... ¿Qué clase tienes a las...?

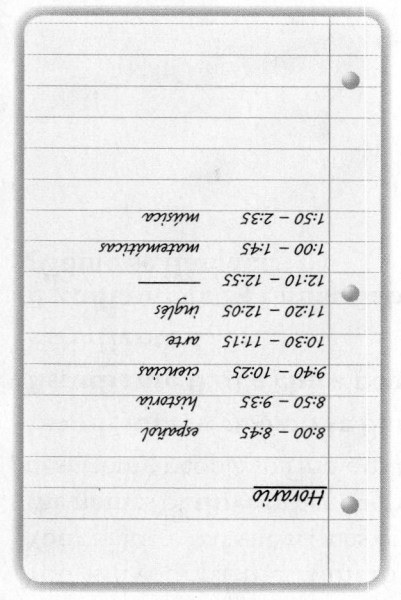

Horario		
8:00 – 8:45	español
8:50 – 9:35	historia
9:40 – 10:25	ciencias
10:30 – 11:15	arte
11:20 – 12:05	inglés
12:10 – 12:55	———
1:00 – 1:45	matemáticas
1:50 – 2:35	música

What classes do you and your partner have at the same time?

Horario de clases

Estudiante A

You and your partner want to compare class schedules. Look at your class schedule on the right. Your partner has a different schedule. Ask each other questions to find out what classes you have at various times of the day.

Estudiante A: A las... tengo... ¿Y tú?
Estudiante B: Yo (también) tengo... ¿Qué clase tienes a las...?

Horario		
8:00 – 8:45	español
8:50 – 9:35	matemáticas
9:40 – 10:25	ciencias
10:30 – 11:15	arte
11:20 – 12:05	———
12:10 – 12:55	inglés
1:00 – 1:45	historia
1:50 – 2:35	música

What classes do you and your partner have at the same time?

UNIDAD 2 **Entre dos · Lección 1**

¿Did you and your partner leave some of the supplies in the same places?

Estudiante B: Está en la clase.

Estudiante A: ¿Dónde está el borrador de la maestra?

Then, answer your partner's questions based on the images and cues. Take turns doing this activity.

Julia's pencil

Sergio's paper

Alejo's and Marta's calculators

supplies are:

You and your partner have borrowed some school supplies from friends but have forgotten them at different places in school. Ask your partner where the following friends'

¿Dónde están?

Estudiante A

ENTRE DOS UNIDAD 2

¿Dónde están?

Estudiante B

You and your partner have borrowed some school supplies from friends but have forgotten them at different places in school. Ask your partner where the following friends' supplies are:

> *Daniel's backpack*
>
> *Florencia's and Luis's pens*
>
> *Félix's notebook*

Then, answer your partner's questions based on the images and cues. Take turns doing this activity.

Estudiante A: ¿Dónde está el borrador de la maestra?

Estudiante B: Está en la clase.

Did you and your partner leave some of the supplies in the same places?

¿Qué le gusta comer?

Estudiante A

You and your partner are discussing what Elena and Mario like and don't like to eat. Look at the pictures below to find out what Elena likes and dislikes. (Your partner has pictures showing what Mario likes and dislikes.) Talk to your partner about Elena's and Mario's favorite foods.

Estudiante A: **A Elena le gusta(n)..., pero no le gusta(n)... ¿Y a Mario?**

Estudiante B: **A Mario no le gusta(n)..., pero le gusta(n)... ¿A Elena le gusta(n)...?**

¿ What foods do Elena and Mario both like? What foods do they both dislike?

A Elena no le gusta(n)...

A Elena le gusta(n)...

¿Qué le gusta comer?

Estudiante B

You and your partner are discussing what Elena and Mario like and don't like to eat. Look at the pictures below to find out what Mario likes and dislikes. (Your partner has pictures showing what Elena likes and dislikes.) Talk to your partner about Elena's and Mario's favorite foods.

Estudiante A: **A Elena le gusta(n)..., pero no le gusta(n)... ¿Y a Mario?**

Estudiante B: **A Mario no le gusta(n)..., pero le gusta(n)... ¿A Elena le gusta(n)...?**

A Mario le gusta(n)...

A Mario no le gusta(n)...

What foods do Elena and Mario both like? What foods do they both dislike?

¿Cuántos años tienen?

Estudiante A

You and your partner are looking at Pedro's family tree. You know the age of some of Pedro's family members and your partner knows the age of the other members of Pedro's family. Take turns asking each other how old Pedro's family members are.

Estudiante A: **¿Cuántos años tiene su...?**

Estudiante B: **Su... tiene...**

47 años   53 años   69 años   72 años   Pedro

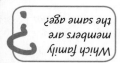
Which family members are the same age?

¿Cuántos años tienen?

Estudiante B

You and your partner are looking at Pedro's family tree. You know the age of some of Pedro's family members and your partner knows the age of the other members of Pedro's family. Take turns asking each other how old Pedro's family members are.

Estudiante A: **¿Cuántos años tiene su...?**

Estudiante B: **Su... tiene...**

47 años   53 años

Pedro   11 años   4 años

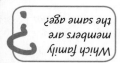
Which family members are the same age?

Estudiante A

145 €
113 €
12 €
35 €
23 €

¿Cuánto cuesta la ropa de Éster en total? ¿Y de Eduardo?

En la tienda de ropa

Eduardo and Éster are shopping for clothes. Look at the pictures on the right to find out what Eduardo wants to buy. (Your partner has pictures showing what Éster wants to buy.) Take turns asking each other what Éster and Eduardo are buying, in what color, and how much each item costs. Note the cost of each item.

Estudiante A: **¿Qué quiere comprar Éster?**
Estudiante B: **Éster quiere comprar...**
Estudiante A: **¿Cuánto cuesta(n)...?**

En la tienda de ropa

Estudiante B

Eduardo and Éster are shopping for clothes. Look at the pictures on the right to find out what Éster wants to buy. (Your partner has pictures showing what Eduardo wants to buy.) Take turns asking each other what Éster and Eduardo are buying, in what color, and how much each item costs. Note the cost of each item.

Estudiante A: **¿Qué quiere comprar Eduardo?**
Estudiante B: **Eduardo quiere comprar...**
Estudiante A: **¿Cuánto cuesta(n)...?**

49 €
33 €
9 €
89 €
38 €

¿Cuánto cuesta la ropa de Éster en total? ¿Y de Eduardo?

¿Qué van a pedir?

Estudiante B

You and your partner are supposed to meet some friends at a restaurant. They are late and they asked you to order for them. Take turns asking each other what your friends are going to order.

Estudiante A: **¿Qué va a pedir Sara?**

Estudiante B: **Sara va a pedir...**

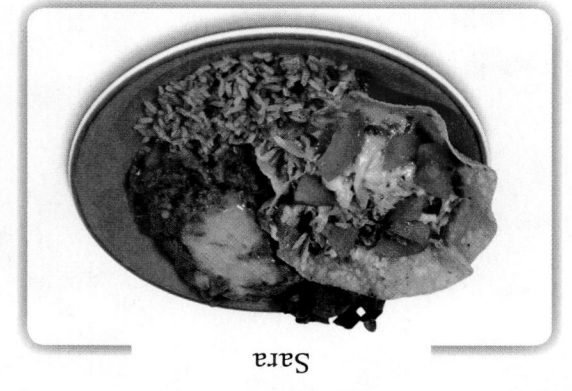
Sara

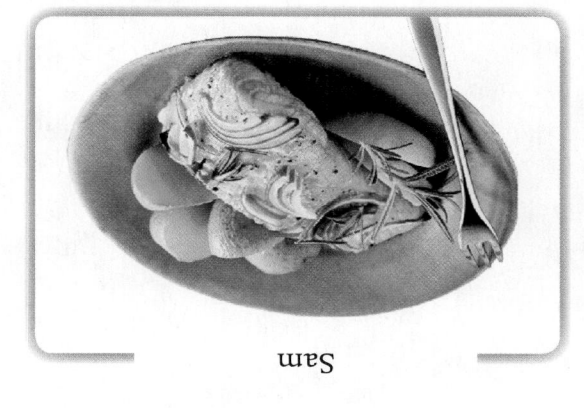
Sam

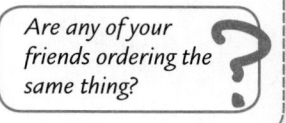
Are any of your friends ordering the same thing?

¿Qué van a pedir?

Estudiante A

You and your partner are supposed to meet some friends at a restaurant. They are late and they asked you to order for them. Take turns asking each other what your friends are going to order.

Estudiante A: **¿Qué va a pedir Tom?**

Estudiante B: **Tom va a pedir...**

Julie

Tom

Are any of your friends ordering the same thing?

Recursos

Lección 1
¿Qué te gusta hacer?

Talk About Activities

cuidar niños	to baby-sit
pintar	to paint
la reunión	meeting
el club	club
manejar	to drive
trabajar a tiempo parcial	to work part-time
trabajar de voluntario	to volunteer
tocar un instrumento	to play an instrument
Instruments	
el piano	piano
el clarinete	clarinet
la flauta	flute
el saxofón	saxophone
el tambor	drum
la trompeta	trumpet
la viola	viola
el violín	violin

Snack Foods and Beverages

la merienda	snack
las papitas	chips
las galletas saladas	crackers
las galletitas	cookies
el chicle	chewing gum
los dulces	candy
la limonada	lemonade

Lección 2
Mis amigos y yo

Describe Yourself and Others

Personality	
listo(a)	clever / smart
callado(a)	quiet
extrovertido(a)	outgoing
tímido(a)	shy
sincero(a)	sincere
tonto(a)	silly
travieso(a)	mischievous
paciente	patient
talentoso(a)	talented
creativo(a)	creative
ambicioso(a)	ambitious
Appearance	
el pelo oscuro	dark hair
el pelo rizado	curly hair
el pelo lacio	straight hair
calvo(a)	bald
los frenillos	braces

People

el (la) policía	police officer
el actor	actor
la actriz	actress
el (la) compañero(a) de clase	classmate
el (la) bombero(a)	firefighter
el (la) secretario(a)	secretary
el jefe, la jefa	boss

Lección 1
Somos estudiantes

Tell Time and Discuss Daily Schedules

la medianoche	midnight
el mediodía	noon

Describing Classes

School Subjects

la asignatura	school subject
la educación física	physical education
las ciencias sociales	social studies
la geometría	geometry
la geografía	geography
el álgebra	algebra
la lengua, el idioma	language
la literatura	literature
la biología	biology
la química	chemistry
la banda	band
el coro	choir
la orquesta	orchestra
la hora de estudio	study hall

In School

la asamblea	assembly
el recreo	recess, break

Classroom Activities

preguntar	to ask
la respuesta	answer
la prueba	test, quiz

Describe Frequency

cada	each
a veces	sometimes
¿Con qué frecuencia...?	How often. . . ?
rara vez	rarely

Other Words and Phrases

terminar	to finish
esperar	to wait (for)
mientras	while
otra vez	again

Lección 2
En la escuela

Describe Classroom Objects

la carpeta	folder
las tijeras	scissors
la regla	ruler
el diccionario	dictionary
la impresora	printer
la bandera	flag
el globo	globe

Places in School

la sala de clase	classroom
el casillero	locker
el auditorio	auditorium

Say Where Things Are Located

entre	between
fuera (de)	out / outside (of)
(a la) derecha (de)	(to the) right (of)
(a la) izquierda (de)	(to the) left (of)
aquí	here
allí	there
enfrente (de)	across from, facing

Talk About How You Feel

feliz, alegre	happy
preocupado(a)	worried
listo(a)	ready
Estoy de acuerdo.	I agree.

Other Words and Phrases

mismo(a)	same
según	according to
creer	to think, to believe
especialmente	especially
olvidar	to forget
sobre	about
además	besides, further
suficiente, bastante	enough
sin	without

Lección 1
Mi comida favorita

Talk About Foods and Beverages

For Breakfast	
desayunar	to have breakfast
la mantequilla	butter
la miel	honey
el pan tostado	toast
el batido	milkshake, smoothie
For Lunch	
la bolsa	bag
la mantequilla de cacahuate	peanut butter
la jalea	jelly
el atún	tuna
la ensalada	salad
Fruit	
el plátano	banana; plantain
la toronja	grapefruit
la piña	pineapple
el durazno	peach
el limón	lemon
la sandía	watermelon

Lección 2
En mi familia

Talk About Family

el esposo	husband
la esposa	wife
la hermanastra	stepsister
el hermanastro	stepbrother
la media hermana	half-sister
el medio hermano	half-brother
el nieto	grandson
la nieta	granddaughter
el sobrino	nephew
la sobrina	niece
el (la) bebé	baby

Pets

el pájaro	bird
el pez (pl. los peces)	fish
el conejo	rabbit
el lagarto	lizard
la rana	frog
el hámster	hamster

Unidad 4 — Expansión de vocabulario

Lección 1
¡Vamos de compras!

Describe Clothing

las botas	boots
el impermeable	raincoat
la falda	skirt
el suéter	sweater
la sudadera (con capucha)	(hooded) sweatshirt
los pantalones deportivos	sweatpants
el abrigo	coat
los zapatos de tenis	tennis shoes, sneakers
el pijama	pajamas
las sandalias	sandals
la gorra	baseball cap
las gafas de sol	sunglasses
los guantes	gloves
la bufanda	scarf
el paraguas	umbrella
la bolsa	bag, purse

Colors

morado(a)	purple
rosado(a)	pink
gris	gray

Discuss Seasons

el norte	north
el sur	south
el este	east
el oeste	west

Lección 2
¿Qué hacemos esta noche?

Describe Places In Town

la iglesia	church
el edificio	building
el centro de videojuegos	arcade
la piscina	pool
la acera	sidewalk
el correo	post office
la librería	bookstore
la zapatería	shoe store
el templo	temple
la tienda de discos	music store

Music

el rap	rap
alternativa	alternative
la música electrónica	electronic music, techno
la canción	song
la letra	lyrics

In a Restaurant

la cuchara	spoon
el cuchillo	knife
el tenedor	fork
el vaso	glass
la servilleta	napkin
el tazón	bowl
la taza	cup

For Dinner

el puerco	pork
el pavo	turkey
los fideos	noodles
la salsa	sauce
la pimienta	pepper
la sal	salt
los mariscos	seafood

Vegetables

la zanahoria	carrot
la lechuga	lettuce
el maíz	corn

Para y piensa
Self-Check Answers

Lección preliminar

p. 5
1. Buenos días.
2. ¿Cómo estás?
Answers may vary but can include:
3. Adiós, hasta mañana, hasta luego.

p. 9
1. c.
2. a.
3. b.

p. 11
1. See p. 10

p. 15
1. b.
2. a.
3. c.

p. 17
1. seis - dos - cinco - uno - cuatro - dos - cero - nueve
2. tres - siete - cero - ocho - nueve - dos - seis - tres
3. cuatro - uno - ocho - cinco - dos - siete - seis - cero

p. 19
1. lunes
2. mañana

p. 21
1. b.
2. a.
3. c.

p. 24
1. ¿Cómo se dice *please*?
2. ¿Comprendes?

Unidad 1 Estados Unidos

Lección 1

p. 35 Práctica de vocabulario
1. escuchar música
2. hacer la tarea

p. 37 Vocabulario en contexto
1. jugar
2. música
3. comer

p. 41 Práctica de gramática
1. Cristóbal y yo somos de Honduras.
2. Tomás es de la República Dominicana.
3. Yo soy de México.

p. 43 Gramática en contexto
1. El Sr. Costas es de la Florida.
2. Alicia es de Miami.
3. Teresa y Miguel son de Honduras y Cuba.

p. 47 Práctica de gramática
1. Le gusta
2. Te gusta
3. Nos gusta

p. 50 Todo junto
1. Teresa es de Honduras. Le gusta tocar la guitarra.
2. Alicia es de Miami. Le gusta comer.
3. Miguel es de Cuba. Le gusta mirar la televisión.

Lección 2

p. 63 Práctica de vocabulario
1. Juan es bajo.
2. David es artístico.
3. Carlos es serio.

p. 65 Vocabulario en contexto
1. perezoso
2. atlético
3. estudioso

p. 69 Práctica de gramática
1. la televisión
2. unas frutas
3. el libro
4. unos hombres

p. 71 Gramática en contexto
1. Ricardo es un amigo de Alberto.
2. Marta y Carla son unas chicas de la clase de la señora García.
3. Ana es una chica muy inteligente.

p. 75 Práctica de gramática
1. una estudiante desorganizada
2. unos chicos simpáticos
3. unas mujeres trabajadoras
4. un hombre grande

p. 78 Todo junto
1. Alberto es un chico simpático.
2. Ricardo es un estudiante trabajador.
3. Sandra es una persona organizada.

Unidad 2 México

Lección 1

p. 97 Práctica de vocabulario
1. Me gusta dibujar en la clase de arte.
2. Hay veintitrés chicos en la clase de matemáticas.

p. 99 Vocabulario en contexto
1. a las diez y cuarto (a las diez y quince)
2. las ocho y veinte
3. a las siete

p. 103 Práctica de gramática
1. Juan nunca tiene que preparar la comida.
2. Tenemos la clase de inglés todos los días.
3. Siempre tengo que usar la computadora.

p. 105 Gramática en contexto
1. tienen
2. tiene que
3. tienen

p. 109 Práctica de gramática
1. usamos
2. preparo
3. dibujan
4. Necesitas

p. 112 Todo junto
1. toma
2. practicar
3. estudian

Lección 2

p. 125 Práctica de vocabulario
Answers may vary but can include:
1. el baño, el gimnasio, la cafetería, la biblioteca, etc.
2. el mapa, el escritorio, la silla, el reloj, etc.

p. 127 Vocabulario en contexto
1. la biblioteca
2. el gimnasio
3. la biblioteca

p. 131 Práctica de gramática
1. Estoy cerca de las ventanas.
2. Pablo, ¿estás nervioso?

p. 133 Gramática en contexto
Answers may vary but can include:
1. Pablo y Claudia están en la biblioteca.
2. Pablo está nervioso.
3. Pablo tiene que estar en el gimnasio a las cinco.

p. 137 Práctica de gramática
1. Teresa va a la cafetería.
2. Los estudiantes van a la oficina del director.
3. Nosotros vamos al gimnasio.
4. Yo voy a la clase de matemáticas.

p. 140 Todo junto
1. está; va a
2. están; van a
3. está; va a

Unidad 3 Puerto Rico

Lección 1

p. 159 Práctica de vocabulario
Answers may vary but can include:
1. los huevos, el cereal, el yogur, la fruta
2. el sándwich, la sopa, la hamburguesa

p. 161 Vocabulario en contexto
1. Quiénes
2. Cuándo
3. Por qué

p. 165 Práctica de gramática
1. Me gustan los huevos para el desayuno.
2. A José le gusta la pizza con jamón.
3. ¿Por qué no te gusta la fruta?

p. 167 Gramática en contexto
1. gusta
2. gusta
3. gustan

p. 171 Práctica de gramática
1. hacen; comen   3. hace; bebe
2. haces; leo

p. 174 Todo junto
1. gusta; come
2. gustan; comparten

Lección 2

p. 187 Práctica de vocabulario
1. hijo   3. hermanas
2. padres

p. 189 Vocabulario en contexto
1. Marisol tiene catorce años.
2. El gato de la familia Vélez tiene ocho años.
3. Los padres de Marisol tienen cincuenta y dos años.

p. 193 Práctica de gramática
1. mi; el seis de septiembre
2. nuestro; el veinticinco de enero.
3. su; el diecisiete de abril.

p. 195 Gramática en contexto
1. El cumpleaños de Camila es el doce de junio.
2. El cumpleaños de Ester es el primero de octubre.
3. El cumpleaños de Tito es el veintiocho de marzo.
4. El cumpleaños de Celia es el diecisiete de enero.

p. 199 Práctica de gramática
1. Mi hermano es más alto que mi padre.
2. Me gustan las manzanas tanto como las bananas.
3. La clase de matemáticas es mejor que la clase de arte.

p. 202 Todo junto
1. Sus perros son tan grandes como Marisol.
2. Su primo es menor que él.
3. Sus perros son más perezosos que los gatos.

Unidad 4 España

Lección 1

p. 221 Práctica de vocabulario
1. ¿Cuánto cuestan los calcetines blancos?
2. ¿Cuánto cuesta el vestido azul?
3. ¿Cuánto cuesta la chaqueta anaranjada?
4. ¿Cuánto cuestan los pantalones cortos rojos?

p. 223 Vocabulario en contexto
1. tiene frío
2. tiene calor
3. tiene frío

p. 227 Práctica de gramática
1. pienso
2. empieza
3. cierra

p. 229 Gramática en contexto
1. entiende
2. prefiere
3. quiere

p. 233 Práctica de gramática
1. los
2. La
3. Las

p. 236 Todo junto
1. Sí, Enrique la necesita.
2. Sí, Enrique lo prefiere.
3. Sí, Enrique la quiere comprar.
   (Sí, Enrique quiere comprarla.)

Lección 2

p. 249 Práctica de vocabulario
Answers may vary but can include:
1. El menú, el (la) camarero(a), la cuenta, los platos principales, etc.
2. El teatro, el parque, el cine, etc.

p. 251 Vocabulario en contexto
1. en autobús
2. a pie
3. en coche

p. 255 Práctica de gramática
1. cuesta
2. almorzamos
3. duermo
4. pueden

p. 257 Gramática en contexto
1. puede
2. encuentra
3. vuelve

p. 261 Práctica de gramática
1. sirven
2. sirve
3. pedimos

p. 264 Todo junto
1. almuerzan
2. pide
3. puede

Resumen de gramática

Nouns, Articles, and Pronouns

Nouns

Nouns identify people, animals, places, and things. All Spanish nouns, even if they refer to objects, are either **masculine** or **feminine.** They are also either **singular** or **plural.**

Nouns ending in **-o** are usually masculine; nouns ending in **-a** are usually feminine.

To form the **plural** of a noun, add **-s** if the noun ends in a vowel; add **-es** if it ends in a consonant.

Singular Nouns		Plural Nouns	
Masculine	**Feminine**	**Masculine**	**Feminine**
abuelo	abuela	abuelo**s**	abuela**s**
chico	chica	chico**s**	chica**s**
hombre	mujer	hombre**s**	mujer**es**
papel	pluma	papel**es**	pluma**s**
zapato	blusa	zapato**s**	blusa**s**

Articles

Articles identify the class of a noun: masculine or feminine, singular or plural. **Definite articles** are the equivalent of the English word *the.* **Indefinite articles** are the equivalent of *a, an,* or *some.*

Definite Articles			Indefinite Articles		
	Masculine	**Feminine**		**Masculine**	**Feminine**
Singular	**el** chico	**la** chica	**Singular**	**un** chico	**una** chica
Plural	**los** chicos	**las** chicas	**Plural**	**unos** chicos	**unas** chicas

Pronouns

Pronouns take the place of nouns. The pronoun used is determined by its function or purpose in a sentence.

Subject Pronouns		Direct Object Pronouns	
yo	nosotros(as)	me	nos
tú	vosotros(as)	te	os
usted	ustedes	lo, la	los, las
él, ella	ellos(as)		

Adjectives

Adjectives describe nouns. In Spanish, adjectives match the **gender** and **number** of the nouns they describe. To make an adjective plural, add **-s** if it ends in a vowel; add **-es** if it ends in a consonant. The adjective usually comes after the noun in Spanish.

Adjectives

	Masculine	Feminine
Singular	el chico alt**o**	la chica alt**a**
	el chico inteligente	la chica inteligente
	el chico joven	la chica joven
	el chico trabajador	la chica trabajador**a**
Plural	los chicos alto**s**	las chicas alta**s**
	los chicos inteligente**s**	las chicas inteligente**s**
	los chicos jóven**es**	las chicas jóven**es**
	los chicos trabajador**es**	las chicas trabajadora**s**

Sometimes adjectives are shortened when they are placed in front of a masculine singular noun.

Shortened Forms

bueno	**buen** chico
malo	**mal** chico

Adjectives (continued)

Possessive adjectives indicate who owns something or describe a relationship between people or things. They agree in number with the nouns they describe. **Nuestro(a)** and **vuestro(a)** must also agree in gender with the nouns they describe.

Possessive Adjectives

	Masculine		Feminine	
Singular	**mi** amigo	**nuestro** amigo	**mi** amiga	**nuestra** amiga
	tu amigo	**vuestro** amigo	**tu** amiga	**vuestra** amiga
	su amigo	**su** amigo	**su** amiga	**su** amiga
Plural	**mis** amigos	**nuestros** amigos	**mis** amigas	**nuestras** amigas
	tus amigos	**vuestros** amigos	**tus** amigas	**vuestras** amigas
	sus amigos	**sus** amigos	**sus** amigas	**sus** amigas

Comparatives

Comparatives are used to compare two people or things.

Comparatives

más (+)	menos (–)	tan, tanto (=)
más serio **que...**	**menos** serio **que...**	**tan** serio **como...**
Me gusta leer **más que** pasear.	Me gusta pasear **menos que** leer.	Me gusta hablar **tanto como** escuchar.

There are a few irregular comparative words. When talking about the age of people, use **mayor** and **menor.** When talking about qualities, use **mejor** and **peor.**

Age	Quality
mayor	mejor
menor	peor

Verbs: Present Tense

Regular Verbs

Regular verbs ending in **-ar, -er,** or **-ir** always have regular endings in the present tense.

-ar Verbs		**-er Verbs**		**-ir Verbs**	
habl**o**	habl**amos**	vend**o**	vend**emos**	compart**o**	compart**imos**
habl**as**	habl**áis**	vend**es**	vend**éis**	compart**es**	compart**ís**
habl**a**	habl**an**	vend**e**	vend**en**	compart**e**	compart**en**

Verbs with Irregular yo Forms

Some verbs have regular forms in the present tense except for the **yo** form.

hacer

ha**go**	hacemos
haces	hacéis
hace	hacen

ver

v**eo**	vemos
ves	veis
ve	ven

Stem-Changing Verbs

e → ie

qu**ie**ro	queremos
qu**ie**res	queréis
qu**ie**re	qu**ie**ren

Other **e → ie** stem-changing verbs are **cerrar, comenzar, despertarse, empezar, entender, pensar,** and **preferir.**

o → ue

puedo	podemos
puedes	podéis
puede	**pue**den

Other **o → ue** stem-changing verbs are **almorzar, costar, dormir, encontrar,** and **volver.**

e → i

s**i**rvo	servimos
s**i**rves	servís
s**i**rve	s**i**rven

Another **e → i** stem-changing verb is **pedir.**

Irregular Verbs

The following verbs are irregular in the present tense.

estar

estoy	estamos
estás	estáis
está	están

ir

voy	vamos
vas	vais
va	van

ser

soy	somos
eres	sois
es	son

tener

tengo	tenemos
tienes	tenéis
tiene	tienen

Glosario
español-inglés

This Spanish-English glossary contains all the active vocabulary words that appear in the text as well as passive vocabulary lists. **LP** refers to the Lección preliminar.

a to, at
  A la(s)... At... o'clock. **2.1**
  a pie on foot **4.2**
  ¿A qué hora es/son...? At what time is/are...? **2.1**
abril April **3.2**
la abuela grandmother **3.2**
el abuelo grandfather **3.2**
los abuelos grandparents **3.2**
aburrido(a) boring **2.2**
acabar de... to have just... **5.2**
la actividad activity **1.1**
Adiós. Goodbye. **LP**
adónde (to) where **2.2**
  ¿Adónde vas? Where are you going? **2.2**
agosto August **3.2**
el agua (fem.) water **1.1**
ahora now **3.1**
al to the **2.2**
  al lado (de) next to **2.2**
allí there **4.2**
el almacén (*pl.* los almacenes) department store
almorzar (ue) to eat lunch **4.2**
el almuerzo lunch **3.1**
alquilar to rent **1.1**
  alquilar un DVD to rent a DVD **1.1**
alto(a) tall **1.2**
amarillo(a) yellow **4.1**
el (la) amigo(a) friend **1.2**
anaranjado(a) orange (color) **4.1**
andar en patineta to skateboard **1.1**
el ánimo spirit
antes (de) before **1.1**
la antorcha torch
el anuncio advertisement; announcement

el año year **3.2**
  el Año Nuevo New Year
  ¿Cuántos años tienes? How old are you? **3.2**
  tener... años to be... years old **3.2**
aprender to learn **1.1**
  aprender el español to learn Spanish **1.1**
los apuntes notes **2.1**
  tomar apuntes to take notes **2.1**
aquí here **4.2**
el arrecife de coral coral reef
el arroz rice **4.2**
el arte art **2.1**
el artículo article
artístico(a) artistic **1.2**
atlético(a) athletic **1.2**
el autobús (*pl.* los autobuses) bus **4.2**
  en autobús by bus **4.2**
avanzar to advance, to move ahead
  ¡Avanza! Advance!, Move ahead!
  avancemos let's advance, let's move ahead
el aymara indigenous language of Bolivia and Peru
azul blue **4.1**

bailar to dance
el (la) bailarín(ina) (*pl.* los bailarines) dancer
el baile dance
bajo(a) short (height) **1.2**
la banana banana **3.1**
la banda musical band
el baño bathroom **2.2**
la batalla battle
beber to drink **1.1**
la bebida beverage, drink **3.1**
la biblioteca library **2.2**
la bicicleta bicycle **1.1**

bien well, fine **LP**
  Bien. ¿Y tú/usted? Fine. And you? (familiar/formal) **LP**
  Muy bien. ¿Y tú/usted? Very well. And you? (familiar/formal) **LP**
el bistec beef **4.2**
blanco(a) white **4.1**
la blusa blouse **4.1**
bonito(a) pretty **1.2**
el borrador eraser **2.2**
el brindis celebratory toast
el brócoli broccoli **4.2**
bueno(a) good **1.2**
  Buenos días. Good morning. **LP**
  Buenas noches. Good evening; Good night. **LP**
  Buenas tardes. Good afternoon. **LP**

C

cada each; every
el café coffee; café **3.1, 4.2**
la cafetería cafeteria **2.2**
la calavera skull
el calcetín (*pl.* los calcetines) sock **4.1**
la calculadora calculator **2.2**
caliente hot
la calle street **4.2**
el (la) camarero(a) (food) server **4.2**
el cambio change
la camisa shirt **4.1**
la camiseta T-shirt **4.1**
cansado(a) tired **2.2**
Carnaval Carnival
la carne meat **4.2**
la carreta horse-drawn carriage
la casa house
el cascarón (*pl.* los cascarones) confetti-filled egg

la caseta small house or tent
casi almost **2.1**
castaño(a) brown (hair) **1.2**
catorce fourteen **2.1**
el cementerio cemetery
la cena dinner **3.1**
el centro center, downtown **4.2**
   el centro comercial shopping
     center, mall **4.1**
cerca (de) near (to) **2.2**
el cereal cereal **3.1**
cero zero **LP**
cerrar (ie) to close **4.1**
la chaqueta jacket **4.1**
la chica girl **1.2**
el chico boy **1.2**
cien one hundred **2.1**
las ciencias science **2.1**
cierto(a) true
cinco five **LP**
cincuenta fifty **2.1**
el cine movie theater; the movies **4.2**
la clase class, classroom **LP**; kind,
   type
el coche car **4.2**
   en coche by car **4.2**
el colegio high school
comer to eat **1.1**
cómico(a) funny **1.2**
la comida meal; food **1.1, 3.1**
como as, like
¿Cómo...? How...? **3.1**
   ¿Cómo eres? What are you
     like? **1.2**
   ¿Cómo estás? How are you?
     (familiar) **LP**
   ¿Cómo está usted? How are you?
     (formal) **LP**
   ¿Cómo se llama? What's his/her/
     your (formal) name? **LP**
   ¿Cómo te llamas? What's your
     name? (familiar) **LP**
comparar to compare
compartir to share **3.1**
comprar to buy **1.1**
¿Comprendiste? Did you
   understand?
la computadora computer **2.1**
común common
el concierto concert **4.2**
contento(a) happy **2.2**
contestar to answer **2.1**
el correo electrónico e-mail **1.1**
correr to run **1.1**

costar (ue) to cost **4.2**
   ¿Cuánto cuesta(n)? How much
     does it (do they) cost? **4.1**
   Cuesta(n)... It (They) cost... **4.1**
la Cremà burning of papier-mâché
   figures during Las Fallas
el cuaderno notebook **2.2**
el cuadro painting
¿Cuál(es)? Which?; What? **3.1**
   ¿Cuál es la fecha? What is the
     date? **3.2**
   **¿Cuál es tu/su número de
     teléfono?** What is your phone
     number? (familiar/formal) **LP**
cuando when **2.2**
¿Cuándo? When? **2.2**
cuánto(a) how much **3.2**
   ¿Cuánto cuesta(n)? How much
     does it (do they) cost? **4.1**
cuántos(as) how many **3.2**
   ¿Cuántos(as)...? How
     many...? **2.1**
   ¿Cuántos años tienes? How old
     are you? **3.2**
cuarenta forty **2.1**
cuatro four **LP**
cuatrocientos(as) four hundred **3.2**
la cuenta bill (in a restaurant) **4.2**
el cumpleaños birthday **3.2**
   ¡Feliz cumpleaños! Happy
     birthday! **3.2**

de of, from **1.1**
   de la mañana in the morning
     (with a time) **2.1**
   De nada. You're welcome. **LP**
   de la noche at night (with a
     time) **2.1**
   ¿De qué color es/son...? What
     color is/are...?
   de la tarde in the afternoon
     (with a time) **2.1**
   de vez en cuando once in a
     while **2.1**
debajo (de) underneath, under **2.2**
del (de la) of *or* from the **2.2**
delante (de) in front (of) **2.2**
demasiado too much
dentro (de) inside (of) **2.2**
los deportes sports **1.1**
deprimido(a) depressed **2.2**
el desayuno breakfast **3.1**

descansar to rest **1.1**
desear to wish, to want
el desfile parade
desorganizado(a) disorganized **1.2**
después (de) afterward; after **1.1**
detrás (de) behind **2.2**
el día day **LP**
   Buenos días. Good morning. **LP**
   ¿Qué día es hoy? What day is
     today? **LP**
   todos los días every day **2.1**
dibujar to draw **1.1**
el dibujo drawing
diciembre December **3.2**
diecinueve nineteen **2.1**
dieciocho eighteen **2.1**
dieciséis sixteen **2.1**
diecisiete seventeen **2.1**
diez ten **LP**
diferente different
difícil difficult **2.1**
el difunto deceased
el dinero money **4.1**
el (la) director(a) principal **2.2**
el disfraz (*pl.* los disfraces) costume
divertido(a) fun **2.2**
doce twelve **2.1**
el dólar dollar **4.1**
domingo Sunday **LP**
donde where
¿Dónde? Where? **2.2**
   ¿De dónde eres? Where are you
     from? (familiar) **LP**
   ¿De dónde es? Where is he/she
     from? **LP**
   ¿De dónde es usted? Where are
     you from? (formal) **LP**
dormir (ue) to sleep **4.2**
dos two **LP**
doscientos(as) two hundred **3.2**
durante during **4.1**
el DVD DVD **1.1**

el ejército army
él he **1.1**
ella she **1.1**
ellos(as) they **1.1**
emocionado(a) excited **2.2**
empezar (ie) to begin **4.1**
en in **2.1**; on
   en autobús by bus **4.2**
   en coche by car **4.2**

Encantado(a). Delighted; Pleased to meet you. **LP**

encima (de) on top (of) **2.2**

encontrar (ue) to find **4.2**

la encuesta survey

enero January **3.2**

enojado(a) angry **2.2**

la ensalada salad **4.2**

enseñar to teach **2.1**

entender (ie) to understand **4.1**

la entrada ticket **4.2**

entrar to enter

el equipo team

la escena scene

escribir to write **1.1**

　escribir correos electrónicos to write e-mails **1.1**

el escritorio desk **2.2**

la escritura writing

escuchar to listen (to) **1.1**

　escuchar música to listen to music **1.1**

la escuela school **1.1**

　la escuela secundaria high school

el español Spanish **2.1**

especial special

el esqueleto skeleton

la estación (*pl.* **las estaciones**) season **4.1**

estar to be **2.2**

　¿Está bien? OK?

el (la) estudiante student **1.2**

estudiar to study **1.1**

estudioso(a) studious **1.2**

el euro euro **4.1**

el examen (*pl.* **los exámenes**) test, exam **2.1**

fácil easy **2.1**

las fallas displays of large papier-mâché figures

el (la) fallero(a) celebrant of Las Fallas

falso(a) false

la familia family **3.2**

febrero February **3.2**

la fecha date **3.2**

　¿Cuál es la fecha? What is the date? **3.2**

　la fecha de nacimiento birth date **3.2**

feo(a) ugly **4.1**

la fiesta party; holiday

　la fiesta nacional national holiday

　la fiesta patria patriotic holiday

el fin de semana weekend

el (la) francés(esa) (*pl.* **los franceses**) French

los frijoles beans **4.2**

la fruta fruit **1.1**

los fuegos artificiales fireworks

la fuente source; fountain

el fútbol soccer (the sport) **1.1**

la galleta cookie **1.1**

el (la) gato(a) cat **3.2**

el gimnasio gymnasium **2.2**

el gorro winter hat **4.1**

Gracias. Thank you. **LP**

　Muchas gracias. Thank you very much. **LP**

la gramática grammar

grande big, large; great **1.2**

el grito shout

guapo(a) good-looking **1.2**

la guitarra guitar **1.1**

gustar

　Me gusta... I like... **1.1**

　No me gusta... I don't like... **1.1**

　¿Qué te gusta hacer? What do you like to do? **1.1**

　¿Te gusta...? Do you like...? **1.1**

el gusto pleasure

　El gusto es mío. The pleasure is mine. **LP**

　Mucho gusto. Nice to meet you. **LP**

hablar to talk, to speak **1.1**

　hablar por teléfono to talk on the phone **1.1**

hacer (hago) to make, to do **3.1**

　Hace calor. It is hot. **LP**

　Hace frío. It is cold. **LP**

　Hace sol. It is sunny. **LP**

　Hace viento. It is windy. **LP**

　hacer la tarea to do homework **1.1**

¿Qué tiempo hace? What is the weather like? **LP**

la hamburguesa hamburger **3.1**

hasta until

　Hasta luego. See you later. **LP**

　Hasta mañana. See you tomorrow. **LP**

hay... there is/are... **2.1**

el helado ice cream **1.1**

la hermana sister **3.2**

el hermano brother **3.2**

los hermanos brothers, brother(s) and sister(s) **3.2**

la hija daughter **3.2**

el hijo son **3.2**

los hijos children, son(s) and daughter(s) **3.2**

la hispanidad cultural community of Spanish speakers

la historia history **2.1**

Hola. Hello; Hi. **LP**

el hombre man **1.2**

la hora hour; time **2.1**

　¿A qué hora es/son...? At what time is/are...? **2.1**

　¿Qué hora es? What time is it? **2.1**

el horario schedule **2.1**

horrible horrible **3.1**

hoy today **LP**

　¿Qué día es hoy? What day is today? **LP**

　Hoy es... Today is... **LP**

el huevo egg **3.1**

el idioma language

Igualmente. Same here; Likewise. **LP**

importante important **3.1**

　Es importante. It's important. **3.1**

los incas Incas, an indigenous South American people

la independencia independence

la información information

el inglés English **2.1**

inteligente intelligent **1.2**

interesante interesting **2.2**

el invierno winter **4.1**

ir to go **2.2**
   ir a... to be going to... **4.2**
   ir de compras to go shopping **4.1**
   Vamos a... Let's... **4.2**

el jamón (*pl.* **los jamones**) ham **3.1**
el jardín (*pl.* **los jardines**) garden
los jeans jeans **4.1**
joven (*pl.* **jóvenes**) young **1.2**
jueves Thursday **LP**
jugar (**ue**) to play (sports or games)
   jugar al fútbol to play soccer **1.1**
el jugo juice **1.1**
   el jugo de naranja orange
     juice **3.1**
julio July **3.2**
junio June **3.2**

el lado side
   al lado (de) next to **2.2**
el lago lake
el lápiz (*pl.* **los lápices**) pencil **2.2**
la lección (*pl.* **las lecciones**) lesson
la leche milk **3.1**
la lectura reading
leer to read **1.1**
   leer un libro to read a book **1.1**
lejos (de) far (from) **2.2**
las lentejas lentils
el libertador liberator
el libro book **1.1**
llamarse to be called
   ¿Cómo se llama? What's his/her/
     your (formal) name? **LP**
   ¿Cómo te llamas? What's your
     name? (familiar) **LP**
   Me llamo... My name is... **LP**
   Se llama... His/Her name is... **LP**
la llegada arrival
llegar to arrive **2.1**
llevar to wear **4.1**
llover (**ue**) to rain
   Llueve. It is raining. **LP**
el lugar place **4.2**
lunes Monday **LP**

la madrastra stepmother **3.2**
la madre mother **3.2**
el (la) maestro(a) teacher **LP**
malo(a) bad **1.2**
   Mal. ¿Y tú/usted? Bad. And you?
     (familiar/formal) **LP**
la manzana apple **3.1**
mañana tomorrow **LP**
   Hasta mañana. See you
     tomorrow. **LP**
   Mañana es... Tomorrow is... **LP**
la mañana morning **2.1**
   de la mañana in the morning
     (with a time) **2.1**
el mapa map **2.2**
marrón (*pl.* **marrones**) brown **4.1**
martes Tuesday **LP**
marzo March **3.2**
más more **1.1**
   Más o menos. ¿Y tú/usted? So-
     so. And you? (familiar/
     formal) **LP**
   más que... more than... **3.2**
   más... que more... than **3.2**
la máscara mask
la mascleta firecracker explosions
   during Las Fallas
las matemáticas math **2.1**
mayo May **3.2**
mayor older **3.2**
la medianoche midnight
medio(a) half
   ...y media half past... (the
     hour) **2.1**
mejor better **3.2**
menor younger **3.2**
menos less
   ...menos (diez) (ten) to/before...
     (the hour) **2.1**
   menos que... less than... **3.2**
   menos... que less... than **3.2**
el mensaje instantáneo instant
   message
el menú menu **4.2**
el mercado market
   el mercado al aire libre open-air
     market
el mes month **3.2**
la mesa table **4.2**
mi my **3.2**
miércoles Wednesday **LP**
mil thousand, one thousand **3.2**

un millón (de) million, one
   million **3.2**
el minuto minute **2.1**
mirar to watch **1.1**; to look at **1.1**
   mirar la televisión to watch
     television **1.1**
mismo(a) same
la mochila backpack **2.2**
montar to ride **1.1**
   montar en bicicleta to ride a
     bike **1.1**
mucho a lot **2.1**
   Mucho gusto. Nice to meet
     you. **LP**
muchos(as) many **2.1**
   muchas veces often, many
     times **2.1**
la mujer woman **1.2**
el mundo world
el museo museum
la música music **1.1**
   la música folklórica folk music
   la música rock rock music **4.2**
el (la) músico(a) musician
muy very **1.2**
   Muy bien. ¿Y tú/usted? Very well.
     And you? (familiar/formal) **LP**

nacer to be born
nada nothing
   De nada. You're welcome. **LP**
la naranja orange (fruit) **3.1**
necesitar to need **2.1**
negro(a) black **4.1**
nervioso(a) nervous **2.2**
nevar (**ie**) to snow
   Nieva. It is snowing. **LP**
la nieve snow
el ninot (*pl.* **los ninots**) large papier-
   mâché figure
no no **LP**
la noche night **2.1**; evening **LP**
   Buenas noches. Good evening;
     Good night. **LP**
   de la noche at night (with a
     time) **2.1**
la Nochebuena Christmas Eve
la Nochevieja New Year's Eve
el nombre name
nosotros(as) we **1.1**

la nota grade (on a test) **2.1**
    sacar una buena/mala nota to get a good/bad grade **2.1**
novecientos(as) nine hundred **3.2**
noventa ninety **2.1**
noviembre November **3.2**
nuestro(a) our **3.2**
nueve nine **LP**
nuevo(a) new **4.1**
el número number **LP**
    el número de teléfono phone number **LP**
nunca never **2.1**
nutritivo(a) nutritious **3.1**

o or **1.1**
ocho eight **LP**
ochocientos(as) eight hundred **3.2**
octubre October **3.2**
ocupado(a) busy **2.2**
la oficina office **2.2**
    la oficina del (de la) director(a) principal's office **2.2**
el ojo eye
once eleven **2.1**
la oración (*pl.* **las oraciones**) sentence
organizado(a) organized **1.2**
el otoño autumn, fall **4.1**
otro(a) other **3.1**

el padrastro stepfather **3.2**
el padre father **3.2**
los padres parents **3.2**
pagar to pay **4.1**
la página page
el país country, nation **LP**
el pan bread **3.1**
    el pan de muertos special bread made for Día de los Muertos
los pantalones pants **4.1**
    los pantalones cortos shorts **4.1**
la papa potato **1.1**
    las papas fritas French fries **1.1**
el papel paper **2.2**
    el papel picado paper cutouts
para for; in order to **3.1**

parar to stop
    Para y piensa. Stop and think.
la pareja pair
el párrafo paragraph
el parque park **4.2**
    el parque de diversiones amusement park
la parte part
el pasado the past
pasar to happen
    pasar un rato con los amigos to spend time with friends **1.1**
    ¿Qué pasa? What's happening? **LP**
    ¿Qué te pasa (a ti)? What's the matter (with you)?
pasear to go for a walk **1.1**
el paseo walk, stroll; ride
el pasillo hall **2.2**
el pastel cake **4.2**
la patata potato **4.2**
pedir (i) to order, to ask for **4.2**
la película movie **4.2**
pelirrojo(a) red-haired **1.2**
el pelo hair **1.2**
    el pelo castaño/rubio brown/blond hair **1.2**
pensar (ie) to think; to plan **4.1**
peor worse **3.2**
pequeño(a) little, small **1.2**
Perdón. Excuse me. **LP**
perezoso(a) lazy **1.2**
el periódico newspaper
    el periódico escolar student newspaper
pero but **1.1**
el (la) perro(a) dog **3.2**
la persona person **1.2**
el pescado fish (as food) **4.2**
el pie foot
    a pie on foot **4.2**
la piscina swimming pool
la pista clue
el pizarrón (*pl.* **los pizarrones**) chalkboard, board **2.2**
la pizza pizza **1.1**
la planta plant
el plato plate; dish; course
    el plato principal main course **4.2**
la playa beach
la pluma pen **2.2**
un poco a little **1.2**
pocos(as) few
poder (ue) to be able, can **4.2**

el pollo chicken **4.2**
por for, per
    Por favor. Please. **LP**
    ¿Por qué? Why? **3.1**
porque because **1.2**
el postre dessert **4.2**
    de postre for dessert **4.2**
practicar to practice **1.1**
    practicar deportes to play or practice sports **1.1**
el precio price **4.1**
preferir (ie) to prefer **4.1**
la pregunta question
el premio award
preparar to prepare **1.1**
    preparar la comida to prepare food, to make a meal **1.1**
presentar to introduce **LP**
    Te/Le presento a... Let me introduce you to... (familiar/formal) **LP**
la primavera spring **4.1**
primero(a) first
    el primero de... the first of... (date) **3.2**
el (la) primo(a) cousin **3.2**
los primos cousins **3.2**
el problema problem **2.2**
la procesión (*pl.* **las procesiones**) procession
proclamar to declare
la propina tip (in a restaurant) **4.2**
el pueblo town
la puerta door **2.2**

¿Qué? What? **3.1**
    ¿De qué color es/son...? What color is/are...?
    ¿Qué día es hoy? What day is today? **LP**
    ¿Qué hora es? What time is it? **2.1**
    ¿Qué pasa? What's happening? **LP**
    ¿Qué tal? How's it going? **LP**
    ¿Qué te gusta hacer? What do you like to do? **1.1**
    ¿Qué tiempo hace? What is the weather like? **LP**
el quechua indigenous language from South America
querer (ie) to want **4.1**

el queso cheese **3.1**
 el queso crema cream cheese
¿Quién(es)? Who? **3.1**
 ¿Quién es? Who is he/she/it? **LP**
quince fifteen **2.1**
quinientos(as) five hundred **3.2**

un rato a while, a short time
la raza (human) race
la razón (*pl.* **las razones**) reason
 tener razón to be right **4.1**
la reconstrucción (*pl.* **las reconstrucciones**) reenactment
recordar (ue) to remember
 ¿Recuerdas? Do you remember?
el recorrido run, journey
el recreo recess
el refresco soft drink **1.1**
regular OK **LP**
 Regular. ¿Y tú/usted? OK. And you? (familiar/formal) **LP**
el reloj watch; clock **2.2**
el repaso review
responder to reply
el restaurante restaurant **4.2**
el resultado result
el resumen summary
 en resumen in summary
los Reyes Magos The Kings
rico(a) tasty, delicious **3.1**
rojo(a) red **4.1**
la rosca de reyes sweetbread eaten on January 6
la ropa clothing **4.1**
rubio(a) blond **1.2**

sábado Saturday **LP**
sacar una buena/mala nota to get a good/bad grade **2.1**
¡Saludos! Greetings!
 Saludos desde... Greetings from...
el sándwich sandwich **3.1**
 el sándwich de jamón y queso ham and cheese sandwich **3.1**
el santo saint
seis six **LP**
seiscientos(as) six hundred **3.2**

la semana week **LP**
 el fin de semana weekend
 Semana Santa Holy Week
Señor (Sr.) Mr. **LP**
Señora (Sra.) Mrs. **LP**
Señorita (Srta.) Miss **LP**
septiembre September **3.2**
ser to be **1.1**
 Es de... He/She is from... **LP**
 Es el... de... It's the... of... (day and month) **3.2**
 Es la.../Son las... It is... o'clock. **2.1**
 Soy de... I'm from... **LP**
serio(a) serious **1.2**
servir (i) to serve **4.2**
sesenta sixty **2.1**
setecientos(as) seven hundred **3.2**
setenta seventy **2.1**
si if
sí yes **LP**
siempre always **2.1**
siete seven **LP**
la silla chair **2.2**
simpático(a) nice, friendly **1.2**
sobre about; on
el sombrero hat **4.1**
la sopa soup **3.1**
su his, her, its, their, your (formal) **3.2**
el supermercado supermarket

tal vez perhaps, maybe **4.2**
también also, too **1.1**
 también se dice... you can also say...
tan... como as... as **3.2**
tanto como... as much as... **3.2**
tanto(a) so much
tantos(as) so many
tarde late **2.1**
la tarde afternoon **2.1**
 Buenas tardes. Good afternoon. **LP**
 de la tarde in the afternoon (with a time) **2.1**
la tarea homework **1.1**
la tarjeta postal postcard
el teatro theater **4.2**

el teléfono telephone
 ¿Cuál es tu/su número de teléfono? What is your phone number? (familiar/formal) **LP**
 Mi número de teléfono es... My phone number is... **LP**
el tema theme
temprano early **2.1**
tener to have **2.1**
 ¿Cuántos años tienes? How old are you? **3.2**
 tener... años to be... years old **3.2**
 tener calor to be hot **4.1**
 tener frío to be cold **4.1**
 tener ganas de... to feel like... **3.1**
 tener hambre to be hungry **3.1**
 tener que... to have to... **2.1**
 tener razón to be right **4.1**
 tener sed to be thirsty **3.1**
 tener suerte to be lucky **4.1**
la tía aunt **3.2**
el tiempo weather **LP**
 ¿Qué tiempo hace? What is the weather like? **LP**
la tienda store **4.1**
el tío uncle **3.2**
los tíos uncles, uncle(s) and aunt(s) **3.2**
típico(a) typical
el tipo type
la tiza chalk **2.2**
tocar to play (an instrument) **1.1**
 tocar la guitarra to play the guitar **1.1**
todo junto all together
todos(as) all **1.2**
 todos los días every day **2.1**
tomar to take **4.2**
 tomar apuntes to take notes **2.1**
el tomate tomato **4.2**
trabajador(a) hard-working **1.2**
trabajar to work **1.1**
tranquilo(a) calm **2.2**
trece thirteen **2.1**
treinta thirty **2.1**
treinta y uno thirty-one **2.1**
tres three **LP**
trescientos(as) three hundred **3.2**
triste sad **2.2**
tu your (sing., familiar) **3.2**
tú you (sing., familiar) **1.1**
el turismo tourism
el turrón (*pl.* **los turrones**) almond nougat candy

último(a) last
la unidad unit
uno one **LP**
usar to use **2.1**
  usar la computadora to use the computer **2.1**
usted you (sing., formal) **1.1**
ustedes you (pl.) **1.1**
la uva grape **3.1**
  las doce uvas twelve grapes eaten on New Year's Eve

¡Vale! OK!
varios(as) various
veinte twenty **2.1**
veintiuno twenty-one **2.1**
el (la) vendedor(a) salesclerk
vender to sell **3.1**
la ventana window **2.2**
la ventanilla ticket window **4.2**
ver (veo) to see **4.2**

el verano summer **4.1**
la verdad truth
  ¿Verdad? Really?; Right? **LP**
verde green **4.1**
las verduras vegetables **4.2**
el vestido dress **4.1**
la vez (*pl.* **las veces**) time
  a veces sometimes
  de vez en cuando once in a while **2.1**
  muchas veces often, many times **2.1**
  tal vez maybe **4.2**
la vida life
el videojuego video game
viejo(a) old **1.2**
el viento wind
  Hace viento. It is windy. **LP**
viernes Friday **LP**
el villancico seasonal children's song
visitar to visit
vivir to live **3.2**
el vocabulario vocabulary
volver (ue) to return, to come back **4.2**
vosotros(as) you (pl. familiar) **1.1**
vuestro(a) your (pl. familiar) **3.2**

y and
  ...y (diez) (ten) past... (the hour) **2.1**
  ...y cuarto quarter past... (the hour) **2.1**
  ...y media half past... (the hour) **2.1**
  ¿Y tú? And you? (familiar) **LP**
  ¿Y usted? And you? (formal) **LP**
ya already **3.2**
yo I **1.1**
el yogur yogurt **3.1**

el zapato shoe **4.1**

Glosario inglés-español

This English-Spanish glossary contains all the active vocabulary words that appear in the text as well as passive vocabulary lists. **LP** refers to Lección preliminar.

A

about sobre
activity la actividad **1.1**
to advance avanzar
advertisement el anuncio
after después (de) **1.1**
afternoon la tarde **2.1**
   Good afternoon. Buenas tardes. **LP**
   in the afternoon de la tarde **2.1**
afterward después **1.1**
all todos(as) **1.2**
all together todo junto
almost casi **2.1**
already ya **3.2**
also también **1.1**
always siempre **2.1**
and y
angry enojado(a) **2.2**
announcement el anuncio
answer la respuesta
to answer contestar **2.1**
apple la manzana **3.1**
April abril **3.2**
arrival la llegada
to arrive llegar **2.1**
art el arte **2.1**
article el artículo
artistic artístico(a) **1.2**
as como
   as... as tan... como **3.2**
   as much as... tanto como... **3.2**
to ask for pedir (i) **4.2**
at a
   at night de la noche **2.1**
   At... o'clock. A la(s)... **2.1**
   At what time is/are...? ¿A qué hora es/son...? **2.1**
athletic atlético(a) **1.2**
August agosto **3.2**
aunt la tía **3.2**
autumn el otoño **4.1**
award el premio

B

backpack la mochila **2.2**
bad malo(a) **1.2**
   Bad. And you? (familiar/formal) Mal. ¿Y tú/usted? **LP**
banana la banana **3.1**
bathroom el baño **2.2**
to be ser **1.1**; estar **2.2**
   to be able poder (ue) **4.2**
   to be called llamarse
   to be cold tener frío **4.1**
   to be hot tener calor **4.1**
   to be hungry tener hambre **3.1**
   to be lucky tener suerte **4.1**
   to be right tener razón **4.1**
   to be thirsty tener sed **3.1**
   to be... years old tener... años **3.2**
beach la playa
beans los frijoles **4.2**
because porque **1.2**
beef el bistec **4.2**
before antes (de) **1.1**; menos (with a time) **2.1**
to begin empezar (ie) **4.1**
behind detrás (de) **2.2**
better mejor **3.2**
beverage la bebida **3.1**
bicycle la bicicleta **1.1**
big grande **1.2**
bill (in a restaurant) la cuenta **4.2**
birth date la fecha de nacimiento **3.2**
birthday el cumpleaños **3.2**
   Happy birthday! ¡Feliz cumpleaños! **3.2**
black negro(a) **4.1**
blond rubio(a) **1.2**
blouse la blusa **4.1**
blue azul **4.1**
board el pizarrón (*pl.* los pizarrones) **2.2**
boat el bote
book el libro **1.1**
boring aburrido(a) **2.2**

boy el chico **1.2**
bread el pan **3.1**
breakfast el desayuno **3.1**
broccoli el brócoli **4.2**
brother el hermano **3.2**
brown marrón (*pl.* marrones) **4.1**
   brown hair el pelo castaño **1.2**
bus el autobús (*pl.* los autobuses) **4.2**
   by bus en autobús **4.2**
busy ocupado(a) **2.2**
but pero **1.1**
to buy comprar **1.1**

C

café el café **4.2**
cafeteria la cafetería **2.2**
cake el pastel **4.2**
calculator la calculadora **2.2**
calm tranquilo(a) **2.2**
can (to be able) poder (ue) **4.2**
car el coche **4.2**
   by car en coche **4.2**
cat el (la) gato(a) **3.2**
center el centro **4.2**
cereal el cereal **3.1**
chair la silla **2.2**
chalk la tiza **2.2**
chalkboard el pizarrón (*pl.* los pizarrones) **2.2**
change el cambio
cheese el queso **3.1**
   cream cheese el queso crema
chicken el pollo **4.2**
children los hijos **3.2**
class la clase **LP**
classroom la clase **LP**
clock el reloj **2.2**
to close cerrar (ie) **4.1**
clothing la ropa **4.1**
clue la pista
coffee el café **3.1**

cold el frío
  It is cold. Hace frío. **LP**
  to be cold tener frío **4.1**
color el color
  What color is/are...? ¿De qué color es/son...?
to come back volver (ue) **4.2**
common común
to compare comparar
computer la computadora **2.1**
concert el concierto **4.2**
cookie la galleta **1.1**
coral reef el arrecife de coral
to correct corregir
to cost costar (ue) **4.2**
  How much does it (do they) cost? ¿Cuánto cuesta(n)? **4.1**
  It (They) cost... Cuesta(n)... **4.1**
costume el disfraz (*pl.* los disfraces)
country el país **LP**
course el plato
  main course el plato principal **4.2**
cousin el (la) primo(a) **3.2**

dance el baile
to dance bailar
date la fecha **3.2**
  birth date la fecha de nacimiento **3.2**
  What is the date? ¿Cuál es la fecha? **3.2**
daughter la hija **3.2**
day el día **LP**
  every day todos los días **2.1**
  What day is today? ¿Qué día es hoy? **LP**
December diciembre **3.2**
delicious rico(a) **3.1**
Delighted. Encantado(a). **LP**
department store el almacén (*pl.* los almacenes)
depressed deprimido(a) **2.2**
desk el escritorio **2.2**
dessert el postre **4.2**
  for dessert de postre **4.2**
different diferente
difficult difícil **2.1**
dinner la cena **3.1**
dish el plato
  main dish el plato principal **4.2**

disorganized desorganizado(a) **1.2**
to do hacer (hago) **3.1**
dog el (la) perro(a) **3.2**
dollar el dólar **4.1**
door la puerta **2.2**
downtown el centro **4.2**
to draw dibujar **1.1**
drawing el dibujo
dress el vestido **4.1**
drink la bebida **3.1**
to drink beber **1.1**
during durante **4.1**
DVD el DVD **1.1**

each cada
early temprano **2.1**
easy fácil **2.1**
to eat comer **1.1**
  to eat lunch almorzar (ue) **4.2**
egg el huevo **3.1**
eight ocho **LP**
eight hundred ochocientos(as) **3.2**
eighteen dieciocho **2.1**
eleven once **2.1**
e-mail el correo electrónico **1.1**
English el inglés **2.1**
to enter entrar
eraser el borrador **2.2**
euro el euro **4.1**
evening la noche **LP**
  Good evening. Buenas noches. **LP**
every cada
  every day todos los días **2.1**
exam el examen (*pl.* los exámenes) **2.1**
excited emocionado(a) **2.2**
Excuse me. Perdón. **LP**
eye el ojo

fall el otoño **4.1**
false falso(a)
family la familia **3.2**
far (from) lejos (de) **2.2**
father el padre **3.2**
February febrero **3.2**
to feel like... tener ganas de... **3.1**

few pocos(as)
fifteen quince **2.1**
fifty cincuenta **2.1**
to find encontrar (ue) **4.2**
fine bien **LP**
  Fine. And you? (familiar/ Bien. ¿Y tú/usted? formal) **LP**
fireworks los fuegos artificiales
first primero(a)
  the first of... el primero de... **3.2**
fish el pescado **4.2**
five cinco **LP**
five hundred quinientos(as) **3.2**
food la comida **1.1, 3.1**
food server el (la) camarero(a) **4.2**
foot el pie
  on foot a pie **4.2**
for para **3.1**; por
forty cuarenta **2.1**
fountain la fuente
four cuatro **LP**
four hundred cuatrocientos(as) **3.2**
fourteen catorce **2.1**
French fries las papas fritas **1.1**
Friday viernes **LP**
friend el (la) amigo(a) **1.2**
  to spend time with friends pasar un rato con los amigos **1.1**
from de **1.1**
fruit la fruta **1.1**
fun divertido(a) **2.2**
funny cómico(a) **1.2**

garden el jardín (*pl.* los jardines)
girl la chica **1.2**
to go ir **2.2**
  to be going to... ir a... **4.2**
  to go for a walk pasear **1.1**
  to go shopping ir de compras **4.1**
good bueno(a) **1.2**
  Good afternoon. Buenas tardes. **LP**
  Good evening. Buenas noches. **LP**
  Good morning. Buenos días. **LP**
  Good night. Buenas noches. **LP**
Goodbye. Adiós. **LP**
good-looking guapo(a) **1.2**

grade la nota **2.1**
   to get a good/bad grade sacar una buena/mala nota **2.1**
grammar la grámatica
grandfather el abuelo **3.2**
grandmother la abuela **3.2**
grandparents los abuelos **3.2**
grape la uva **3.1**
green verde **4.1**
Greetings! ¡Saludos!
   Greetings from... Saludos desde...
guitar la guitarra **1.1**
gymnasium el gimnasio **2.2**

hair el pelo **1.2**
   blond hair pelo rubio **1.2**
   brown hair pelo castaño **1.2**
half medio(a)
   half past... ... y media **2.1**
hall el pasillo **2.2**
ham el jamón (*pl.* los jamones) **3.1**
hamburger la hamburguesa **3.1**
to happen pasar
   What's happening? ¿Qué pasa? **LP**
happy contento(a) **2.2**
hard-working trabajador(a) **1.2**
hat el sombrero **4.1**
   winter hat el gorro **4.1**
to have tener **2.1**
   to have to... tener que... **2.1**
he él **1.1**
Hello. Hola. **LP**
her su **3.2**
here aquí **4.2**
Hi. Hola. **LP**
high school el colegio, la escuela secundaria
his su **3.2**
history la historia **2.1**
homework la tarea **1.1**
   to do homework hacer la tarea **1.1**
horrible horrible **3.1**
hot caliente
   It is hot. Hace calor. **LP**
   to be hot tener calor **4.1**
hour la hora **2.1**

How...? ¿Cómo...? **3.1**
   How are you? ¿Cómo estás? (familiar); ¿Cómo está usted? (formal) **LP**
   How many...? ¿Cuántos(as)...? **2.1**
   How old are you? ¿Cuántos años tienes? **3.2**
   How's it going? ¿Qué tal? **LP**
how many cuántos(as) **3.2**
how much cuánto(a) **3.2**
   How much does it (do they) cost? ¿Cuánto cuesta(n)? **4.1**
hungry: to be hungry tener hambre **3.1**

I yo **1.1**
ice cream el helado **1.1**
if si
important importante **3.1**
   It's important. Es importante. **3.1**
in en **2.1**
   in front (of) delante (de) **2.2**
   in order to para **3.1**
   in the afternoon de la tarde **2.1**
   in the morning de la mañana **2.1**
inexpensive barato(a)
information la información
inside (of) dentro (de) **2.2**
intelligent inteligente **1.2**
interesting interesante **2.2**
to introduce presentar **LP**
   Let me introduce you to... Te/Le presento a... (familiar/formal) **LP**
its su **3.2**

jacket la chaqueta **4.1**
January enero **3.2**
jeans los jeans **4.1**
juice el jugo **1.1**
   orange juice el jugo de naranja **3.1**
July julio **3.2**
June junio **3.2**

kind amable

lake el lago
language el idioma, el lenguaje
large grande **1.2**
late tarde **2.1**
later
   See you later. Hasta luego. **LP**
lazy perezoso(a) **1.2**
to learn aprender **1.1**
   to learn Spanish aprender el español **1.1**
less menos
   less than... menos que... **3.2**
   less... than menos... que **3.2**
lesson la lección
Let's... Vamos a... **4.2**
library la biblioteca **2.2**
life la vida
like como
to like
   Do you like...? ¿Te gusta...? **1.1**
   I don't like... No me gusta... **1.1**
   I like... Me gusta... **1.1**
   What do you like to do? ¿Qué te gusta hacer? **1.1**
Likewise. Igualmente. **LP**
to listen (to) escuchar **1.1**
   to listen to music escuchar música **1.1**
little pequeño(a) **1.2**
   a little un poco **1.2**
to live vivir **3.2**
to look (at) mirar
a lot mucho **2.1**
lunch el almuerzo **3.1**
   to eat lunch almorzar (ue) **4.2**

to make hacer (hago) **3.1**
mall el centro comercial **4.1**
man el hombre **1.2**
many muchos(as) **2.1**
   many times muchas veces **2.1**
map el mapa **2.2**

March marzo **3.2**
market el mercado
  open-air market el mercado al
    aire libre
math las matemáticas **2.1**
May mayo **3.2**
maybe tal vez **4.2**
meal la comida **1.1, 3.1**
meat la carne **4.2**
to meet
  Nice to meet you. Mucho
    gusto. **LP**
menu el menú **4.2**
milk la leche **3.1**
million un millón (de) **3.2**
minute el minuto **2.1**
Miss Señorita (Srta.) **LP**
Monday lunes **LP**
money el dinero **4.1**
month el mes **3.2**
more más **1.1**
  more than... más que... **3.2**
  more... than más... que **3.2**
morning la mañana **2.1**
  Good morning. Buenos
    días. **LP**
  in the morning de la
    mañana **2.1**
mother la madre **3.2**
movie la película **4.2**
movie theater el cine **4.2**
the movies el cine **4.2**
Mr. Señor (Sr.) **LP**
Mrs. Señora (Sra.) **LP**
museum el museo
music la música **1.1**
  folk music la música folklórica
  rock music la música rock **4.2**
my mi **3.2**

name el nombre
  His/Her name is... Se
    llama... **LP**
  My name is... Me llamo... **LP**
  What's his/her/your (formal)
    name? ¿Cómo se llama? **LP**
  What's your (familiar)
    name? ¿Cómo te llamas? **LP**
near (to) cerca (de) **2.2**
to need necesitar **2.1**
nervous nervioso(a) **2.2**
never nunca **2.1**

new nuevo(a) **4.1**
  New Year el Año Nuevo
newspaper el periódico
  student newspaper el periódico
    escolar
next to al lado (de) **2.2**
nice simpático(a) **1.2**
  Nice to meet you. Mucho
    gusto. **LP**
night la noche **2.1**
  at night de la noche **2.1**
  Good night. Buenas noches. **LP**
nine nueve **LP**
nine hundred novecientos(as) **3.2**
nineteen diecinueve **2.1**
ninety noventa **2.1**
no no **LP**
notebook el cuaderno **2.2**
notes los apuntes **2.1**
  to take notes tomar apuntes **2.1**
November noviembre **3.2**
now ahora **3.1**
number el número **LP**
  phone number el número de
    teléfono **LP**
nutritious nutritivo(a) **3.1**

o'clock: It is... o'clock. Es la.../Son
  las... **2.1**
October octubre **3.2**
of de **1.1**
office la oficina **2.2**
  principal's office la oficina del
    (de la) director(a) **2.2**
often muchas veces **2.1**
OK
  OK! ¡Vale!
  OK? ¿Está bien?
  OK. And you? Regular. ¿Y tú/
    usted? (familiar/formal) **LP**
old viejo(a) **1.2**
  How old are you? ¿Cuántos
    años tienes? **3.2**
  to be... years old tener...
    años **3.2**
older mayor **3.2**
on en; sobre
  on foot a pie **4.2**
  on top (of) encima (de) **2.2**
once: once in a while de vez en
  cuando **2.1**
one uno **LP**
one hundred cien **2.1**

one thousand mil **3.2**
or o **1.1**
orange (color) anaranjado(a) **4.1**
orange (fruit) la naranja **3.1**
to order pedir (i) **4.2**
organized organizado(a) **1.2**
other otro(a) **3.1**
our nuestro(a) **3.2**

page la página
painting el cuadro
pair la pareja
pants los pantalones **4.1**
paper el papel **2.2**
parade el desfile
paragraph el párrafo
parents los padres **3.2**
park el parque **4.2**
  amusement park el parque de
    diversiones
part la parte
party la fiesta
past
  half past... ...y media **2.1**
  quarter past... ...y cuarto **2.1**
the past el pasado
to pay pagar **4.1**
pen la pluma **2.2**
pencil el lápiz (*pl.* los lápices) **2.2**
perhaps tal vez **4.2**
person la persona **1.2**
phone el teléfono **LP**
  What is your phone number?
    ¿Cuál es tu/su número de
    teléfono? (familiar/formal) **LP**
  My phone number is... Mi
    número de teléfono es... **LP**
pizza la pizza **1.1**
place el lugar **4.2**
to plan pensar (ie) **4.1**
plant la planta
plate el plato
to play
  (an instrument) tocar **1.1**
  (games) jugar (ue) **1.1**
  (sports) jugar (ue), practicar **1.1**
Please. Por favor. **LP**
  Pleased to meet you.
    Encantado(a). **LP**
pleasure el gusto
  The pleasure is mine. El gusto
    es mío. **LP**
postcard la tarjeta postal

potato la papa **1.1**; la patata **4.2**
to practice practicar **1.1**
to prefer preferir (ie) **4.1**
to prepare preparar **1.1**
  to prepare food/a meal
    preparar la comida **1.1**
pretty bonito(a) **1.2**
price el precio **4.1**
principal el (la) director(a) **2.2**
problem el problema **2.2**

quarter (to) (menos) cuarto **2.1**
quarter past ...y cuarto **2.1**

to rain llover (ue)
  It is raining. Llueve. **LP**
to read leer **1.1**
  to read a book leer un libro **1.1**
reading la lectura
Really? ¿Verdad?
recess el recreo
red rojo(a) **4.1**
red-haired pelirrojo(a) **1.2**
to rent alquilar **1.1**
  to rent a DVD alquilar un
    DVD **1.1**
to reply responder
to rest descansar **1.1**
restaurant el restaurante **4.2**
result el resultado
to return volver (ue) **4.2**
review el repaso
rice el arroz **4.2**
to ride a bike montar en
  bicicleta **1.1**
right derecho(a)
  Right? ¿Verdad? **LP**
  to be right tener razón **4.1**
to run correr **1.1**

sad triste **2.2**
salad la ensalada **4.2**
salesclerk el (la) vendedor(a)
same mismo(a)
  Same here. Igualmente. **LP**

sandwich el sándwich **3.1**
  ham and cheese sandwich el
    sándwich de jamón y queso **3.1**
Saturday sábado **LP**
scene la escena
schedule el horario **2.1**
school la escuela **1.1**
  high school el colegio, la escuela
    secundaria
science las ciencias **2.1**
season la estación (*pl.* las
  estaciones) **4.1**
to see ver (veo) **4.2**
  See you later. Hasta luego. **LP**
  See you tomorrow. Hasta
    mañana. **LP**
to sell vender **3.1**
sentence la oración (*pl.* las oraciones)
September septiembre **3.2**
serious serio(a) **1.2**
to serve servir (i) **4.2**
seven siete **LP**
seven hundred setecientos(as) **3.2**
seventeen diecisiete **2.1**
seventy setenta **2.1**
to share compartir **3.1**
she ella **1.1**
shirt la camisa **4.1**
shoe el zapato **4.1**
shop: to go shopping ir de
  compras **4.1**
shopping center el centro
  comercial **4.1**
short (height) bajo(a) **1.2**
shorts los pantalones cortos **4.1**
sister la hermana **3.2**
six seis **LP**
six hundred seiscientos(as) **3.2**
sixteen dieciséis **2.1**
sixty sesenta **2.1**
to skateboard andar en patineta **1.1**
to sleep dormir (ue) **4.2**
small pequeño(a) **1.2**
snow la nieve
to snow nevar (ie)
  It is snowing. Nieva. **LP**
so
  so many tantos(as)
  so much tanto(a)
soccer el fútbol **1.1**
sock el calcetín (*pl.* los calcetines) **4.1**
soft drink el refresco **1.1**
sometimes a veces
son el hijo **3.2**
So-so. And you? Más o menos. ¿Y
  tú/usted? (familiar/formal) **LP**

soup la sopa **3.1**
source la fuente
Spanish el español **2.1**
to speak hablar **1.1**
special especial
**to spend: to spend time with
  friends** pasar un rato con los
  amigos **1.1**
spirit el ánimo
sports los deportes **1.1**
spring la primavera **4.1**
stepfather el padrastro **3.2**
stepmother la madrastra **3.2**
to stop parar
store la tienda **4.1**
street la calle **4.2**
student el (la) estudiante **1.2**
studious estudioso(a) **1.2**
to study estudiar **1.1**
summary el resumen
  in summary en resumen
summer el verano **4.1**
sun el sol
  It is sunny. Hace sol. **LP**
Sunday domingo **LP**
supermarket el supermercado
survey la encuesta
swimming pool la piscina

table la mesa **4.2**
to take tomar **4.2**
  to take notes tomar apuntes **2.1**
to talk hablar **1.1**
  to talk on the phone hablar por
    teléfono **1.1**
tall alto(a) **1.2**
tasty rico(a) **3.1**
to teach enseñar **2.1**
teacher el (la) maestro(a) **LP**
team el equipo
ten diez **LP**
test el examen (*pl.* los exámenes) **2.1**
Thank you. Gracias. **LP**
  Thank you very much. Muchas
    gracias. **LP**
theater el teatro **4.2**
their su **3.2**
them ellos(as) **7.2**
theme el tema
there allí **4.2**
  there is/are... hay... **2.1**
they ellos(as) **1.1**

to think pensar (ie) **4.1**
thirst la sed
　to be thirsty tener sed **3.1**
thirteen trece **2.1**
thirty treinta **2.1**
thirty-one treinta y uno **2.1**
thousand mil **3.2**
three tres **LP**
three hundred trescientos(as) **3.2**
Thursday jueves **LP**
ticket la entrada **4.2**
time la hora **2.1**; la vez
　At what time is/are...? ¿A qué
　　hora es/son...? **2.1**
　What time is it? ¿Qué hora
　　es? **2.1**
tip la propina **4.2**
tired cansado(a) **2.2**
to menos (with a time) **2.1**; a
today hoy **LP**
　Today is... Hoy es... **LP**
　What day is today? ¿Qué día es
　　hoy? **LP**
tomato el tomate **4.2**
tomorrow mañana **LP**
　See you tomorrow. Hasta
　　mañana. **LP**
　Tomorrow is... Mañana es... **LP**
too también **1.1**
too much demasiado
tourism el turismo
town el pueblo
true cierto(a)
T-shirt la camiseta **4.1**
Tuesday martes **LP**
twelve doce **2.1**
twenty veinte **2.1**
twenty-one veintiuno **2.1**
two dos **LP**
two hundred doscientos(as) **3.2**
type el tipo; la clase
typical típico(a)

ugly feo(a) **4.1**
uncle el tío **3.2**
under debajo (de) **2.2**
underneath debajo (de) **2.2**
to understand entender (ie) **4.1**
　Did you understand?
　　¿Comprendiste?
unit la unidad

to use usar **2.1**
　to use the computer usar la
　　computadora **2.1**

various varios(as)
vegetables las verduras **4.2**
very muy **1.2**
　Very well. And you? Muy bien.
　　¿Y tú/usted? (familiar/formal)
　　LP
video game el videojuego
to visit visitar
vocabulary vocabulario

waiter el camarero **4.2**
waitress la camarera **4.2**
to walk caminar **6.2**
　to go for a walk pasear **1.1**
to want querer (ie) **4.1**; desear
watch el reloj **2.2**
to watch mirar **1.1**
　to watch television mirar la
　　televisión **1.1**
water el agua (fem.) **1.1**
we nosotros(as) **1.1**
to wear llevar **4.1**
weather el tiempo **LP**
　What is the weather like? ¿Qué
　　tiempo hace? **LP**
Wednesday miércoles **LP**
week la semana **LP**
welcome: You're welcome. De
　nada. **LP**
well bien **LP**
　Very well. And you? Muy bien.
　　¿Y tú/usted? (familiar/formal)
　　LP
what qué
　What? ¿Qué?; ¿Cuál? **3.1**
　What are you like? ¿Cómo
　　eres? **1.2**
　What color is/are...? ¿De qué
　　color es/son...?
　What day is today? ¿Qué día es
　　hoy? **LP**
　What do you like to do? ¿Qué
　　te gusta hacer? **1.1**
　What is the date? ¿Cuál es la
　　fecha? **3.2**

　What is the weather like? ¿Qué
　　tiempo hace? **LP**
　What is your phone number?
　　¿Cuál es tu/su número de
　　teléfono? (familiar/formal) **LP**
　What time is it? ¿Qué hora
　　es? **2.1**
　What's happening? ¿Qué
　　pasa? **LP**
　What's his/her/your (formal)
　　name? ¿Cómo se llama? **LP**
　What's your (familiar)
　　name? ¿Cómo te llamas? **LP**
when cuando **2.2**
　When? ¿Cuándo? **2.2**
where donde
　Where? ¿Dónde? **2.2**
　(To) Where? ¿Adónde? **2.2**
　Where are you from? ¿De
　　dónde eres es usted
　　(familiar)/(formal)? **LP**
　Where are you going? ¿Adónde
　　vas? **2.2**
　Where is he/she from? ¿De
　　dónde es? **LP**
Which? ¿Cuál(es)? **3.1**
a while un rato
　once in a while de vez en
　　cuando **2.1**
white blanco(a) **4.1**
Who? ¿Quién(es)? **3.1**
　Who is he/she/it?
　　¿Quién es? **LP**
Why? ¿Por qué? **3.1**
wind el viento
　It is windy. Hace viento. **LP**
window la ventana **2.2**
　ticket window la ventanilla **4.2**
winter el invierno **4.1**
to wish desear
woman la mujer **1.2**
to work trabajar **1.1**
world el mundo
worse peor **3.2**
to write escribir **1.1**
　to write e-mails escribir correos
　　electrónicos **1.1**
writing la escritura

year el año **3.2**
　New Year el Año Nuevo
　to be... years old tener...
　　años **3.2**

yellow amarillo(a) **4.1**

yes sí **LP**

yogurt el yogur **3.1**

you
    (sing., familiar) tú **1.1**
    (sing., formal) usted **1.1**
    (pl., familiar) vosotros(as) **1.1**
    (pl.) ustedes **1.1**

young joven (*pl.* jóvenes) **1.2**

younger menor **3.2**

your
    (sing., familiar) tu **3.2**
    (pl., familiar) vuestro(a) **3.2**
    (formal) su **3.2**

zero cero **LP**

❊ Índice

 # Créditos

Acknowledgment

"Invierno tardío" by Antonio Colinas. Reprinted by permission of the author.

Photography

Cover *center* Steve Dunwell/The Image Bank/Getty Images; *inset* Marc Bacon/LatinFocus.com; **i** *Title Page* Steve Dunwell/The Image Bank/Getty Images; *Half Title Page* Marc Bacon/LatinFocus.com; **iii** Marc Bacon/LatinFocus.com; **iv** *top* Guy Jarvis/School Division/Houghton Mifflin Harcourt; *bottom left* Jaime Puebla/AP Images; *bottom right* Alberto Martin/Agencia EFE; **v** *bottom left* Gregory Bull/AP Images; *bottom right* Jennifer Szymaszek/AP Images; **vi** Ann Summa/Holt McDougal/Houghton Mifflin Harcourt; **vii** *left, right* Ann Summa/Holt McDougal/Houghton Mifflin Harcourt; **xxii** *top* Erich Lessing/Art Resource, New York; **xxiii** *top* Ann Summa/Holt McDougal/Houghton Mifflin Harcourt; *center, bottom* Ken Karp/Holt McDougal/Houghton Mifflin Harcourt; **xxv** *top* Jay Penni/Holt McDougal/Houghton Mifflin Harcourt; **xxvii** *left, right* Michael Goss/Holt McDougal/Houghton Mifflin Harcourt; **xxviii** *top left* Robert Galbraith/Reuters Pictures; *top right* Holt McDougal/Houghton Mifflin Harcourt; **xxix** *top left* Richard Wareham Fotografie/Alamy; *top right* Ann Summa Stock; *center* Edward Hernandez/Edward H. Photos; *bottom* Philip Coblentz/Brand X Pictures/Getty Images; **C2** *banner, left to right 1* Jesus Dominguez/Agencia EFE; *2-4* Rafael Diaz/Agencia EFE; *all others* Rafael Diaz/Agencia EFE; **C3** *top left, top right* Rafael Diaz/Agencia EFE; *bottom right* Jesus Dominguez/Agencia EFE; **C4** *banner, left to right* Juan Carlos Ulate/Reuters Pictures; The Brownsville Herald/Anthony Padilla/AP Images; Jose Luis Magana/AP Images; Agencia EFE; *bottom left* Hector Lopez/Agencia EFE; *bottom right* Marco Ugarte/AP Images; **C5** *top right* Kent Gilbert/AP Images; *top left* Daniel LeClair/Reuters Pictures; *bottom right* Juan Carlos Ulate/Reuters Pictures; **C6** *banner, left to right* Greg Smith/Corbis; Eduardo Verdugo/AP Images; Claudia Daut/Landov/Reuters Pictures; Les Stone/NewsCom/Zuma Press; *left* Laura Cano/NewsCom/Agence France Presse; *bottom right* Jacqueline Castellon/NewsCom/Notimex; **C7** *center left* Dennis Callahan/NewsCom/Notimex; *bottom right* Susana Vera/Reuters Pictures; *top right* Claudia Daut/Reuters/Landov LLC; **C8** *banner, left to right* Ann Summa; Lightworks Media/Alamy; Denis Defibaugh; Rodrigo Abd/AP Images; *bottom left* Juan Barreto/Getty Images; *bottom left, inset* Ann Summa; *center left* Charles Bennett/AP Images; *top right* Marco Ugarte/AP Images; **C9** *top left* Glen Allison/Alamy; *top right* Eduardo Verdugo/AP Images; *bottom left* Jaime Puebla/AP Images; **C10** *banner, left to right* Marcelo Del Pozo/NewsCom/Reuters; Enrique Marcarian/Reuters Pictures; Juan Martin/Agencia EFE; Blake Sell/NewsCom/Reuters; *top left* Alberto Lowe/NewsCom/Reuters; *bottom left* Paul Taylor/The Image Bank/Getty Images; *bottom right* Leo La Valle/epa/Corbis; **C11** *top* Silvia Izquierdo/AP Images; *bottom* Desmond Boylan/NewsCom/Reuters; **C12** *banner, left to right* Dolores Ochoa R./AP Images; Marcou/Sipa Press; Denis Doyle/AP Images; Eric L. Weather/Lonely Planet Images; Luis Nereo Bueno Martinez/NewsCom/Reforma; *top left* Silvia Izquierdo/AP Images; *bottom right* Alberto Martin/Agencia EFE; *bottom center* Juanjo Martin/Agencia EFE; *bottom left* Olga Vasilkova/ShutterStock; **C13** *top right* Kryzsztof Dydynki/Lonely Planet Images; *left* Richard I'Anson/Lonely Planet Images; **C14** *banner, left to right* Miguel Vidal/Reuters/Corbis; Pablo Aneli/EPA/Sipa Press; Miguel Menendez V./EPA/Sipa Press; Andres Leighton/AP Images; *left* Elvira Urquijo A./EPA/Sipa Press; *bottom right* Martin Crespo/EPA/Sipa Press; **C15** *top left* Juan Barreto/Staff/Getty Images; *right* David Mercado/Reuters Pictures; *bottom left* Javier Galeano/AP Images; *bottom right* Guy Jarvis/Holt McDougal/Houghton Mifflin Harcourt; **C16** *banner, left to right 1* Kai Forsterling/Agencia EFE; *2* Hannah Levy/Lonely Planet Images; *3-5* Manuel Bruque/Agencia EFE; *bottom* Hannah Levy/Lonely Planet Images; *left* J.C. Cardenas/Agencia EFE; **C17** *right* Heino Kalis/Reuters/Corbis; *left* Kai Forsterling/Agencia EFE; **C18** *banner, left to right* Jack Kurtz/NewsCom/Zuma Press; Olneystudio/Alamy; Andres Aguirre/LatinContent/Getty Images; Jack Kurtz/NewsCom/Zuma Press; *bottom right* Luis Romero/AP/Corbis; *left* Ann Summa; **C19** *top left* Pilar Olivares/Reuters Pictures; *bottom right* Andres Aguirre/LatinContent/Getty Images; *top right* Dolores Ochoa R./AP Images; **C20** *banner, left to right* Tyler Hicks/New York Times; Joe Raedle/Getty Images; Jorge Uzon/Getty Images; Damian Dovarganes/AP Images; *right, bottom left* Robert Galbraith/Reuters Pictures; **C21** *top right* Jose Luis Magana/AP Images; *center* Michael Springer/Zuma Press; **C22** *banner, left to right* © Keren Su/Corbis; Paolo Aguilar/Agencia EFE; *left* EPA/Corbis; *bottom right* Paolo Aguilar/Agencia EFE; **C23** *right* Guillermo Legaria/Agencia EFE; *left* Christian Lombardi/Agencia EFE; **C24** *banner, left to right* Dado Galdieri/AP Images; Tony Morrison/South American Pictures; Stuart Franklin/Magnum Photos; *left* Daniel Munoz/Reuters/Corbis; *bottom right* Jupiter Images/Comstock; **C25** *bottom* Pablo Corral V/Corbis; *top left* Stuart Franklin/Magnum Photos; *top right* "Símon Bolívar" (1830), José Gil de Castro. Oil on canvas, 237cm x 167cm (93 5/16" x 65 3/4"). Museo Nacional de Arqueología, Antropología, e Historia del Perú, Instituto Nacional de Cultura, Lima. Photograph by Mireille Vautier/

The Art Archive; **1–2** Alan Schein Photography/Corbis; **1** *bottom left* Gregory Bull/AP Images; *bottom right* Jennifer Szymaszek/AP Images; **2** *all* Ken Karp/Holt McDougal/Houghton Mifflin Harcourt; **3** *all* Ken Karp/Holt McDougal/Houghton Mifflin Harcourt; **5** *both* Ken Karp/Holt McDougal/Houghton Mifflin Harcourt; **6** *all* Ken Karp/Holt McDougal/Houghton Mifflin Harcourt; **7** *all* Ken Karp/Holt McDougal/Houghton Mifflin Harcourt; **8** *bottom* Ken Karp/Holt McDougal/Houghton Mifflin Harcourt; **9** *bottom* © Nikretes/Alamy; *top left, top right* Ken Karp/Holt McDougal/Houghton Mifflin Harcourt; **12** *top* Ann Summa/Holt McDougal/Houghton Mifflin Harcourt; **14** *both* Ann Summa/Holt McDougal/Houghton Mifflin Harcourt; **16** *all* Ken Karp/Holt McDougal/Houghton Mifflin Harcourt; **18** *both* Ken Karp/Holt McDougal/Houghton Mifflin Harcourt; **20** *all* Jay Penni/Holt McDougal/Houghton Mifflin Harcourt; **21** *left* Clive Watkins/ShutterStock; *center left* Radius Images/Alamy; *center right* WizData, Inc./ShutterStock; *right* Michael Coglianty/Getty Images; **22** *both* Ken Karp/Holt McDougal/Houghton Mifflin Harcourt; **23** *both* Ken Karp/Holt McDougal/Houghton Mifflin Harcourt; **27** *top left* David R. Frazier Photolibrary, Inc./Alamy; *top right, bottom right* HIRB/Index Stock Imagery; *bottom left* Robert Frerck/Odyssey Productions, Inc.; **28** *teen girls* Ann Summa/Holt McDougal/Houghton Mifflin Harcourt; *bottom right* Holt McDougal/Houghton Mifflin Harcourt; *center* Image Club; **29** *bottom center* Richard Cummins/Lonely Planet Images; *bottom left* Eric Gray/AP Images; *center inset* Ann Summa/Holt McDougal/Houghton Mifflin Harcourt; *center right* AFP/Getty Images; *top left* Tomas Abad/age fotostock; **30-31** Ann Summa/Holt McDougal/Houghton Mifflin Harcourt; **32** *all* Ann Summa/Holt McDougal/Houghton Mifflin Harcourt; **33** *fruit* Tina Rencelj/ShutterStock; *ice cream* Comstock; *fries* Royalty-Free/Corbis; *pizza* SuperStock; *cookies* Michael Newman/PhotoEdit; *water* PhotoDisc/Getty Images; *soda* Guy Jarvis/School Division/Houghton Mifflin Harcourt; *the rest* Ann Summa/Holt McDougal/Houghton Mifflin Harcourt; **34** *all* Ann Summa/Holt McDougal/Houghton Mifflin Harcourt; **35** *modelo* Guy Jarvis/School Division/Houghton Mifflin Harcourt; *1* Michael Newman/PhotoEdit; *3* Comstock; *4* Royalty-Free/Corbis; *5* PhotoDisc/Getty Images; *6* Tina Rencelj/ShutterStock; **36** *both* Ann Summa/Holt McDougal/Houghton Mifflin Harcourt; **40** *1, 4* Ann Summa/Holt McDougal/Houghton Mifflin Harcourt; **42** Ann Summa/Holt McDougal/Houghton Mifflin Harcourt; **43** *left* Rodrigo Varela/WireImage.com; *right* Orlando Garcia/Getty Images; **45** "Music" (2005), Xavier Cortada. Acrylic on canvas, 60 in. x 96 in. Bridgeman Art Library International; **46** *all* Ann Summa/Holt McDougal/Houghton Mifflin Harcourt; **47** PhotoDisc/Getty Images; **48** *all* Ann Summa/Holt McDougal/Houghton Mifflin Harcourt; **49** *both* Ann Summa/Holt McDougal/Houghton Mifflin Harcourt; **51** Jay Penni/Holt McDougal/Houghton Mifflin Harcourt; **52** *left* Michael Newman/PhotoEdit; *clipboard* Guy Jarvis/School Division/Houghton Mifflin Harcourt; **53** *top right* PhotoDisc/Getty Images; *top left* Tracy Frankel/Getty Images; *bottom right* Stewart Cohen/Getty Images; *clipboard* Guy Jarvis/School Division/Houghton Mifflin Harcourt; **54** *top* Bettmann/Corbis; *bottom* Vince Bucci /AFP/ Getty Images; **58–59** Ann Summa/Holt McDougal/Houghton Mifflin Harcourt; **60** *all* Ann Summa/Holt McDougal/Houghton Mifflin Harcourt; **61** *all* Ann Summa/Holt McDougal/Houghton Mifflin Harcourt; **62** *all* Ann Summa/Holt McDougal/Houghton Mifflin Harcourt; **64** Ann Summa/Holt McDougal/Houghton Mifflin Harcourt; **65** *center* Stockbyte Royalty Free; *bottom right* Jim Scherer Photography Inc./StockFood; *bottom left* Jay Penni/Holt McDougal/Houghton Mifflin Harcourt; **67** *modelo* Michael Newman/PhotoEdit; *1* Royalty-Free/Corbis; *2* Guy Jarvis/School Division/Houghton Mifflin Harcourt; *3, 5* FoodCollection/SuperStock; *4, 6* Comstock; *7* Tina Rencelj/ShutterStock; **69** *modelo left* Tina Rencelj/ShutterStock; *modelo right* Royalty-Free/Corbis; *1 right, 6 left* PhotoDisc; *2 right, 2 left, 3 left* Ann Summa/Holt McDougal/Houghton Mifflin Harcourt; *4 left* Michael Newman/PhotoEdit; *4 right* FoodCollection/SuperStock; *5 right* Guy Jarvis/School Division/Houghton Mifflin Harcourt; *6 right* Jay Penni/Holt McDougal/Houghton Mifflin Harcourt; **70** *both* Ann Summa/Holt McDougal/Houghton Mifflin Harcourt; **75** *bottom right* Guy Jarvis/School Division/Houghton Mifflin Harcourt; *top right* Eric Gay/AP Images; **76** *all* Ann Summa/Holt McDougal/Houghton Mifflin Harcourt; **77** *all* Ann Summa/Holt McDougal/Houghton Mifflin Harcourt; **79** Jay Penni/Holt McDougal/Houghton Mifflin Harcourt; **80** *bottom* Phil Schermeister/Corbis; **81** *background* Royalty-Free/Corbis; *inset* Ryan McVay/PhotoDisc/Getty Images; **82** *bottom left* ShutterStock; *bottom right* Holt McDougal/Houghton Mifflin Harcourt; *top* Jay Penni/Holt McDougal/Houghton Mifflin Harcourt; **86–87** Richard Wareham Fotografie/Alamy; **87** *center* David Young-Wolff/PhotoEdit; *bottom* David Buffington/Getty Images; **88** *teens* Jay Penni/Holt McDougal/Houghton Mifflin Harcourt; **90** *whisk* Jay Penni/Holt McDougal/Houghton Mifflin Harcourt; *cup* PhotoObjects/Jupiterimages Corp.; *center* Image Club; *bottom left* Ann Summa/Holt McDougal/Houghton Mifflin Harcourt; **91** *top left* Ann Summa; *center right* Erich Lessing/Art Resource, New York; *bottom left* "The Historical Representation of Culture" (1949), Juan O'Gorman. Mosaic, southeast view of exterior of Biblioteca Central, Universidad Nacional Autónoma de México (UNAM), Mexico City. © 2005 Sandro Landucci, Mexico City/Estate of Juan O'Gorman. Photograph by Ian Pearson/Mexicolore/Bridgeman Art Library; *bottom right* Detail, "The Historical Representation of Culture" (1949), Juan O'Gorman. Exterior of Biblioteca Central, Universidad Nacional Autónoma de México (UNAM), Mexico City. © 2005 Sandro Landucci, Mexico City/Estate of Juan O'Gorman. Photograph by Ian Pearson/Mexicolore/Bridgeman Art Library; **94** *agenda* Jay Penni/Holt McDougal/Houghton Mifflin Harcourt; **95** *map inset* Royalty-Free/Corbis; **101** *bottom right* Jay Penni/Holt McDougal/Houghton Mifflin Harcourt; *6 map inset* Royalty-Free/Corbis; **103** *2, 3, 4, 5 left, 5 right* Ann Summa/Holt McDougal/Houghton Mifflin Harcourt; **109** © 2009 Artists Rights Society (ARS), New York/ SOMAAP, Mexico City. Photo: © Schalkwijk/Art Resource, NY; **113** Jay Penni/Holt McDougal/Houghton Mifflin Harcourt; **116** *center* Benson Latin American Collection/The University of Texas at Austin; *bottom* Danny Lehman/ Corbis; **122** *paper* Jay Penni/Holt McDougal/Houghton Mifflin Harcourt; *pencil* PhotoDisc; *backpack* Guy Jarvis/School Division/Houghton Mifflin Harcourt; *clock rim* Willem Bosman/ShutterStock; *clock face* Andres Rodriguez/ ShutterStock; **127** *modelo* PhotoDisc/Getty Images; *1* Ira Block/IPNstock; *3 map inset* Royalty-Free/Corbis; **129** *3* HIRB/ Index Stock Imagery; **135** Jay Penni/Holt McDougal/Houghton Mifflin Harcourt; **137** "Frida Kahlo" (1939), Nickolas Muray. Color photograph, assembly (Carbro) process, 40.1 cm x 29.9 cm. Gift of Mrs. Nickolas Muray. GEH NEG: 40130; 71:0050:0016. George Eastman House; **141** Jay Penni/Holt McDougal/Houghton Mifflin Harcourt; **142** *bottom left* Corbis; *bottom right* Guy Jarvis/School Division/Houghton Mifflin Harcourt; **143** *right* Xinhua/Landov; *top left* Guy Jarvis/School Division/Houghton Mifflin Harcourt; **144** *bottom right* Lynne Guitar, Ph.D.; *bottom left* James Lyon/Lonely Planet Images; *top* Jay Penni/Holt McDougal/Houghton Mifflin Harcourt; **148–149** David Dudenhoefer/Odyssey Productions, Inc.; **149** *center* HIRB/Index Stock Imagery; *bottom* Dan Gair/index Stock Imagery; **150** Jay Penni/Holt McDougal/Houghton Mifflin Harcourt; **152** *pasteles* Martha Granger/EDGE Productions/Holt McDougal/Houghton Mifflin Harcourt; *flag* Image Club; **153** *bottom center inset* Kevin Schafer/Corbis; *center right* Angelo Cavalli/age fotostock; *bottom left* Jason Ross/Alamy; **156** *eggs* Comstock; *yogurt* Jay Penni/Holt McDougal/Houghton Mifflin Harcourt; **157** *bottom right* John A. Rizzo/Getty Images; **158** *apple* Comstock; **159** *modelo right, 4 right* SuperStock; *modelo left* Royalty-Free/Corbis; *5 left* Comstock; *3 left* John A. Rizzo/Getty Images; *6 left* FoodPix/Getty Images; **161** *1* SuperStock; *3* John A. Rizzo/Getty Images; *8* FoodCollection/SuperStock; **163** Jay Penni/Holt McDougal/Houghton Mifflin Harcourt; **164** *bottom* Renee Comet Photography, Inc./StockFood; **170** © Rolf Richardson/Alamy; **174** *all* Comstock; **175** Jay Penni/Holt McDougal/Houghton Mifflin Harcourt; **176** *grapes* PhotoObjects/Jupiterimages Corp.; *the rest* Guy Jarvis/School Division/Houghton Mifflin Harcourt; **177** *whole pineapple* Jim Jurica/ShutterStock; *halved pineapple* Rudolf Georg/ ShutterStock; *can label* Holt McDougal/Houghton Mifflin Harcourt; *the rest* Guy Jarvis/School Division/Houghton Mifflin Harcourt; **178** *top* NOAA; *bottom* Tony Arruza/Corbis; **193** Kim Karpeles/Alamy; **199** *top,* "Lavandera" by Rafael Tufino, 1960, Oil on masonite, 48 x 28 inches (121.9 x 71.1 cm.), Collection El Museo del Barrio, NY, Gift of Edward Bejan, P92.125; Image Courtesy of El Museo del Barrio, NY; *bottom* "Smiling Country Girl" (2005), Fernando Sayán Polo. Oil on canvas, 15" x 21". Courtesy of the artist.; **202** Comstock; **203** Jay Penni/Holt McDougal/Houghton Mifflin Harcourt; **204** *left* Ed Kashi/Corbis; *right* HIRB/Index Stock Imagery; **205** *gift box* PhotoDisc; *all others* Edward Hernandez/Edward H. Photos; **206** *top* Jay Penni/Holt McDougal/Houghton Mifflin Harcourt; *bottom left* PhotoObjects/ Jupiterimages Corp.; *bottom right* David Stares/Alamy; **210–211** Jorgrn Schytte/Peter Arnold, Inc.; **211** *bottom* Terry Harris/Alamy; *center* J Marshall-Tribaleye Images/Alamy; **212** Jay Penni/Holt McDougal/Houghton Mifflin Harcourt; **213** David Sacks/Getty Images; **214** *bottom right* Martha Granger/EDGE Productions/Holt McDougal/Houghton Mifflin Harcourt; *center* Image Club; **215** *bottom left* Anthony Cassidy/Getty Images; *center right* "Don Quixote" (1955), Pablo Picasso. Gouache on paper. Private collection. © 2007 Estate of Pablo Picasso/Artists Rights Society (ARS), New York. Photograph by Bridgeman Art Library; *center* AP Images; *top left* Shizuo Kambayashi/AP Images; **218** *top right* Jon Ivern/ age fotostock; **219** *t-shirts* Jay Penni/Holt McDougal/Houghton Mifflin Harcourt; *shorts* Guy Jarvis/School Division/ Houghton Mifflin Harcourt; *Euros* Gary Conner/PhotoEdit; **220** *spring* Jonelle Weaver/Getty Images; *summer* José Pascual/age fotostock; *fall* M.A. Otsoa de Alda/age fotostock; *winter* Paco Ayala/age fotostock; **221** *3* Jay Penni/Holt McDougal/Houghton Mifflin Harcourt; *1, 6* Guy Jarvis/School Division/Houghton Mifflin Harcourt; *2, 4, 5, 7* C Squared Studios/Getty Images; *8* PhotoObjects/Jupiterimages Corp.; *modelo* Jessica Bethke/ShutterStock; **225** *shirt* PhotoObjects/Jupiterimages Corp.; *blouse* Jay Penni/Holt McDougal/Houghton Mifflin Harcourt; *socks* Burke/Triolo/ Getty Images; *hat* Stockbyte Royalty Free; *shoes* Michael Newman/PhotoEdit; *jeans* C Squared Studios/Getty Images; **226** Jay Penni/Holt McDougal/Houghton Mifflin Harcourt; **227** *1* Burke/Triolo/Getty Images; *2* Siede Preis/Getty Images; *3* Guy Jarvis/School Division/Houghton Mifflin Harcourt; *4, 8* Lara Barrett/ShutterStock; *5, 6* C Squared Studios/Getty Images; *7* Michael Newman/PhotoEdit; *hat* Stief & Schnare/SuperStock; **229** *bottom* The Persistence of Memory" (1931), Salvador Dalí. Oil on canvas, 9 1/2" x 13" (24.1 cm x 33 cm). Museum of Modern Art, New York (162.1934). Given anonymously. © 2007 Salvador Dalí, Gala-Salvador Dalí Foundation/Artists Rights Society (ARS), New York. Digital Image © The Museum of Modern Art/Licensed by SCALA/Art Resource, NY; **233** *right* Francois Gohier/Photo Researchers, Inc.; *left* Michelle Chaplow/Alamy; **236** *right* Getty Images; *left* PhotoSpin; **237** Jay Penni/Holt McDougal/ Houghton Mifflin Harcourt; **238** *inset* Victor Lerena/Agencia EFE; *background* Guy Jarvis/School Division/Houghton Mifflin Harcourt; **239** *left* Yanik Chauvin/ShutterStock; *right* Guy Jarvis/School Division/Houghton Mifflin Harcourt; **240** *top left* Frank Vetere/Alamy; *top center* Royalty-Free/Corbis; *bottom right* F. Damm/Zefa/Corbis; *top right* Victor Kotler/ age fotostock; **246** *steak, chicken, veggies* Jay Penni/Holt McDougal/Houghton Mifflin Harcourt; *fish* Rusty Hill/ StockFood; **247** *bottom right* Mauricio-José Schwarz/Alamy; **248** *cake* Comstock; **251** *modelo* Christina Peters/Getty Images; *1* Jay Penni/Holt McDougal/Houghton Mifflin Harcourt; *2* Rita Maas/Getty Images; *3* Rusty Hill/StockFood;